전자거래법(신판)

정쾌영 著

21세기사

머리말

컴퓨터와 인터넷이 널리 보급되어 그 이용이 활성화됨으로써 우리의 일상생활은 상당 부분 전자적 수단에 의하여 이루어지고 있다. 개인이나 기업 등 사인의 법률관계에서는 물론이고 정부부문에서도 전자적 방법이 광범위하게 이용되고 있는 실정이다. 이러한 전자적 방법에 의하여 이루어지는 법률관계를 넓은 의미에서 일반적으로 전자거래라 할 수 있다.

이러한 전자거래에 있어서는 사인의 법률행위나 법률관계의 전부 또는 일부가 전자적 수단에 의하여 이루어지므로 전통적인 거래와는 다른 특수한 법적 규율이 요구된다. 가령 전자메일로 의사표시를 하는 경우에 그 도달시기를 어느 시점으로 파악해야 하는지, 또는 기명날인을 하여야 하는 경우에 전자문서로 의사표시를 하는 때에는 기명날인 또는 서명을 어떻게 할 것인가 등에 관하여 민법이나 상법의 규정만으로는 규율하기가 용이하지 않으므로 별도의 특별 입법이 요구되는 것이다.

그리하여 우리나라에서도 이러한 전자적 방법에 의한 법률관계에 관한 입법이 거의 대부분 정비되어 있다. 전자문서나 전자서명에 대해서는 물론이고 도메인이름, 전자적 방법에 의한 금융거래수단, 소비자보호, 개인정보보호, 전자거래에 관한 분쟁해결제도 등에 대한 입법도 시행되고 있다. 이러한 전자거래 관련 입법을 체계적으로 공부하는 것은 자신의 일상생활을 더욱 윤택하게 하는 길이라 할 수 있다.

이에 본서는 전자거래에 관한 각종 법규를 쉽게 이해하여 파악할 수 있도록 하는데 중점을 두고 있다. 필자는 이미 2001년에 무역경영사에서 「최신 전자거래법」을 펴낸 적이 있으나, 그 이후 전자거래 관련 입법이 대폭 개정되거나 새로운 법령이 제정되어 시행되고 있다. 이번에 본서를 다시 집필하면서 우리나라 전자거래 관련 입법에 대해서는 비교적 충실하게 설명함으로써, 본서를 이용하는 대학생이나 일반인이 쉽게 그 내용을 익히고 전자거래에 관한 법률문제를 용이하게 해결할 수 있는 능력을 기를 수 있게 하려고 애썼다.

다만 필자의 능력 부족으로 본서에도 미진한 부분이 적지 않다. 전자거래에 관한 해외 입법의 동향에 대한 부분과 컴퓨터프로그램 등에 관한 지적소유권 부분 등이 수록되어 있지 않아 독자 여러분들에게 송구하고 두려운 심정을 감출 수 없다. 이러한 부분은 추후 빠른 기간 내에 보완할 것임을 다짐하면서 독자 여러분의 애정어린 충고와 질책을 기다린다.

끝으로 본서의 출간을 흔쾌히 허락해 주시고 물심양면으로 도와주신 도서출판 21세기사 이범만 사장님과 편집 및 교정에 애쓰신 편집부 임직원 여러분들에게 깊은 감사를 드린다. 이 자리를 빌려 훌륭한 양서를 출간하는 21세기사의 앞날에 무궁한 발전이 있기를 기대한다.

2013. 2. 20

저자

목 차 /

Chapter 01 # 전자거래의 개념

제1절 서설

1. 전자거래의 의의

전자거래(EC: Electronic Commerce)의 정의에 관하여 여러 견해가 있을 수 있다. 전자문서교환(EDI) 등의 전자적 수단에 의하여 가상공간에서 전자적인 방식에 따라 이루어지는 거래, 정보처리장치와 네트워크를 통하여 전자적인 방식으로 이루어지는 거래, 정보통신망을 통하여 전자문서교환(EDI)・전자우편교환(E-Mail)・전자자금이체 등 전자적 방법에 의하여 가상공간에서 이루어지는 거래, 당사자가 정보통신망을 통해 전자적인 방법으로 법률행위 또는 그에 따른 이행을 하는 거래 등으로 정의할 수 있다.

전자문서및전자거래기본법은 전자거래에 대하여 '재화나 용역을 거래함에 있어서 그 전부 또는 일부가 전자문서에 의하여 처리되는 거래'로 정의하고 있다(동법 2조 5호). 여기서 전자문서라 함은 '정보처리시스템에 의하여 전자적 형태로 작성, 송신・수신 또는 저장된 정보'를 말하고(동법 2조 1호), 정보처리시스템이라 함은 전자문서의 작성, 송신・수신 또는 저장을 위하여 이용되는 정보처리능력을 가진 전자적 장치 또는 체계를 말한다(동법 2조 2호). 거래의 전부 또는 일부라 함은 청약 또는 승낙, 계약의 이행, 대금지급결제 등의 전부 또는 일부를 가리킨다.

이러한 전자문서및전자거래기본법의 규정을 감안하면 전자거래는 재화나 용역의 거래에 있어서 그 계약의 체결, 급부의 이행, 대금의 지급결제 등의 전부 또는 일부가 정보처리능력을 가진 정보처리시스템에 의한 전자문서로 이루어지는 거래라 할 수 있다. 또 계약의 체결에 있어서도 청약과 승낙은 물론 승낙연착의 통지(민법 528조 2항), 채권양도의 통지 승낙(민법 450조) 등의 준법률행위가 전자문서에 의하여 이루어지는 경우도 전자거래에 포함된다.

2. 전자거래의 범위

전자거래는 거래의 전부 또는 일부가 정보처리시스템에 의한 전자문서로 이루어지는 거래이므로, 전자거래라 하기 위해서는 우선 정보처리능력이 있는 정보처리시스템에 의하지 않으면 안 된다. 따라서 정보처리능력이 없는 전신, 전화, 팩스, 텔렉스 등과 같은 기존의 전자적 매체의 의한 거래는 전자거래의 범주에서 제외된다.

전자거래는 거래의 수단이 전자적이라는 데 기초한 개념이므로 거래의 종류와 내용은 묻지 않는다. 거래의 유형이 매매·교환·임대차 등의 전형계약이든 또는 그 밖의 비전형계약이든 그 내용에 관계없이 거래의 전부 또는 일부가 정보처리시스템에 의한 전자문서로 이루어지면 전자거래에 속한다.

전자거래는 정보처리시스템에 의한 전자문서로 이루어지는 것이므로, 그 전자문서를 송수신하는 정보통신망이 개방형인가 또는 폐쇄형인가는 묻지 아니한다. 따라서 정보통신망이 인터넷인 경우는 물론 거래 당사자 사이에서만 소통되는 부가가치통신망(VAN; value added network)[1]에 의한 경우도 전자거래에 포함된다. 그리하여 거래의 전부 또는 일부가 전자문서교환(EDI) 또는 CALS 등에 의하여 이루어지는 경우도 전자거래에 포함된다.

전자거래는 거래의 대상인 행위가 상행위인지 아닌지는 묻지 아니한다. 「전자상거래 등에서의 소비자 보호에 관한 법률」은 전자거래기본법 제2조 제5호의 규정에 의한 전자거래의 방법으로 상행위를 하는 것을 특히 전자상거래로 정의하고 있다(동법 2조 1호). 그러나 전자문서및전자거래기본법상의 전자거래는 그 대상인 거래가 상행위인 전자상거래와 상행위가 아닌 전자거래도 모두 포함한다.

그리고 정부와 기업 사이의 전자거래와 정부와 소비자 사이의 전자거래도, 그 거래의 전부 또는 일부가 전자문서에 의하여 처리되는 한 전자거래에 속한다. 다만, 행정기관 및 공공기관의 업무를 전자화하여 이들 기관 상호간 또는 이들 기관과 국

---

1) 부가가치통신망은 전기통신사업자로부터 통신회선을 빌려서 각종 정보를 전송하거나 교환하는 등의 부가가치가 높은 서비스를 하는 독자적인 통신망을 말한다.

민 간에 수행되는 행정업무에 대해서는 전자정부법이 적용되므로 전자거래기본법상의 전자거래와 구별하여야 한다.

제2절 전자문서교환과 광속거래

제1. 전자문서교환

1. 의의

전자문서교환(EDI: Electronic Data Interchange)은 기업 사이에 일정한 정보통신망을 통하여 표준화된 전자문서를 교환하는 방식을 말한다. 즉 한 기업의 정보처리시스템에서 EDI네트워크를 통하여 다른 기업의 정보처리시스템으로 표준화된 양식의 데이터를 전송하여 직접 업무에 활용할 수 있도록 하는 새로운 정보전달체계를 일컫는 것이다.

이 전자문서교환은 1968년 미국 운송업계가 운송관련서류의 전송에 관한 표준을 개발하기 위한 운송자료조정위원회(TDCC)가 설립되면서 EDI시스템이 구축되었으며, 동위원회가 1975년에 최초로 EDI운송관련표준을 마련한 이후 다른 업종에서도 EDI표준을 개발, 그 사용이 점차 확산되어 왔다. 나아가 미국은 국가 차원의 EDI표준을 마련하기 위하여 1978년 X12위원회를 설립하였으며, 동위원회는 1981년 최초의 EDI표준을 개발·발표하여 그 사용을 권고하였다. 영국에서는 통관청 수출절차간소화위원회(SIPRO)의 지원 아래 국제무역에서 사용되는 표준문서인 Tradacom을 개발, 일반무역정보교환표준(GTDI; General-purpose Trade Data Interchange Standards)으로 발전시켜 사용하고 있다. UN에서는 1972년에 국제무역절차간소화회의(WP4)에서 무역서류의 표준화 작업을 추진, 1987년 3월 EDI국제표준인 EDIFACT(Electronic Data Interchange for Administration, Commerce and Transport)를 제정, 시행하고 있다.

2. 전자문서교환의 기능

전자문서교환은 중요한 정보자료에 관한 전자문서를 네트워크를 통하여 교환함으로써 이를 업무에 즉시 활용할 수 있다. 전자문서의 표준화로 문서처리 시간을 단축하고 업무처리 절차를 간소화함으로써 인력과 비용을 절감하는 것은 물론 문서자료의 도난 및 분실 위험을 제거하고 업무처리의 오류도 극소화하여 업무의 효율적인 처리를 도모할 수 있다. 그리하여 기업으로서는 인력과 자금을 효율적으로 활용하여 경영의 혁신을 꾀할 수 있는 긍정적인 효과가 있다.

3. 전자거래와의 관계

전자문서교환은 본질적으로 전자화된 문서의 전달을 의미하며, VAN 등의 폐쇄적인 정보통신망을 통해 전통적인 종이문서를 표준화된 전자문서로 대체하여 교환하는 것이다. 이처럼 전자문서교환(EDI)은 종이문서를 전자화하고, 표준화된 양식에 의하여 폐쇄적인 정보통신망을 통해 교환하는 것이라는 점에서 전자거래와는 구분된다고 할 수 있다.

그러나 그렇다고 하여 전자문서교환이 전자거래와 전혀 다른 별개의 것은 아니다. 전자문서교환은 특정기업과 특정기업 사이에 정보처리시스템을 통해 전자적 방식으로 정보자료를 교환, 이용함으로써 전자거래의 선행적 역할과 기능을 수행하여 왔다. 또 종래 기업 사이에는 전자문서교환 방식을 통하여 전자거래가 이루어지는 경우가 많으며, 당사자 간의 거래가 전자문서교환 방식을 통하여 이루어지면 그것은 바로 전자문서에 의하여 처리되는 거래이므로 전자거래에 속한다.

제2. 광속거래

1. 의의

광속거래(CALS : Commerce At Light Speed)는 표준화 및 정보통합화 기술을 이용하여 기업 사이에 제품의 개발, 설계, 개발, 원자재 조달, 생산, 관리, 유통, 사후관리, 폐기 등에 관한 정보를 교환·공유하여 제품의 전 생애과정을 효율적으로 관리하는 통합 산업정보시스템이라 할 수 있다. 이 역시 정보의 데이터베이스화와 업무의 전산화로 비용과 시간의 절약, 제품의 품질 향상, 인력관리의 효율성 제고 등을 도모하는 효과가 있다.

CALS는 1985년 미국 국방성이 추진한 방위시스템의 병참업무 전자화에서 출발, 군과 방위산업체간의 군수조달체계의 획득 및 군수지원의 전자화를 위한 군수지원시스템으로 확대 추진되었다. 이 군수지원시스템은 1990년대에 민간의 항공·우주산업 분야에 도입되면서 미국 상무성이 이 시스템을 산업경쟁력 강화 방안으로 도입하였으며, 미국 정부가 국가정보기반구축사업으로 추진함으로써 그 이용이 상업거래에 확장되었다.

2. 전자거래와의 관계

광속거래(CALS)는 기업체간의 정보 공유 및 제조업의 산업 정보화를 촉진하는 기능을 한다. 일정한 기업들 사이에 데이터베이스 및 네트워크를 구축하여 제품의 생산, 조달, 출하, 유통, 지원 등에 관한 모든 정보자료를 전자화하여 표준화된 형태로 관리하고 관련 기업이 이를 공유하여 업무 수행과 상거래에서 활용하는 것이다. 이 광속거래(CALS)는 정보처리시스템을 그 수단으로 하나, 특정 기업 간의 폐쇄적인 통신망 또는 제3의 부가가치통신망(VAN)을 통해 정보의 공유와 통합기능을 수행한다는 점에 그 특징이 있다. 그러나 기업 사이에 이 광속거래를 통하여 정보를 공유하고 관리하는 경우에는 이 광속거래를 통하여 거래를 하는 것도 가능함은 물론이다.

제3절 전자거래의 분류

제1. 개설

전자거래는 넓은 의미에서는 EDI와 CALS를 포함하나, 좁은 의미에서는 전자적 방식에 의한 사적 거래를 일컫는다. 전자거래는 거래의 주체와 거래형식의 표준화 여부, 전자매체의 기능에 따라 다시 다양하게 구분된다.

제2. 거래주체에 따른 분류

전자거래는 그 주체에 따라 기업 간의 전자상거래(B2B)와 기업과 개인 간의 전자상거래(B2C), 개인 간의 전자거래(C2C)로 구분된다.

기업 간의 전자상거래는 한 기업이 다른 기업으로부터 원자재를 조달하거나 그 대금을 지급하는 것과 같이 전자적 방식에 의한 기업 간의 거래로, 그 거래관계에 대해서는 당사 기업 간의 약정에 의하며, 그 실체적 법률관계에 대해서는 상법이 적용된다.

기업과 개인 간의 전자상거래는 가령 기업이 쇼핑몰을 개설하여 일반 소비자들에게 상품을 판매하는 경우와 같이 주로 전자거래약관에 의해 이루어지는 것이 보통이며, 그 거래의 실체적인 법률관계에 관하여는 상법의 적용을 받는다. 다만, 이 전자상거래에 있어서는 특히 경제적 약자인 소비자의 이익을 보호하는 입법정책적인 배려가 요구된다. 기업의 불공정한 거래행위를 제한하고 소비자의 권익과 개인정보를 보호하기 위한 입법이 필요하다.

개인 간의 전자거래는 단순한 개인 사이에 전자적 방식으로 거래하는 경우이다. 인터넷 이용의 보편화로 최근 이러한 유형의 전자거래가 대중화되어 있다. 개인과 개인 간 전자거래의 실체적 법률관계에는 민법이 적용된다.

제3. 표준화 여부에 따른 분류

전자거래는 거래 형식의 표준화 여부에 따라 구조화된 전자거래와 비구조화 전자거래로 구분된다. 구조화된 전자거래는 표준화된 양식에 따라 대규모 조직적으로 이루어지는 전자거래를 말한다. EDI 표준에 의하는 기업 간의 전자상거래나, 온라인 쇼핑을 비롯해 사전에 제시된 거래조건에 따라 획일적으로 이루어지는 기업과 소비자 간의 전자상거래가 여기에 속한다. 비구조화된 전자거래는 아무런 형식 없이 자유로이 이루어지는 전자거래이다. 전자우편이나 전자게시판 등에 의한 개인 간 전자거래가 이에 속한다.

제4. 자동화 여부에 따른 분류

전자거래는 정보처리시스템의 기능에 따라 수동적인 전자거래와 자동화된 전자거래로 구분된다. 수동적인 전자거래는 거래의 주체인 사람이 거래의 목적과 내용을 결정하고 이를 상대방에게 전달하는 수단으로 정보처리시스템을 이용하는 경우이다.

이에 반하여 자동화된 전자거래는 정보처리시스템이 일정한 조건 아래에서 인간의 개입 없이 스스로 의사결정을 하여 상대방에게 표시를 하여 계약을 체결하거나 그 이행을 하는 것을 말한다.

제4절 전자거래의 구조

제1. 개설

통상적인 거래는 일반적으로 당사자들의 자유로운 합의에 따라 이루어지며, 계약의 체결이나 그 이행을 위한 특별한 설비나 방식 등을 필요로 하지 않는다. 그러나 전자거래가 이루어지기 위해서는 거래 당사자 쌍방이 전자적 방법으로 거래를 할 수 있는 정보처리시스템과 이를 이용할 수 있는 정보통신망 등의 환경이 먼저 갖춰져야 한다.

전자거래의 당사자는 이러한 정보처리시스템과 정보통신망을 기초로 전자거래를 하게 되는데. 이때 계약의 체결과 대금의 결제, 급부의 이행 등의 전부 또는 일부를 전자적 방법으로 하는 경우에 각 단계에서 거래 당사자와 전자적 의사표시의 진정성을 확인하고 그 안전성을 담보할 수 있는 제3의 인증기관이 필요하다. 그리하여 전자거래는 전자거래시스템과 이용환경의 구축, 전자계약의 체결, 전자적 지급결제, 전자적 이행의 5 단계로 구분할 수 있다.

제2. 전자거래시스템 및 이용 환경의 구축

전자거래를 하기 위해서는 거래 당사자가 먼저 인터넷 등에 전자거래시스템이용 환경을 구축하여야 한다. 당사자가 정보처리능력이 있는 컴퓨터 등의 정보처리장치를 직접 또는 웹호스팅 서비스 제공자 등 제3의 시스템운영자를 통하여 정보통신망에 연결해 상대방과 전자적 방법으로 거래를 할 수 있는 정보처리시스템을 갖추어야 한다.

제3. 전자계약의 체결

전자거래에 있어서 당사자가 계약을 체결하는 경우에 전자적 방법에 의하는 경우가 많다. 계약은 청약과 승낙의 의사표시가 합치됨으로써 성립되는데, 청약의 의사표시와 승낙의 의사표시가 정보처리시스템에 의한 전자문서로 이루어지는 것을 전자계약이라 한다. 또 상대방에 대한 각종 통지와 최고도 전자문서에 의하여 할 수 있다.

제4. 전자지급결제

전자거래에 있어서 대금의 지급결제도 전자적 방법에 의하는 경우가 많다. 통상적으로 대금의 지급은 금전의 교부나 어음·수표 등의 유가증권의 양도 등에 의하나, 전자적 방법에 의한 대금의 지급결제는 신용카드, 전자자금이체, 전자화폐, 선불전자지급수단, 전자채권의 양도, 외상매출금전자채권 등의 수단에 의하여 한하다.

제5. 인증

전자거래의 당사자는 상대방에 대한 의사표시를 전자문서로 하거나 전자적 방법으로 지급자금을 결제하는 경우에 서로 상대방 또는 그 의사표시의 진위 여부를 확인하는 것이 용이하지 않다. 전자거래의 이같은 문제점을 해결하는 제도적 안전장치가 인증이다. 인증은 거래의 상대방과 그 의사표시의 진정성 또는 본인 여부를 확인함으로써 거래의 안전성과 신뢰성을 담보하게 되는데, 이 인증은 제3의 인증기관이 수행한다.

제6. 급부의 이행

급부의 이행은 보통 우편이나 택배업체 등을 통하여 상품을 운송, 배달하게 함으로써 하나, 급부의 목적이 소프트웨어나 문자로 된 문서, 사진, 동영상 등의 컴퓨터 파일의 형태인 경우에는 정보처리시스템을 통해 전송하는 방법에 의하여 이루어진다.

제5절 전자거래의 특수성

제1. 개설

전자거래는 먼저 정보처리능력이 있는 정보처리시스템과 정보통신망을 기반으로 하고, 의사표시를 전자화한 전자문서를 기초로 하며, 거래의 형식이 표준화 및 정형화되어 있는 점에서 종래의 전통적인 거래방식과는 다른 특징이 있다. 따라서 전자거래에서는 당사자의 신뢰성과 전자적 의사표시의 진정성, 거래의 안전성을 확보하는 것이 주요한 과제이며, 특히 기업과 소비자 간의 거래에서는 소비자의 보호가 필요하다.

제2. 의사표시의 전자화

전자거래는 연산 작용에 의한 정보처리시스템에 의하여 이루어지며, 당사자는 정보처리시스템을 통하여 의사표시를 송·수신하고, 저장하게 된다. 거래 당사자의 의사표시는 그 내용이 정보처리시스템에 의하여 전자적 부호로 변환되어 정보통신망을 통하여 전송되며, 이 과정에서 기존의 의사표시와는 다른 여러 가지 특수성이

나타나며, 그 효력과 의사표시의 발신 또는 도달의 시기 등에 관하여 특수한 법적 규율이 요구된다.

제3. 정보통신망을 통한 거래

전자거래는 정보통신망을 통하여 이루어진다. 의사표시의 전달수단이 정보통신망이며, 그 이용에 정보통신망 운영자 등 제3자가 개입되어 법률관계가 중첩적으로 존재한다. 따라서 의사표시의 전송과정에서 정보통신망서비스 설비에 장애가 생기거나 계약의 체결이나 이행과정에서 법적 문제가 발생한 경우에 그 책임의 소재가 문제된다.

특히 인터넷의 경우 정보통신망이 외부에 개방되어 있으므로 그 전달 과정에서 외부에 누출되거나 타인에 의하여 왜곡 또는 훼손될 우려가 있다. 표의자도 자신의 의사가 상대방에게 정확하게 전달되었음에도 불구하고 그 의사표시를 부인함으로써 거래의 안전을 해할 위험도 있고, 거래당사자의 개인정보가 노출되어 악용될 가능성도 농후하다. 이 때문에 전자거래에 있어서는 거래 안전의 확보와 개인정보 보호를 위한 법적 고려가 요구된다.

제4. 부합거래

불특정 다수인을 대상으로 하는 전자거래는 대량으로 이루어지면 그 거래의 양식과 조건이 표준화되어 있다. 전자문서교환이나 광속거래에 의하는 전자거래는 그 거래조건에 관하여 당사자는 사전의 협정에 의하나, 기업과 소비자 간의 전자상거래에 있어서는 소비자는 기업이 일방적으로 제시하는 거래조건과 형식에 따라 하는 것이 보통이다. 이러한 계약을 부합계약(附合契約)이라 한다. 이러한 부합계약에서는 소비자에게는 계약의 체결 여부에 대한 선택 이외의 자유가 없으며, 기업이 제시하는 거래조건에 따를 수밖에 없으며, 이 때문에 소비자의 권익이 침해당하기 쉬우므로 소비자의 이익을 보호하는 제도적 안전장치가 요구된다.

Chapter 02

전자거래법의 법원(法源)

제1절 서설

전자거래에 관한 법원으로는 성문법과 불문법이 있다. 일반적으로 불문법에는 관습법, 판례, 조리가 있는데, 전자거래에 관한 관습법은 흔하지 않으며, 전자거래에 관한 판례는 전자거래에 관한 성문법의 해석과 적용의 기준이 되고, 조리는 전자거래에 관한 분쟁에 있어서 적용할 법이 없는 경우에 재판의 기준이 되는 것은 다른 분야의 경우와 같다. 이 밖에 전자거래에 관한 조약과 전자거래약관도 전자거래에 관한 주요한 법원이다.

제2절 성문법

전자거래에 관한 성문법으로는 전자거래의 안전성과 신뢰성을 확보하고 그 이용을 촉진할 수 있는 기반을 조성하기 위한 '전자문서 및 전자거래기본법', 전자서명에 관한 사항을 규정하는 '전자서명법', 전자금융거래의 안전성과 신뢰성을 확보하기 위한 '전자금융거래법', 전자상거래와 통신판매에서 소비자의 권익을 보호하기 위한 '전자상거래 등에서의 소비자 보호에 관한 법률', 전자무역의 기반을 조성하고 그 활용을 촉진하기 위한 '전자무역 촉진에 관한 법률' 등의 각종 법률과 그 시행령 및 시행규칙이 있다.

다만 이러한 법령은 전자거래의 전자적 방법에 관한 기술적 사항에 대하여 적용되는 것이고, 전자거래의 실체적 법률관계에 관하여는 전자거래가 기업적 거래관계인 때에는 상법의 규정, 그렇지 않은 일반 민법상의 거래관계에 대해서는 민법의 규정에 의한다.

제3절 조약

전자거래에 관하여 외국정부와 체결한 조약은 국내법과 동일한 효력을 가진다. 그 대표적인 예가 전자서명의 상호인정을 위한 외국정부와의 협정이다. 우리나라 정부가 외국 정부와 전자서명의 상호인정을 위한 협정을 체결하는 경우에는 외국의 인증기관 또는 외국의 인증기관이 발급한 인증서에 대하여 우리나라 전자서명법에 의한 공인인증기관 또는 공인인증서와 동일한 법적 지위 또는 법적 효력을 부여하는 것을 그 협정의 내용으로 할 수 있다(전자서명법 27조의2 2항).[1] 이 경우 외국의 전자서명 또는 인증서는 공인전자서명 또는 공인인증서와 동등한 효력이 있다(전자서명법 27조의2 4항).

또한 전자거래에 있어서 외국인 및 외국법인은 전자문서및전자거래기본법 또는 대한민국이 가입 또는 체결한 조약에 따라 보호된다. 다만, 대한민국 국민 또는 대한민국 법인에 대하여 전자문서및전자거래기본법에 준하는 보호를 하지 아니하는 국가의 외국인 또는 외국 법인에 대하여는 그에 상응하게 전자문서및전자거래기본법 또는 대한민국이 가입 또는 체결한 조약에 따른 보호를 제한할 수 있다(전자거래기본법 40조).

제4절 전자거래약관

제1. 개설

전자거래에 있어서도 일반적으로 약관이 이용되고 있다. 약관은 그 명칭이나 형

1) 우리나라 정부가 외국정부와 전자서명의 상호인정에 관한 협정을 체결한 경우에는 행정안전부장관은 그 내용을 고시하여야 한다(전자서명법 27조의2 3항).

태 또는 범위에 상관없이 사업자가 여러 명의 상대방과 계약을 체결하기 위하여 일정한 형식으로 미리 마련한 계약의 내용을 말한다. 판매업자 등 사업자가 거래를 하는 경우에 수많은 고객들과 계약의 내용에 대하여 일일이 협의를 하는 것이 곤란하므로, 사업자는 약관에서 계약의 내용을 사전에 미리 정하고, 계약의 체결 시에 그 약관의 규정 내용을 계약의 내용으로 한다. 쇼핑몰 이용약관, 공인인증기관의 인증업무준칙, 정보통신망이용약관 등이 그 대표적인 예이다. 이들 약관은 통상 그 거래주체의 웹사이트에 게시되거나 연결참조문서형태로 첨부돼 있다. 전자거래약관도 당해 전자거래에 관한 법률관계에 있어서 제1차적으로 적용된다는 점에서 전자거래의 중요한 법원이 되며, 「약관의 규제에 관한 법률」에 의한 규제를 받는다.

제2. 약관의 구속력

전자거래에 있어서 당사자의 계약을 체결하는 경우에 약관이 있는 때에는 그 계약의 내용에 관하여는 그 약관에 의하는 것이 일반적이다. 이를 약관의 구속력이라 한다. 그런데 약관은 사업자가 일방적으로 작성하는 것이므로, 이 약관이 상대방을 구속하는 근거가 무엇인가에 대하여 종래 학설이 나뉘어 있었다.

이에 관하여 약관의 구속력의 근거에 관하여 약관을 계약내용으로 한다는 당사자간의 합의에 의한 것이라는 의사설, 계약의 상대방이 계약의 청약서에 기명날인 또는 서명하여 청약함으로써 약관에 구속되는 것에 대한 당사자의 의사 합치가 있었다는 추정이 성립된다는 의사추정설, 약관은 동일한 사업자와 동종의 계약을 체결하는 당사자들로 이루어진 단체의 자치법규로서 구속력이 있다는 설, 약관은 특별한 사정이 없는 한 사업자가 작성한 약관에 따라 계약을 체결한다는 상관습 내지 상관습법에 의하여 그 구속력이 인정된다는 상관습법설 등이 있었다.

약관의규제에관한법률은 사업자가 계약을 체결할 때에는 고객에게 약관의 내용을 계약의 종류에 따라 일반적으로 예상되는 방법으로 분명하게 밝히고, 고객이 요구할 경우 그 약관의 사본을 고객에게 교부하고, 약관에 정하여져 있는 중요한 내용에 대해서는 고객이 이해할 수 있도록 설명하도록 하고, 사업자가 이를 위반한 경우에는 해당 약관을 계약의 내용으로 주장할 수 없도록 하고 있다. 따라서 약관의 구속력은 사업자가 상대방에게 약관의 명시·교부·설명을 하고, 상대방이 그 약관의 적용에 동의한 경우에 인정된다고 보아야 한다. 이렇게 본다면 의사설이 타당하다.

제3. 약관에 대한 사업자의 의무

1. 약관 작성에 관한 주의의무

사업자가 약관을 작성하거나 변경하는 경우에는 고객이 약관의 내용을 쉽게 알 수 있도록 한글로 작성하고, 표준화·체계화된 용어를 사용하여야 하며, 약관의 중요한 내용을 부호, 색채, 굵고 큰 문자 등으로 명확하게 표시하여 알아보기 쉽게 약관을 작성하여야 한다(약관규제법 3조 1항). 따라서 사업자는 외국어로 된 약관은 상대방의 명시적인 동의가 없는 한, 원칙적으로 사용할 수 없다. 외국어로 된 약관은 사업자가 약관을 명시하고 약관 사본을 교부하고, 그 중요한 내용을 설명하더라도 일반 소비자들로서는 그 내용을 쉽게 이해하기 어렵기 때문이다.

2. 불공정약관의 사용금지의무

사업자는 약관의규제에관한법률 제6조부터 제14조까지의 규정에 해당하는 불공정한 약관 조항을 계약의 내용으로 하여서는 아니 된다(동법 17조).

3. 약관의 명시 · 교부 · 설명의무

1) 명시의무

사업자가 계약을 체결할 때에는 고객에게 약관의 내용을 계약의 종류에 따라 일반적으로 예상되는 방법으로 분명하게 밝혀야 하고, 고객이 요구할 경우 그 약관의 사본을 고객에게 내주어 고객이 약관의 내용을 알 수 있게 하여야 한다(동법 3조 2항).[2)]

---

2) 다만, 여객운송업, 전기·가스 및 수도사업, 우편업, 공중전화 서비스 제공 통신업의 사업자에 대해서는 약관의 명시 및 사본 교부 의무가 요구되지 않는다(약관의규제에관한법률 3조 2항 단서). 이러한 사업에 있어서 계약의 체결 시에 약관의 명시·교부·설명을 하는 것은 현실적으로 곤란한데다, 이러한 약관은 사전에 행정관청의 인가를 받아 시행하므로 이용자의 권익을 해칠 우려가

약관의 내용을 밝히는 방법은 약관의 내용을 상대방이 인식할 수 있도록 계약서에 약관의 내용을 기재하거나 약관을 계약서에 첨부하는 방식 등이 있다. 통신판매업자의 경우는 소비자가 계약체결 전에 재화 또는 용역에 대한 거래조건을 정확하게 이해하고 실수나 착오 없이 거래할 수 있도록 그 거래에 관한 약관과 그 약관의 내용을 확인할 수 있는 방법을 적절한 방법으로 표시·광고하거나 고지하여야 한다 (전자상거래등에서의소비자보호에관한법률 13조 2항 9호).

전자상거래를 하는 사이버몰의 운영자는 사이버몰의 이용약관을 사이버몰의 초기화면에 표시하거나, 또는 소비자가 연결화면을 통하여 볼 수 있도록 하여야 한다(전자상거래등에서의소비자보호에관한법률 10조 1항, 동법시행규칙 7조1항). 전자상거래를 행하는 사이버몰의 운영자로서 이동통신단말기 등 출력에 제한이 있는 기기를 이용하여 거래하는 사업자는 사이버몰이용약관이 사이버몰의 화면에 순차적으로 나타나도록 할 수 있으며, 이 경우 사이버몰이용약관은 그 내용을 확인할 수 있는 방법을 화면에 나타나게 하여야 한다(동법시행규칙 7조 3항).

2) 교부의무

약관 사본의 교부는 고객의 요구가 있는 경우에 하는 것이나, 약관 사본이 계약서에 이미 첨부되어 있는 때에는 별도의 교부가 필요하지 않다. 다만, 통신판매의 경우 소비자의 요구가 없더라도 통신판매계약이 체결되면 통신판매업자는 계약자에게 약관이 기재된 계약내용에 관한 서면을 재화 또는 용역을 공급할 때까지 교부하여야 한다(전자상거래등에서의소비자보호에관한법률 13조 2항). 약관 사본의 교부는 종이문서로 되어 있는 약관의 사본을 현실적으로 교부하는 것은 물론 약관의 내용이 기록되어 있는 전자문서를 전송하는 방법에 의하여 하는 것도 무방하다고 볼 것이다.

3) 설명의무

사업자는 약관에 정하여져 있는 중요한 내용을 고객이 이해할 수 있도록 설명하여야 한다(약관규제법 3조 3항). 여기서 중요한 내용이란 계약의 체결에 있어서 고객의

극히 적기 때문이다. 그러나 이들 업종의 경우도 사업자는 그 약관을 영업소에 비치하여야 하며, 고객의 요청이 있으면 해당 약관의 사본을 고객에게 교부하여 이를 알 수 있도록 하여야 한다(동법시행령 2조 2항).

계약 체결 여부 및 그 내용의 결정에 있어서 중요한 영향을 미치는 사항을 말한다. 고객에게 불리한 계약의 해제·해지 사유나 고객의 책임가중조건, 사업자의 책임감면 등 그 설명을 들었더라면 동일한 조건의 계약을 체결하지 않았을 것으로 인정되는 사항 등이 이에 해당한다. 이러한 중요한 내용에 대한 설명은 일반인이라면 누구나 쉽게 이해할 수 있을 정도로 구체적이고 상세하게 이루어져야 한다.[3] 다만 계약의 성질상 중요한 내용을 설명하는 것이 현저하게 곤란한 경우에는 이 설명의무가 면제된다(약관규제법 3조 3항 단서).

4) 의무위반의 효과

사업자가 이러한 약관의 명시·교부·설명의무에 위반하여 계약을 체결한 경우에는 해당 약관을 계약의 내용으로 주장할 수 없다(동법 3조 4항). 사업자가 이 의무를 위반한 경우에 사업자가 해당 약관을 계약의 내용으로 주장할 수 없을 뿐이므로 계약 자체의 효력에는 영향을 미치는 것은 아니며, 또 고객이 그 약관을 계약내용으로 주장하는 것은 무방하다.

4. 약관의 변경과 사업자의 명시·교부·설명의무

동일한 계약당사자 간의 계속적 거래관계에 있어서 계약 체결 시에 사업자가 고객에게 명시·교부·설명한 약관이 계약의 존속기간 중에 고객에게 불이익하게 변경된 경우에는 사업자는 신의칙상 그 변경된 약관에 대하여 고객에게 일반적으로 예상되는 방법으로 분명하게 밝혀야 하고, 고객이 요구할 경우 그 약관의 사본을 고객에게 내주어 고객이 약관의 내용을 알 수 있게 하여야 하며, 그 중요한 내용에 대해서는 고객이 이해할 수 있도록 설명하여야 한다. 사업자가 이러한 명시·교부·설명을 하지 아니한 때에는 변경된 약관은 적용되지 아니한다.

또 동일한 계약당사자 사이의 계속적 거래관계에서 일정한 기간 마다 주기적으로 동종 계약을 반복 체결하는 경우에 종전 계약의 내용이 된 약관이 고객에게 불리하게 변경된 경우에 새로운 계약의 체결 시에 사업자는 약관의 변경사실 및 그 변경내용을 고객에게 명시·교부·설명하여야 한다. 만일 사업자가 그 변경 약관에 대

3) 대판 1998.11.27, 98다32564

한 명시·교부·설명을 하지 아니하고 새로운 계약을 체결한 때에는 종전 약관에 따라 계약이 체결된 것으로 보아야 한다.[4)]

제4. 약관의 해석

1. 개설

약관의 해석은 일반적이며 객관적인 해석 원칙에 따라야 한다. 약관의규제에관한 법률은 약관의 해석에 관하여 다음과 같은 원칙을 정하고 있다.

2. 개별 약정 우선의 원칙

당사자가 약관에서 정하고 있는 사항과 다른 개별적인 약정을 한 때에는 그 개별 약정이 약관에 우선한다(약관규제법 4조).

3. 신의성실의 원칙

약관의 규정은 신의성실의 원칙에 따라 공정하게 해석하여야 하며, 고객에 따라 다르게 해석되어서는 안 된다(약관규제법 5조1항).

4. 불명확성의 원칙

약관의 뜻이 명확하지 않는 경우에는 고객에게 유리하게 해석하여야 한다(약관규제법 5조2항). 이를 작성자불이익의 원칙이라고도 한다.

---

4) 대판 1986.10.14. 84다카122: "계약당사자간의 합의에 의하여 계약의 내용이 되는 약관은 원칙적으로 계약 체결 당시에 유효하게 시행되고 있는 약관일 것임은 물론이나, 동일한 보험계약당사자가 일정한 기간마다 주기적으로 동종계약을 반복 체결하는 계속적 거래관계에 있어서 종전계약의 내용이 된 보험약관을 도중에 가입자에게 불리하게 변경한 사실이 있다면 보험자로서는 새로운 보험계약을 체결함에 즈음하여 그와 같은 약관변경 사실 및 내용을 가입자인 상대방에게 고지하여야만 할 신의칙상의 의무가 있다고 봄이 상당하고, 이러한 고지없이 체결된 보험계약은 과거와 마찬가지로 종전약관에 따라 체결된 것으로 봄이 타당하…다."

제5. 약관에 대한 심사

1. 공정거래위원회에 의한 심사

1) 직권에 의한 심사

공정거래위원회는 사업자가 약관의규제에관한법률 제6조부터 제14조까지의 규정에 해당하는 불공정약관조항을 계약의 내용으로 하는 경우에는 사업자에게 해당 불공정약관조항의 삭제·수정 등 시정에 필요한 조치를 권고할 수 있다(동법 17조의2 1항).

불공정약관조항을 사용하는 사업자가 다음의 어느 하나에 해당하는 경우에는 해당 불공정약관조항의 삭제·수정 등 약관을 시정하기 위하여 필요한 조치를 명할 수 있다. 즉 사업자가 시장지배적 사업자인 경우나 사업자가 자기의 거래상의 지위를 부당하게 이용하여 계약을 체결하는 경우, 사업자가 일반 공중에게 물품·용역을 공급하는 계약으로서 계약 체결의 긴급성·신속성으로 인하여 고객이 계약을 체결할 때에 약관 조항의 내용을 변경하기 곤란한 경우, 사업자의 계약 당사자로서의 지위가 현저하게 우월하거나 고객이 다른 사업자를 선택할 범위가 제한되어 있어 약관을 계약의 내용으로 하는 것이 사실상 강제되는 경우, 계약의 성질상 또는 목적상 계약의 취소·해제 또는 해지가 불가능하거나 계약을 취소·해제 또는 해지하면 고객에게 현저한 재산상의 손해가 발생하는 경우 등이다(동법 17조의2 2항).

행정관청이 작성한 약관이나 다른 법률에 따라 행정관청의 인가를 받은 약관이 불공정약관에 해당된다고 인정할 때에는 공정거래위원회는 해당 행정관청에 그 사실을 통보하고 이를 시정하기 위하여 필요한 조치를 하도록 요청할 수 있다(동법 18조 1항). 공정거래위원회가 행정관청에 시정을 요청한 경우에는 공정거래위원회는 이 시정권고 또는 시정명령은 하지 아니한다(동법 18조 3항).

공정거래위원회는 시정권고 또는 시정명령을 하기 위하여 필요하다고 인정되는 경우 약관이 약관의규제에관한법률에 위반된 사실이 있는지 여부를 확인하기 위하여 필요한 조사를 할 수 있다(동법 20조 1항).

2) 약관의 심사청구에 의한 심사

약관의 조항이 약관의규제에관한법률에 위반되는지 여부에 관하여 일정한 자는 그 심사를 공정거래위원회에 청구할 수 있다(동법 19조 1항). 이 심사청구를 할 수 있는 자는 그 약관의 조항과 관련하여 법률상의 이익이 있는 자, 소비자기본법에 따라 등록된 소비자단체, 한국소비자원 또는 사업자단체이다. 이러한 자가 심사청구를 하고자 하는 때에는 공정거래위원회에 서면이나 전자문서로 제출하여야 한다(동법 19조 2항). 이 경우 심사대상인 약관 조항이 변경된 때에는 공정거래위원회는 직권으로 또는 심사청구인의 신청에 의하여 심사대상을 변경할 수 있다(동법 19조의2). 공정거래위원회는 약관의 심사청구를 받은 경우 약관이 약관의규제에관한법률에 위반된 사실이 있는지 여부를 확인하기 위하여 필요한 조사를 할 수 있다(동법 20조 1항).

2. 법원에 의한 심사

약관의 유효성은 최종적으로 구체적 사건에 대한 재판을 통하여 법원에 의한 사법적 심사를 받는다.

제6. 표준약관

1. 의의

표준약관은 사업자 및 사업자단체, 소비자단체 등이 일정한 거래 분야에서 표준이 될 약관을 마련하여 그 내용이 법에 위반되는지 여부에 관하여 공정거래위원회에 심사를 받거나 또는 공정거래위원회가 관련 분야의 거래 당사자 및 소비자단체 등의 의견을 듣고 관계 부처의 협의를 거쳐 마련한 약관을 말한다(동법 19조의3 1,4항).

약관은 대개 사업자가 일방적으로 작성하므로 그 내용에 있어서 불공정한 조항이 포함되기 쉬우며, 약관이 시행된 후에 불공정약관조항에 대한 심사를 통해 시정조치를 하더라도 고객의 피해를 유발시킬 우려가 있다. 따라서 사업자가 약관을 제정하여 사용하기 전에 미리 불공정성 여부에 대한 심사를 거쳐 공정한 약관을 제정·사용하도록 하기 위한 것이다.

2. 표준약관의 제정

사업자 및 사업자단체는 건전한 거래질서를 확립하고 불공정한 내용의 약관이 통용되는 것을 방지하기 위하여 일정한 거래 분야에서 표준이 될 약관을 마련하여 그 내용이 이 법에 위반되는지 여부에 관하여 공정거래위원회에 심사를 청구할 수 있다(동법 19조의3 1항). 이 경우 공정거래위원회는 그 약관에 대한 심사를 거친 후 사용을 승인하게 된다.

또한 소비자기본법에 따라 등록된 소비자단체 또는 한국소비자원은 소비자 피해가 자주 일어나는 거래 분야에서 표준이 될 약관을 마련할 것을 공정거래위원회에 요청할 수 있다(동법 19조의3 2항). 소비자단체 또는 한국소비자원의 요청이 있는 경우에 공정거래위원회는 당해 사업자 및 사업자단체에 대하여 표준이 될 약관을 마련하여 심사 청구할 것을 권고할 수 있다(동법 19조의3 3항). 또 공정거래위원회는 일정한 거래 분야에서 여러 고객에게 발생하는 피해 상황을 조사하여 약관이 없거나 불공정약관조항이 있는 경우에 당해 사업자 및 사업자단체에 대하여 표준이 될 약관을 마련하여 심사 청구할 것을 권고할 수 있다(동법 19조의3 3항).

사업자 및 사업자단체가 이 권고를 받은 날부터 4개월 이내에 필요한 조치를 하지 아니하면 공정거래위원회는 관련 분야의 거래 당사자 및 소비자단체등의 의견을 듣고 관계 부처의 협의를 거쳐 표준약관을 마련할 수 있다(동법 19조의3 4항).

3. 표준약관의 사용

공정거래위원회는 표준약관을 공시하고 사업자 및 사업자단체에 표준약관을 사용할 것을 권장할 수 있다(동법 19조의3 5항). 공정거래위원회로부터 표준약관의 사용을 권장받은 사업자 및 사업자단체는 표준약관과 다른 약관을 사용하는 경우 표준약관과 다르게 정한 주요 내용을 고객이 알기 쉽게 표시하여야 한다(동법 19조의3 6항).

공정거래위원회는 표준약관의 사용을 활성화하기 위하여 표준약관 표지(標識)를 정할 수 있고, 사업자 및 사업자단체는 표준약관을 사용하는 경우 공정거래위원회가 고시하는 바에 따라 표준약관 표지를 사용할 수 있다(동법 19조의3 7항). 사업자 및 사업자단체는 표준약관과 다른 내용을 약관으로 사용하는 경우 표준약관 표지를 사용하여서는 아니 된다(동법 19조의3 8항).

4. 표준약관의 효력

사업자 및 사업자단체가 표준약관 표지 사용 제한에 위반하여 표준약관 표지를 사용하거나 표준약관의 내용보다 고객에게 더 불리한 약관의 내용은 무효로 한다(동법 19조의3 9항). 표준약관의 표지에 대한 소비자의 신뢰이익을 보호하고 표준약관의 실효성을 확보하기 위한 것이다.

그러나 표준약관이 아닌 약관에 표준약관의 표지를 사용한다고 하여 그 약관 자체를 무효로 하는 것은 문제다. 또 표준약관의 내용보다 고객에게 더 불리한 약관의 내용을 무효로 하는 것도, 가령 약관의 내용이 법률의 규정에 어긋나지 않더라도, 단순히 표준약관의 내용보다 고객에게 더 불리하다고 하여 무효로 하는 것도 비합리적이다. 표준약관은 공정거래위원회가 심사하거나 마련한 것이지만, 그 타당성은 법원에 의한 사법적 심사의 대상이 되는 것인데, 실제 사용하는 약관이 단순히 표준약관의 내용보다 고객에게 불리하다고 하여 무효로 하는 것은 이 표준약관에 강행법규와 같은 효력을 인정하는 결과가 되므로 부당하다.

제7. 약관에 관한 분쟁의 조정

1. 의의

약관의규제에관한법률에서 정하는 불공정약관조항 사용 금지에 위반한 약관 또는 이와 비슷한 유형의 약관과 관련된 분쟁이 발생한 경우에 피해를 입은 고객의 분쟁조정신청에 의하여 또는 공정거래위원회의 의뢰에 의하여 약관분쟁조정협의회가 조정을 할 수 있다(약관규제법 24조 1항, 27조 2항). 또 불공정약관조항 사용 제한에 위반한 약관 또는 이와 비슷한 유형의 약관으로 인한 피해가 다수 고객에게 발생할 가능성이 크다고 판단한 경우로서 대통령령으로 정하는 사건에 대하여는 공정거래위원회, 고객 또는 사업자의 의뢰 또는 신청에 의하여 약관분쟁조정협의회는 일괄적인 집단분쟁조정을 할 수 있다(동법 28조의2 1항). 이 약관분쟁조정은 약관의규제에관한법률의 2012년 2월 17일 개정에 의하여 신설된 제도이다.

2. 약관분쟁조정협의회

불공정약관조항 사용 금지에 위반한 약관 또는 이와 비슷한 유형의 약관으로서 대통령령으로 정하는 약관과 관련된 분쟁을 조정하기 위하여 한국공정거래조정원에 약관분쟁조정협의회를 설치한다(약관규제법 24조 1항). 약관분쟁조정협의회는 위원장 1명을 포함한 9명의 위원으로 구성하는데(동법 24조 2항), 위원은 일정한 자격요건에 해당하는 사람 중에서, 위원장은 위원 중에서 한국공정거래조정원의 장의 제청으로 공정거래위원회 위원장이 위촉한다(동법 24조 3,5항). 위원의 임기는 3년으로 하되, 연임할 수 있다(동법 24조 6항).

약관분쟁조정협의회의 회의는 위원 전원으로 구성되는 전체회의와 위원장이 지명하는 3명의 위원으로 구성되는 분과회의로 구분된다(동법 25조 1항). 전체회의는 위원장이 주재하며, 재적위원 과반수의 출석으로 개의하고, 출석위원 과반수의 찬성으로 의결한다(동법 25조 3항).

분과회의는 전체회의로부터 위임받은 사항에 관하여 심의・의결한다(동법 25조 2항). 분과회의는 위원장이 지명하는 위원이 주재하며, 구성위원 전원의 출석과 출석위원 전원의 찬성으로 의결한다. 이 경우 분과회의의 의결은 약관분쟁조정협의회의 의결로 보되, 회의의 결과를 전체회의에 보고하여야 한다(동법 25조 4항).

조정의 대상이 된 분쟁의 당사자인 고객(소비자기본법 제2조 제1호에 따른 소비자는 제외)과 사업자는 약관분쟁조정협의회의 회의에 출석하여 의견을 진술하거나 관계 자료를 제출할 수 있다(동법 25조 5항).

3. 분쟁조정의 신청

불공정약관조항 사용제한에 위반한 약관 또는 이와 비슷한 유형의 약관으로서 대통령령으로 정하는 약관으로 인하여 피해를 입은 고객은 분쟁조정신청서를 약관분쟁조정협의회에 제출함으로써 분쟁조정을 신청할 수 있다(동법 27조 1항 본문). 다만, 분쟁조정 신청이 있기 이전에 공정거래위원회가 조사 중인 사건이나, 분쟁조정 신청의 내용이 약관의 해석이나 그 이행을 요구하는 사건, 약관의 무효판정을 요구하는 사건, 해당 분쟁조정사항에 대하여 법원에 소를 제기한 사건, 그 밖에 분쟁조정에 적합하지 아니한 것으로 대통령령으로 정하는 사건에 대해서는 분쟁조정의 신청을 할 수 없다(동법 27조 1항 단서).

공정거래위원회도 불공정약관조항 사용 제한에 위반한 약관 등에 관한 분쟁조정을 약관분쟁조정협의회에 의뢰할 수 있다(동법 27조 2항).

4. 조정절차

약관분쟁조정협의회는 고객으로부터 분쟁조정 신청서를 접수하거나 공정거래위원회로부터 분쟁조정을 의뢰받은 경우에는 즉시 분쟁 당사자에게 통지하여야 한다(동법 27조 3항).

그러나 약관분쟁조정협의회는 조정신청을 받은 사건이 분쟁조정 신청 전에 공정거래위원회의 조사를 받고 있는 사건, 분쟁조정 신청의 내용이 약관의 해석이나 그 이행을 요구하는 사건, 약관의 무효판정을 요구하는 사건, 해당 분쟁조정사항에 대하여 법원에 소를 제기한 사건, 그 밖에 분쟁조정에 적합하지 아니한 것으로 대통령령으로 정하는 사건인 경우에는 조정신청을 각하하여야 한다(동법 27조의2 3항). 약관분쟁조정협의회가 조정신청을 각하한 경우에는 공정거래위원회에 조정신청 각하사유 등과 관계 서류를 서면으로 지체 없이 보고하여야 하고 분쟁 당사자에게 그 사실을 통보하여야 한다(동법 27조의2 5항).

약관분쟁조정협의회는 조정신청 또는 조정의뢰가 적법한 경우에는 분쟁 당사자에게 분쟁조정사항을 스스로 조정하도록 권고하거나 조정안을 작성하여 이를 제시할 수 있다(동법 27조의2 1항). 약관분쟁조정협의회는 해당 분쟁조정사항에 관한 사실을 확인하기 위하여 필요한 경우 조사를 하거나 분쟁 당사자에게 관련 자료의 제출이나 출석을 요구할 수 있다(동법 27조의2 2항).

그러나 분쟁 당사자가 약관분쟁조정협의회의 권고 또는 조정안을 수락하거나 스스로 조정하는 등 조정이 성립된 경우, 조정을 신청 또는 의뢰받은 날부터 60일(분쟁 당사자 쌍방이 기간연장에 동의한 경우에는 90일)이 경과하여도 조정이 성립되지 아니한 경우, 분쟁 당사자의 일방이 조정을 거부하거나 해당 분쟁조정사항에 대하여 법원에 소를 제기하는 등 조정절차를 진행할 실익이 없는 경우에는 약관분쟁조정협의회는 조정절차를 종료하여야 한다(동법 27조의2 4항). 약관분쟁조정협의회가 조정절차를 종료한 경우에는 대통령령으로 정하는 바에 따라 공정거래위원회에 조정절차 종료의 사유와 관계 서류를 서면으로 지체 없이 보고하여야 하고 분쟁 당사자에게 그 사실을 통보하여야 한다(동법 27조의2 5항).

5. 조정조서의 작성과 효력

약관분쟁조정협의회는 조정절차를 개시하기 전에 분쟁 당사자가 분쟁조정사항을 스스로 조정하고 조정조서의 작성을 요청하는 경우에는 그 조정조서를 작성한다(동법 28조 2항). 또 약관분쟁조정협의회는 조정절차에서 분쟁 당사자 사이에 분쟁조정사항의 조정이 성립된 경우 조정에 참가한 위원과 분쟁 당사자가 기명날인한 조정조서를 작성한다(동법 28조 1항 전문). 조정조서가 작성된 경우에는 분쟁 당사자 간에 조정조서와 동일한 내용의 합의가 성립된 것으로 본다(동법 28조 1항 후문).

6. 집단분쟁조정

공정거래위원회, 고객 또는 사업자는 불공정약관조항 사용 제한에 위반한 약관 또는 이와 비슷한 유형의 약관으로 인한 피해가 다수 고객에게 발생할 가능성이 크다고 판단한 경우로서 대통령령으로 정하는 사건에 대하여는 약관분쟁조정협의회에 일괄적인 집단분쟁조정을 의뢰하거나 신청할 수 있다(동법 28조의2 1항).

이 집단분쟁조정을 의뢰받거나 신청받은 약관분쟁조정협의회는 그 의결로서 집단분쟁조정절차를 개시할 수 있다. 이 경우 약관분쟁조정협의회는 분쟁조정된 사안 중 집단분쟁조정신청에 필요한 사항에 대하여 대통령령으로 정하는 방법에 따라 공표하고, 대통령령으로 정하는 기간 동안 그 절차의 개시를 공고하여야 한다(동법 28조의2 2항). 집단분쟁조정의 기간은 이 공고가 종료된 날의 다음 날부터 기산한다(동법 28조의2 7항).

집단분쟁조정에 있어서 약관분쟁조정협의회는 집단분쟁조정의 당사자가 아닌 고객으로부터 그 분쟁조정의 당사자에 추가로 포함될 수 있도록 하는 신청을 받을 수 있으며(동법 28조의2 3항), 협의회의 의결로써 집단분쟁조정의 당사자 중에서 공동의 이익을 대표하기에 가장 적합한 1인 또는 수인을 대표당사자로 선임할 수 있다(동법 28조의2 4항). 다만, 집단분쟁조정의 당사자인 다수의 고객 중 일부의 고객이 법원에 소를 제기한 경우에는 그 절차를 중지하지 아니하고 소를 제기한 일부의 고객은 그 절차에서 제외한다(동법 28조의2 6항).

약관분쟁조정협의회는 사업자가 약관분쟁조정협의회의 집단분쟁조정의 내용을 수락한 경우에는 집단분쟁조정의 당사자가 아닌 자로서 피해를 입은 고객에 대한 보상계획서를 작성하여 협의회에 제출하도록 권고할 수 있다(동법 28조의2 5항). 집단분쟁조정의 절차 등에 관하여 필요한 사항은 대통령령으로 정한다(동법 28조의2 8항).

Chapter 03

전자적 의사표시

제1절 서설

전자거래도 당사자의 합의에 의하여 이루어지는 법률행위를 중심으로 한다. 현대의 사법(私法)제도 아래서는 법률행위를 통하여 사적 자치가 실현되는 바, 전자거래에 있어서도 개인의 자유로운 의사에 의한 법률행위가 있을 때, 개인이 원하는 법률효과가 주어지며, 이를 기초로 거래가 이루어진다.

법률행위는 행위자가 원한 대로 일정한 사법상의 효과를 발생시키며, 이 효과는 법률행위의 요소인 의사표시에 나타난 의사에 따라 결정된다. 물론 법률행위가 성립되고 그 효력을 발생시키기 위해서는 그 밖의 다른 법률사실이 필요한 경우도 적지 않지만 가장 중요한 요소가 의사표시인 것이다.

의사표시는 종래 상대방을 직접 만나거나 전화를 통해서 또는 우편이나 팩시밀리를 통해서 행해져 왔다. 그러나 전자거래에 있어서는 의사표시가 정보처리시스템을 통하여 이루어진다. 더욱이 앞으로 스스로 의사를 결정할 수 있는 인공지능 컴퓨터의 개발도 진행되고 있다. 따라서 전자거래에 있어서 이러한 전자적 방법에 의하여 이루어지는 의사표시에 대하여 종래의 의사표시의 개념정의와 그 구성요소, 효력발생시기, 의사와 표시의 불일치 등에 대한 기존의 민법이론을 적용할 수 있는지 문제된다.

제2절 전자적 의사표시의 개념

제1. 정보처리시스템에 의한 의사표시의 유형

전자거래에 있어서 거래 당사자의 의사는 정보처리시스템에서 전자적 정보(digital data)로 변환되어 정보통신망을 통하여 상대방에게 전달되는데, 이 때 그 의사표시는 컴퓨터의 기능과 관련하여 두 가지 형태로 나타난다. 그 하나는 정보처리시스템이 표의자의 의사표시를 단순히 매개하는 보조수단으로 사용되는 경우이다. 표의자가 그 의사표시의 내용을 정보처리시스템에 모두 입력하여 이를 그대로 상대방에게 전송하는 경우이다.

다른 하나는 당사자가 정보처리시스템에 프로그램과 데이터를 입력하고 일정한 조건이 충족되면 정보처리시스템에 의하여 자동으로 일정한 의사가 표시되는 경우이다. 이것은 당사자가 입력한 프로그램과 데이터를 기초로 정보처리시스템에 의하여 당사자의 의사가 구체화되어 표시되는 것이다.[1] 이것은 인간의 자연적인 의사표시와 구별하여 자동화된 의사표시[2]라고도 일컬어지고 있다.

제2. 학설

1. 개설

정보처리시스템을 통한 의사표시를 종래의 법률행위론의 의사표시와 별도로 전자적 의사표시라는 개념으로 파악하여야 할 것인지, 전자적 의사표시라는 관념을 인정한다면 그 범위에 정보처리시스템을 보조수단으로 사용하는 경우와 사전에 입력된 프로그램과 데이터에 따라 일정한 조건 아래 정보처리시스템이 일정한 의사를 표시하는 경우가 모두 포함되는지에 관하여 학설이 대립되고 있다.

---

1) 이를 지능형 에이전트(intelligent agent)라고도 한다. 주석진, "지능형 에이전트(intelligent agent)의 동향", 「정보화사회」 통권 113호(1997.5), 50면.
2) 지원림, "자동화된 의사표시", 「저스티스」 제31권 제3호(1998.9), 51면; 김상용, "자동화된 의사표시와 시스템계약", 「사법연구」 제1집 (청헌법률문화재단, 1992), 54면.

2. 전자적 의사표시 부정설

의사표시가 전자적 매체를 수단으로 하여 이루어지거나, 사전에 입력된 프로그램과 데이터에 따라 일정한 조건 아래 정보처리시스템이 일정한 의사를 표시하는 경우이거나 모두 자연적 의사표시와 동일하게 해석하여, 전자적 의사표시라는 별도의 개념을 인정할 필요가 없다는 견해이다.[3] 이 견해에서는 정보처리시스템은 궁극적으로 권리능력이나 인간과 같은 창조적인 의사결정능력을 가질 수 없으므로 자연적 의사표시와는 다른 별개의 전자적 의사표시라는 관념을 부정한다. 정보처리시스템이 제한적인 범위에서 스스로 의사를 결정하여 표시하는 측면이 있더라도 종래의 의사표시에 관한 법리를 적용하여 규율하는 것이 타당하다고 한다.

3. 전자적 의사표시 긍정설

정보처리시스템을 통한 의사표시는 그 의사표시가 정형적으로 이루어지며, 의사표시의 내용이 전자문서로 되어 있는 등 자연적인 의사표시에 비하여 여러 가지 특수성이 인정되므로, 이를 전자적 의사표시로 분리하여 파악하는 것이 타당하다는 견해이다

이 설은 다시 ① 정보처리시스템을 단순히 의사표시의 보조수단으로 사용하는 경우와 사전에 입력된 프로그램과 데이터에 따라 일정한 조건 아래 컴퓨터가 자동적으로 일정한 의사를 표시하는 경우를 모두 전자적 의사표시로 보는 입장[4]과, ② 이 두 유형을 구별하여, 전자에 대해서는 자연적 의사표시와 동일하게 해석하고, 후자만을 전자적 의사표시로 보는 입장[5]으로 나누어진다.

---

3) 지원림, 전게논문, 51면; 지원림, "컴퓨터와 관련된 민사법적 문제; 컴퓨터법의 정립을 위한 시론 -컴퓨터계약과 EDI를 중심으로", 「성곡논총」 제26집 상권(1995), 148면; 김용직•지대운, "정보사회에 대비한 민사법연구서론", 「정보사회에 대비한 일반법연구(I)」, (통신개발연구원 1997), 126면; 김상용, 전게논문, 52면.

4) 김진환, http://law.kims.net/sum/sum-detail-docnsig.htm

5) 김상용, 전게논문, 52면.

4. 사견

생각건대, 의사표시는 일정한 법률효과를 의욕하는 인간의 의사를 외부에 표시하는 것이다. 정보처리시스템이 사전에 입력된 프로그램과 데이터에 따라 일정한 조건아래 어떤 의사를 표시하는 경우에도 그 실질적인 의사결정의 주체는 사람이다. 정보처리시스템에 의한 의사의 구체화도 정보처리시스템이 그 주체의 의사표시를 보조하는 것에 지나지 않으므로, 전자적 의사표시도 전통적인 의사표시의 본질을 벗어날 수 없다. 또 정보처리시스템이 사람과 독립된 권리주체가 될 수 없으므로, 정보처리시스템이 어떤 의사를 표시하더라도 그 주체의 의사와 독립되어 있는 완전한 별개의 행위로서의 효력을 인정하기 어렵다. 따라서 기본적으로는 정보처리시스템을 통한 의사표시에 대해서도 의사표시에 관한 민법의 이론이 적용된다고 할 것이다.

다만 정보처리시스템을 통한 의사표시는 그 내용이 전자적 형태로 변환되어 저장되거나 정보통신망을 통하여 송·수신되며, 이 과정에서 구두나 종이문서에 의한 의사표시와는 다른 여러 가지 특수성이 있다. 그리하여 전자거래 관련 법령에서는 그 법적인 의미를 명백히 하기 위하여 전자문서·전자서명·인증 등에 관한 각종 규정을 두고 있다. 따라서 이들 법의 적용 대상을 명백히 하는 차원에서 정보처리시스템에 의한 의사표시를 기존의 자연적인 의사표시와 구분하여 널리 전자적 의사표시라 하는 것이 바람직하다고 생각한다.

제3. 전자적 의사표시의 의의

전자적 의사표시는 학설에 따라 그 개념정의가 다르다. 정보처리시스템을 의사표시의 보조수단으로 사용하는 경우와 정보처리시스템이 일정한 조건 아래 자동으로 일정한 의사를 표시하는 경우를 모두 전자적 의사표시로 보는 입장에서는 '사람의 의사가 정보처리시스템에 의하여 표시되는 의사표시'[6]라고 한다. 그러나 후자만을 전자적 의사표시로 파악하는 입장에서는 '인간이 사전에 입력한 포괄적 의사를 정보처리시스템이 일정한 프로그램에 따라 표시내용을 구체화하여 타인에게 전달되어

---

6) 김진환, http://law.kims.net/sum/sum-detail-docnsig.htm

표시되는 의사표시'로 정의될 수 있다.

이들 두 경우를 모두 전자적 의사표시로 보는 입장에서는 전자의 견해가 타당하다. 부연하자면 전자적 의사표시는 다소 포괄적으로 정보처리시스템을 통하여 이루어지는 의사의 표시라 정의할 수 있다.

제3절 전자적 의사표시의 구성요소

제1. 민법상의 해석론

의사표시는 의사적 요소와 행위적 요소로 구성된다. 의사표시가 이루어지는 심리적 과정은 먼저 어떤 동기에 의하여 효과의사를 결정하고, 이 의사를 타인에게 알리기 위하여 외부에 표시하려는 표시의사에 매개되어 표시행위를 하게 되는 것으로 분석해 볼 수 있다. 이 중 효과의사와 표시행위를 매개하는 표시의사가 의사표시의 구성요소인가에 대하여 긍정설[7]도 있으나, 부정설이 우리나라의 다수설이다.[8] 그리하여 의사표시는 효과의사와 표시행위의 두 요소로 이루어진다고 보는 것이 다수설[9]이다.[10]

이와 관련하여 의사와 표시가 일치하지 않는 경우에 효과의사를 중심으로 하는 의사주의와, 표시행위를 중심으로 하는 표시주의, 그리고 이중 어느 하나를 중심으로 하고 다른 하나를 고려하는 절충주의가 있다. 우리나라에서는 현행 민법상 표시행위를 의사표시의 중심적인 요소로 보고 효과의사를 고려하는 표시주의적 절충주의를 취하고 있다는 것이 다수설이다.

---

7) 이영준, 「민법총칙」 (박영사, 1987), 99면; 김상용, 「민법총칙」 (법문사, 1998), 336면.
8) 김용한, 「민법총칙」 (박영사, 1997), 278면.
9) 김용한, 상게서, 277면; 이은영, 「민법총칙」 (박영사, 1996), 450면.
10) 그러나 효과의사가 표시행위로부터 추단되는 '표시상의 효과의사'인가 실제의 '내심적 효과의사'인가에 대해서는 학설이 나뉘고 있다.

제2. 전자적 의사표시의 요소

전자적 의사표시의 요소에 관하여는 전자적 의사표시를 어떻게 이해하느냐에 따라 다를 수 있다. 정보처리시스템이 단순히 의사표시의 보조수단인 경우와 정보처리시스템이 입력된 프로그램과 데이터에 따라 일정한 조건 아래 자동적으로 일정한 의사를 표시하는 경우를 구분하여, 전자의 경우에는 자연적 의사표시와 동일하게 보고, 후자의 경우에는 그 의사표시의 요소를 효과의사와 행위의사 및 표시행위로 보는 견해와 컴퓨터이용자의 포괄적 효과의사, 입력행위, 컴퓨터의 의사구체화 과정, 컴퓨터의 표시라고 보는 견해 등이 있다.

생각건대, 정보처리시스템의 사용자가 사전에 입력한 프로그램과 데이터에 따라 정보처리시스템이 일정한 조건 아래 자동적으로 일정한 의사를 표시하는 경우에도 정보처리시스템이 표시하는 의사는 그 사용자의 의사와 유리된 별개의 의사로 볼 수 없다. 의사표시에 있어서 효과의사는 궁극적으로 그 의사표시로서 달성하려는 법적 효과를 의욕하는 것이고, 사용자가 프로그램이나 데이터 등을 입력할 때에는 정보처리시스템의 과학기술적인 제반사정을 충분히 고려하여 일정한 내용의 표시가 있으리라 충분히 예측할 수 있기 때문이다. 이 경우 만약 그 사용자가 입력 시에 예측한 것과 다른 내용이 정보처리시스템에 의하여 표시된 때에는 착오 등을 이유로 하여 그 법적 효력을 부인할 것이다.

따라서 정보처리시스템이 입력되어 있는 프로그램과 데이터에 따라 일정한 조건 아래 자동적으로 일정한 의사를 표시하는 경우에도 그 효과의사는 정보처리시스템의 사용자를 기준으로 해야 한다. 즉 정보처리시스템의 사용자가 그 의사표시로 달성하려는 법적 효과의 의욕을 효과의사로 보아야 한다. 따라서 컴퓨터가 자동으로 의사를 표시하는 경우에도 그 효과의사를 자연적 의사표시의 경우와 다르게 이해해야 할 것이 아니다.

물론 정보처리시스템의 사용자가 입력 시에 추후에 있을 정보처리시스템의 표시를 모두 정확하게 예측하기는 사실상 어려울 때도 있을 것이다. 자연적 의사표시에 있어서도 효과의사가 의사표시의 모든 내용을 구체적으로 확정해 존재하는 것은 아니다. 정보처리시스템의 사용자가 사전에 입력한 프로그램과 데이터에 따라 일정한 조건 아래 자동적으로 일정한 의사를 표시하는 경우에는 의사표시의 내용의 주요한 기준만 설정하고 그 구체적인 사항은 정보처리시스템의 구체적인 정보처리능력에

맡기는 경우도 있을 수 있다. 이러한 점을 감안하면 그 효과의사는 다소 포괄적인 형태로 존재한다고 볼 수 있다.

표시행위는 효과의사를 외부에 표시하는 행위로서 그 방법은 묻지 않는다. 표시행위는 표의자의 하나의 거동으로 완성될 수도 있고, 수개의 행위를 통하여 이루어질 수도 있다. 정보처리시스템 사용자의 입력은 정보처리시스템에 의한 표시를 전제하는 것이며, 프로그램 등의 입력은 정보처리시스템의 표시를 통하여 표시행위를 완성하는 것이다.

또 행위의사를 의사표시의 요소로 보는 경우에는 행위의사가 없는 때에는 의사표시의 존재를 부정하게 되나, 행위의사는 표시행위의 요소이며, 이를 표시행위와 독립된 의사표시의 독자적인 구성요소로 볼 필요가 없다.[11] 정보처리시스템에의 입력은 정보처리시스템의 표시를 전제로 하는 것이므로, 입력은 표시행위를 구성하는 요소로 이해하면 충분하지 이를 굳이 의사표시의 독립된 요소로 보는 것은 타당하지 않다고 하겠다.

그러므로 사용자의 프로그램 등의 입력과 정보처리시스템의 의사구체화 과정 및 표시는 각각 의사표시의 독자적인 요소가 아니라, 정보처리시스템 사용자의 표시행위를 구성하는 일련의 과정이라고 보아야 한다. 결국 전자적 의사표시의 요소는 자연적 의사표시의 경우와 마찬가지로 효과의사와 표시행위로 보는 것이 타당하다.

제4절 의사능력과 행위능력

전자적 의사표시가 효력을 발생하기 위해서는 표의자에게 의사능력과 행위능력이 있어야 함은 물론이다. 의사능력과 행위능력에 관한 민법의 일반원칙은 전자적 의사표시에도 타당하다. 의사무능력자가 한 의사표시는 무효이며, 행위무능력자의 의사표시에는 원칙적으로 법정대리인의 동의가 있어야 하며, 그 동의가 없는 의사표시는 본인 또는 그 법정대리인이 원칙적으로 취소할 수 있다.

미성년자나 피한정후견인 또는 피특정후견인이 전자거래를 하는 경우에는 법정대리인의 동의를 받아야 한다. 미성년자나 피한정후견인이 법정대리인으로부터 영업의 종류를 특정하여 허락받은 경우에는 그 영업에 관하여는 성년자와 동일한 행위

---

11) 김용한, 전게서, 277~278면.

능력을 가지므로(민법 제 8조 제1항, 제10조), 그 영업에 관한 전자거래에 있어서는 행위능력이 인정된다.

전자거래는 일정한 전자거래시스템의 이용에 관한 기본계약과 이를 기초로 매매 등을 구체적으로 실행하는 개별계약의 두 단계로 이루어지는 것이 보통이다. 미성년자나 피한정후견인 등이 기본계약을 체결할 때 법정대리인의 동의를 얻었다면 이 동의는 미성년자 또는 피한정후견인 등이 그 후 체결하는 개별 계약에 대하여도 포괄적인 동의가 있는 것으로 볼 수 있는가에 관하여 긍정설과 부정설이 있을 수 있다. 그러나 개별계약의 종류와 요령은 매우 다양하다. 기본계약에 대한 동의를 개별계약에 대한 포괄적인 동의로 보는 것은 무능력자 보호의 입법취지에 맞지 않다고 보아야 한다.[12] 기본계약에 대한 동의가 있었더라도 개별계약에 대해서는 별도로 동의가 있어야 할 것이다.

피성년후견인의 법률행위는 법정대리인의 동의 없이 한 경우는 물론 그 동의를 얻어 한 경우에도 취소할 수 있다(민법 13조). 피성년후견인의 거래는 법정대리인이 대리할 수 있으며, 그 전자적 의사표시도 법정대리인이 대리할 수 있다. 법정대리인이 대리하지 아니한 피성년후견인의 전자적 의사표시는 그 법정대리인의 동의 여부에 관계없이 언제나 취소할 수 있다.

전자거래에 있어서 회원제의 운영을 통하여 회원들을 중심으로 거래를 하는 경우에는 거래를 개시하기 전에 회원으로 가입하려는 자의 연령과 주민등록번호, 주소 등의 인적사항을 입력하도록 하는 경우가 많다. 이 경우에는 가입자의 성년 여부와 법정대리인의 동의 유무를 사전에 가릴 수 있으므로 법정대리인의 동의가 없는 미성년자와의 거래가 사전에 예방될 수 있다. 다만, 무능력자가 상대방으로 하여금 자신이 능력자임을 믿게 하려고 하거나 미성년자나 피한정후견인이 법정대리인의 동의가 있는 것으로 오신하게 하기 위하여 사술(詐術)을 쓴 때에는 취소권이 배제된다(민법 17조). 가령 미성년자가 연령이나 주민등록번호를 허위로 입력하여 성년으로 표시하는 경우에는 이 규정에 의하여 취소할 수 없게 된다.

전자거래 당사자가 공인인증기관의 인증을 받는 경우에는 공인인증기관이 당사자의 행위능력 유무를 확인하여 인증하게 될 것이므로, 무능력자와의 거래에 따른 불이익을 사전에 예방할 수 있다.

---

12) 최장열, "전자거래에 있어서 소비자보호에 관한 고찰", 「비교사법」 제6권 2호(통권11호), (한국비교사법학회, 1999), 75~76면.

제5절 전자적 의사표시의 효력발생시기

제1. 민법과 상법의 원칙

의사표시의 효력발생시기에 관하여 민법은 도달주의의 원칙에 의한다. 상대방 없는 의사표시는 원칙적으로 표시행위가 완료된 때 효력이 생기나, 상대방 있는 의사표시는 그 통지가 상대방에 도달한 때로부터 그 효력이 생긴다(민법 111조 1항). 다만, 무능력자의 상대방의 최고(민법 15조), 무권대리인의 상대방의 최고(민법 131조), 채무인수에 있어서 채권자의 승낙 여부의 최고에 대한 확답(민법 455조), 격지자간의 계약성립시기(민법 531조) 등의 경우는 발신주의에 의한다.

상법상 의사표시의 효력발생시기는 발신주의에 의하는 것이 원칙이다. 상사매매에 있어서 매도인의 목적물 공탁·경매의 통지(상법 67조), 대리상의 대리 또는 중개사실의 통지(상법 88조), 주식회사 주주총회의 소집 통지(상법 363조) 등이 그 대표적인 예이다. 이때에는 그 의사표시가 표의자의 지배를 떠나 상대방에게 발신된 때에 효력이 생긴다.

제2. 전자적 의사표시의 효력발생시기

1. 개설

표의자가 정보처리시스템을 통해 의사표시를 하는 경우에 그 의사표시가 상대방에게 도달되어야 그 효력이 생기는가 아니면 발신한 때에 효력이 생기는가는 민법과 상법 등의 실체법의 규정에 의한다.

일반적으로 전자적 의사표시는 표의자의 입력 → 저장 → 전송 → 정보통신망 → 재전송 → 상대방 서버의 입력 → 저장 → 출력 등의 여러 단계의 과정을 거쳐 이루어진다. 따라서 전자적 의사표시의 발신과 도달의 시점을 어디에 둘 것인가, 발신 후 정보통신망의 고장에 따른 위험은 누가 부담할 것인가에 대한 입법정책적 고려도 필요하다. 여기서 전자적 의사표시를 하는 경우에, 실체법의 규정이 도달주의를 정하고 있는 때에는 도달의 시점이 언제인지, 또 실체법의 규정이 발신주의에 의하는 때에는 언제 발신한 것으로 보아야 하는지 문제된다.

2. 전자문서및전자거래기본법상의 발신 및 도달 시기

1) 개 설

전자문서및전자거래기본법은 전자문서에 관하여 송신 및 수신 시기를 정하고 있다. 전자문서는 전자적 의사표시를 담은 전자적 기록이므로 전자문서의 발신 및 수신 시기는 전자적 의사표시의 발신 및 도달의 시기가 된다. 전자문서및전자거래기본법은 전자적 의사표시가 대화자 간인가 격지자 간인가에 대한 구별 없이 전자적 의사표시의 발신과 도달에 관한 의제규정을 두고 있다.

2) 전자적 의사표시의 발신 시기

전자적 의사표시는 수신자 또는 그 대리인이 해당 전자문서를 수신할 수 있는 정보처리시스템에 입력한 때에 발신된 것으로 본다(전자거래기본법 6조 1항).

3) 수신확인조건부의 예외

표의자가 수신 확인을 조건으로 전자적 의사표시를 발신한 경우 표의자가 수신확인 통지를 받기 전까지는 그 전자적 의사표시는 발신되지 아니한 것으로 본다(전자거래기본법 9조 1항).

이 규정은 전자적 의사표시를 한 자가 상대방의 수신확인 통지를 받기 전에는 그 발송 자체를 부인할 수 있도록 한 것이다. 거래금액이나 규모가 큰 경우에 당사자가 자신의 의사표시를 상대방이 수신한 사실을 확인해 둠으로써 거래를 명확하고 안전하게 할 수 있도록 하려는 취지이다.[13]

이때 수신확인 통지의 방법은 표의자가 수신자에게 송신한 전자적 의사표시에 대하여 수신확인 통지를 요구하면서 통지방법을 지정한 때에는 그 방법에 의하여야 한다. 표의자가 통지방법을 정하지 아니한 때에는 수신자는 표의자가 충분히 알 수 있는 방법으로 수신사실을 통지하여야 한다.

표의자가 수신 확인을 조건으로 명시하지 아니하고 수신 확인 통지를 요구한 경

---

13) 이상철, "인터넷특성과 전자상거래제도", 「법제」 2000. 4, 45면.

우에 상당한 기간(작성자가 지정한 기간 또는 작성자와 수신자 간에 약정한 기간이 있는 경우에는 그 기간) 내에 표의자가 수신 확인 통지를 받지 못하였을 때에는 표의자는 그 전자적 의사표시의 송신을 철회할 수 있다(전자거래기본법 9조 2항).

4) 전자적 의사표시의 도달 시기

전자적 의사표시의 도달시기에 관하여는 당사자가 대화자인가 격지자인가에 관계없이, 수신자가 전자적 의사표시를 수신할 정보처리시스템을 지정하였는가 그렇지 않은가에 따라 다르게 규정돼 있다.

즉, 수신자가 전자적 의사표시를 수신할 정보처리시스템을 지정한 경우에는 그 지정된 정보처리시스템에 입력된 때 수신한 것으로 본다(전자거래기본법 6조 2항 1호 본문). 당사자가 사전에 합의하여 정보처리시스템을 지정한 경우에 전자적 의사표시가 그 정보처리시스템에 입력되면, 수신자가 그 전자적 의사표시를 확인하지 않더라도, 획일적으로 도달한 것으로 의제하는 것이다. 전자거래의 신속한 확정을 도모하기 위한 취지이다.

수신자가 전자적 의사표시를 수신할 정보처리시스템을 지정하지 아니한 경우에는 수신자가 관리하는 정보처리시스템에 입력된 때(전자거래기본법 6조 2항 2호)에 도달한 것으로 본다. 당사자 사이에 정보처리시스템의 지정에 관한 합의가 없는 때에는 수신자가 통상적으로 관리하는 정보처리시스템에 입력되면 도달한 것으로 의제하는 것이다.

다만, 전자적 의사표시가 지정된 정보처리시스템이 아닌 정보처리시스템에 입력된 경우에는 수신자가 이를 출력한 때 도달한 것으로 본다(전자거래기본법 6조 2항 1호 단서). 수신자가 정보처리시스템을 지정하였음에도 불구하고 그 전자적 의사표시가 다른 정보처리시스템에 입력된 때에는 수신자가 그 전자문서를 출력한 때 도달된 것으로 간주하는 것이다.

5) 도달의 시기와 영업시간

전자적 의사표시가 정보처리시스템에 입력된 시간이 영업시간 이외인 경우에 그 도달시점이 언제지인지 문제된다. 예컨대 수신자가 전자문서를 수신할 정보처리시스템을 지정한 경우에 전자적 의사표시가 야간이나 공휴일에 그 지정된 정보처리시스템에 입력된 경우에 입력된 그 시점을 도달시기로 보아야 하는가, 아니면 그 직후 최초의 영업일에 도달한 것으로 보아야 하는가. 업무가 중단된 야간이나 공휴일에도 실제 정보처리시스템에 입력된 시점에 도달한 것으로 보는 것은 통상적인 거래관념에 맞지 않다. 이러한 경우에는 수신자측이 그 전자적 의사표시를 검색할 수 있는 최초 영업일의 영업이 개시된 때에 도달한 것으로 보는 것이 타당하다.[14)]

6) 임의규정

전자적 의사표시의 송·수신시기에 관한 전자거래기본법의 규정은 임의규정이다. 따라서 당사자는 전자적 의사표시의 송·수신 시기에 관하여 전자거래기본법 제6조와 다르게 정하는 약정을 할 수 있다(전자거래기본법 10조).

제3. 전자적 의사표시의 송·수신 장소

전자적 의사표시는 발신자 또는 수신자의 영업소 소재지에서 각각 송신 또는 수신된 것으로 본다. 만일 발신자 또는 수신자의 영업소가 둘 이상일 때에는 해당 전자문서를 주로 관리하는 영업소 소재지에서 송신·수신된 것으로 본다(전자거래기본법 6조 3항 본문). 그러나 작성자 또는 수신자가 영업소를 가지고 있지 아니한 경우에는 그의 상거소(常居所)에서 송신·수신된 것으로 본다(전자거래기본법 6조 3항 단서).

다만 전자적 의사표시의 송·수신 장소에 관한 전자거래기본법의 규정은 임의규정이므로 당사자는 이와 다른 약정을 할 수 있다(전자거래기본법 10조).

제6절 의사와 표시의 불일치 및 의사표시의 하자

제1. 진의 아닌 의사표시

진의(眞意) 아닌 의사표시는 표의자가 효과의사와 표시행위가 일치하지 아니한다

---

14) 지원림, 전게논문, 53면.

는 것을 스스로 알면서 하는 의사표시를 말한다. 진의 아닌 의사표시도 그 효력이 있으나, 상대방이 표의자의 진의 아님을 알았거나 할 수 있었을 경우에는 무효이다(민법 107조 1항).

전자적 의사표시에 있어서도 효과의사와 표시행위가 일치하지 않는 경우에 민법 제107조의 규정이 그대로 적용된다.[15] 정보처리시스템의 사용자가 자신의 의사와 일치하지 않는 사항을 입력하여 정보처리시스템의 표시가 그 효과의사와 다르게 나타나게 한 경우에는 이 규정에 의하여 의사표시로서의 효력이 있다.

다만 당사자가 대면하지 않는 전자거래에서는 상대방이 정보처리시스템 사용자의 의사표시가 진의 아님을 알았거나 알 수 있었던 경우는 통상적으로 극히 드물 것이다. 따라서 전자적 의사표시에 있어서는 상대방이 표의자의 진의 아님을 알 수 있었다고 하여 진의 아닌 의사표시가 무효로 되는 경우는 거의 없을 것이다.

제2. 허위표시

허위표시는 표의자가 상대방과 통정하여 하는 진의 아닌 의사표시를 말한다. 즉 표의자가 내심의 효과의사와는 다른 의사표시를 스스로 알면서 하고, 이에 관하여 상대방과 통정하여 합의가 있는 경우이다. 이러한 허위의 의사표시는 무효이다(민법 108조 1항). 전자적 의사표시에 있어서도 정보처리시스템 사용자가 상대방과 통정하여 정보처리시스템을 통하여 허위의 의사표시를 한 경우에는 이 규정에 의하여 무효가 된다.

제3. 착오에 의한 의사표시

1. 의의

착오에 의한 의사표시는 법률행위의 중요 부분에 착오가 있고, 그 착오에 관하여 표의자에게 중대한 과실이 없는 때에는 취소할 수 있다(민법 109조 1항). 착오는 표의자

15) 김상용, 전게서, 345면.

가 내심의 효과의사와 일치하지 않는 표시행위를 하고, 그 불일치를 표의자가 모르는 것을 말한다. 착오가 있는 경우에는 그 착오가 법률행위의 중요 부분에 있고, 그 착오에 중대한 과실이 없는 경우에 한하여 취소할 수 있는 것이다. 이 착오에 관한 민법의 규정은 전자적 의사표시에도 적용된다.

2. 착오의 유형

착오의 유형에 관하여는 동기(動機)의 착오와 내용의 착오, 표시상의 착오로 구분하는 것이 일반적이다.[16] 동기의 착오는 내심적 효과의사의 형성과정에 착오가 있는 경우를 말한다. 동기의 착오가 있는 경우에는 그 동기의 표시 여부에 관계없이 취소할 수 있다는 소수설도 있으나, 다수설과 판례는 동기가 표시되고 상대방이 이를 알고 있는 경우에는 그 동기는 의사표시의 내용이 되므로 취소할 수 있다고 한다.

내용의 착오는 표시행위가 가지는 의의를 잘못 이해하는 것이다. 화폐단위로서 파운드를 달러로 잘못 기재하는 경우가 그 예이다. 표시상의 착오는 표시행위 자체를 잘못하여 내심적 효과의사와 표시상의 효과의사가 일치하지 않는 경우이다. 오기(誤記)・오타(誤打) 등이 여기에 속한다.

이와 관련하여 문제되는 것은 표시기관의 착오이다. 즉 표시기관을 통하여 의사표시를 하는 경우에 그 표시기관이 잘못하여 표의자의 표시와는 다른 의사표시를 한 때에는, 통설은 표시행위는 표시기관이 하는 것이므로, 표의자 스스로 표시행위를 잘못한 경우와 같이 표시상의 착오로 보고 있다.[17] 대리인이 대리행위를 함에 있어서 본인의 의사와 다르게 표시를 한 경우에는, 대리행위는 대리인의 표시를 기준으로 하므로, 착오의 문제는 생기지 않는다.

전자적 의사표시에 있어서는 정보처리시스템 사용자의 의사결정에 착오가 있는 경우는 물론 입력에서부터 컴퓨터의 표시에 이르는 각 단계에 따라 입력된 자료에 잘못이 있는 경우, 입력과정에 잘못이 있는 경우, 프로그램 등의 하자로 컴퓨터의 전자화에 잘못이 있는 경우, 네트워크의 전달과정에 잘못이 있는 경우 등이 착오로서 취소의 대상이 되는지 문제된다.

---

16) 김상용, 전게서, 479~480면; 김준호, 「민법총칙」(법문사, 2012), 284면 이하.

17) 김상용, 전개서, 550면; 김준호, 상게서, 285면.

3. 전자적 의사표시의 착오의 유형

1) 의사결정과정의 착오

정보처리시스템 사용자가 내심에서 정보처리시스템에 의하여 표시할 효과의사를 결정하는 과정에서 착오가 있는 경우에는 일반적으로 동기의 착오가 된다.

2) 입력의 착오

표의자가 의사의 구체적인 내용을 정보처리시스템에 입력하는 과정에 착오가 있는 경우이다. 이 때에는 입력 자료의 선택에 착오가 있는 경우와 입력행위 자체에 착오가 있는 경우로 나누어 설명된다.

정보처리시스템에 입력하는 자료의 선택에 착오가 있는 경우에 대해 동기의 착오로 볼 것인가 아니면 표시상의 착오로 볼 것인가에 관하여 다양한 견해가 있을 수 있으나, 입력으로부터 정보처리시스템에 의한 표시에 이르는 일련의 과정은 표시행위라 볼 수 있으므로 표시상의 착오로 보는 것이 타당하다.

입력행위의 착오에 대해서는 계약체결상의 과실책임이나 동기의 착오로 취급하는 견해와 표시상의 착오로 보는 견해 등이 있다. 입력행위의 착오는 정보처리시스템 사용자가 입력을 할 때 실수로 자판 조작을 잘못하거나 자판의 의미를 오해한 경우이다. 전자의 입장에서는 입력행위는 법적 거래에서 이용될 수 있도록 정보처리시스템 사용자의 포괄적 의사를 구체화시키는 전 단계이므로 동기의 착오에 포함된다고 하나, 입력행위는 정보처리시스템의 표시를 전제로 하므로 표시상의 착오로 보는 것이 타당하다.

3) 정보처리시스템의 전자화 과정의 착오

정보처리시스템에 입력된 의사는 정보처리시스템의 소프트웨어와 하드웨어 장치에 의하여 전자적 기록으로 변환되는데, 이때 소프트웨어나 하드웨어의 결함이나 고장으로 전자적 의사표시에 오류가 생겼을 경우에 착오를 이유로 취소할 수 있는가.

이에 관하여 독일의 학설은 동기의 착오 또는 동기의 착오에 포함되는 계산의 착오[18]라 하여 취소할 수 없다고 한다. 우리나라에서는 동기의 착오로 보는 견해[19]

---

18) 계산의 착오는 표의자의 계산 내지 계산의 기초가 된 사정에 관한 착오를 말한다. 즉 원재료, 인

와, 프로그램의 흠으로 표의자의 진의에 부합하지 아니한 표시가 된 경우에는 표시상의 착오로 보는 견해[20]가 있다. 후자의 견해가 타당하다.

정보처리시스템의 전자화 과정의 착오를 이유로 한 취소의 요건과 관련하여 프로그램의 하자 여부를 확인하는 것은 쉽지 않으므로 이를 용이하게 확인할 수 있는 등의 사정이 없는 한 그 사용자에게 프로그램의 하자에 대하여 중대한 과실을 인정하기는 곤란하다. 따라서 정보처리시스템의 전자화 과정에서 그 착오가 법률행위의 중요 부분에 있더라도 정보처리시스템 사용자에게 중대한 과실이 인정될 여지가 거의 없으므로 그 취소가 원칙적으로 가능하다.[21]

4) 정보통신망을 통한 전송과정의 하자

정보처리시스템에 입력된 정보에 따라 완성된 전자적 의사표시가 정보통신망을 통하여 상대방에게 전송되는 과정에서 정보통신망의 결함으로 유실되거나 상대방에게 잘못 전달되는 경우이다. 자연적 의사표시에 있어서 표시기관의 착오에 해당하는 것이다.

이 전달의 하자에 관하여는 표시상의 착오라는 설[22], 의사표시의 부도달의 문제로서 전자적 의사표시의 부도달로 인한 위험은 표의자가 부담한다는 설[23] 등이 있다. 전자적 의사표시를 전달하는 정보통신망은 전자적 의사표시의 표시기관이므로 정보통신망의 결함으로 전자적 의사표시가 유실되거나 상대방에게 잘못 전송되는 때에는 표시상의 착오로 보는 것이 타당하다.

건비, 광고비, 양, 크기, 무게, 단가와 같은 개개의 計算因子를 빠뜨리거나 잘못 결정하는 경우의 착오이다(김상용, 전게서, 488면). 계산의 착오는 계산의 기초가 법률행위의 내용이 되었다고 인정되는 경우는 내용의 착오이고, 그렇지 않은 경우는 단순한 동기의 착오로 볼 수 있다(이영준, 전게서, 378면). 전자적 의사표시에 있어서는 하드웨어나 소프트웨어의 하자로 발생되는 경우와 입력조작의 착오로 계산인자가 잘못 입력되는 경우, 데이터의 하자로 계산의 착오가 발생된 경우에는 그에 선행되는 하자의 유형에 따라 해결이 가능하다.

19) 김상용, 전게논문, 52면; 이영준, 전게서, 125면.
20) 지원림, 전게논문, 1487면.
21) 지원림, 전게논문, 1487면.
22) 김진환, http://law.Kims.net/sum/sum-detail-willen.htm
23) 최경진, 전게서, 119면.

5) 출력과정에 있어서의 하자

전자적 의사표시가 상대방의 프린터 등 출력장치의 결함으로 출력 과정에서 하자가 생긴 경우에는 표시상의 착오라거나 표시상의 착오를 유추적용하여 취소할 수 있다는 견해가 있다. 그러나 이 문제는 전자적 의사표시의 효력발생시기와 관련하여 착오 여부를 가려야 한다. 전자적 의사표시가 상대방 측의 정보처리시스템에서 출력한 때를 도달의 시점으로 보는 경우(전자거래법 6조 2항 1호 단서)에는 출력 과정의 하자를 표시상의 착오로 보아야 하나, 그 전자적 의사표시가 상대방의 정보처리시스템에 입력된 시점을 도달의 시기로 보는 경우(전자거래기본법 6조 2항 1호 본문, 2호)에는 착오의 문제가 아니다.

제4. 하자 있는 의사표시

표의자가 상대방 또는 제3자의 사기나 강박에 의하여 그 의사와 일치하지 않는 표시를 한 경우에 표의자는 이로 인한 의사표시를 취소할 수 있다(민법 110조 1항). 다만 제3자의 기망 또는 강박행위로 상대방 있는 의사표시를 한 경우에는 그 의사표시의 상대방이 제3자에 의한 사기나 강박의 사실을 알고 있거나 또는 알 수 있었던 경우에 한하여 표의자는 그 의사표시를 취소할 수 있다(민법 110조 2항).

전자적 의사표시에 있어서도 이 규정이 적용된다. 정보처리시스템 사용자가 상대방이나 제3자의 기망이나 강박에 의하여 의사와 일치하지 않는 표시를 한 경우에는 민법 제110조에 의하여 취소할 수 있다. 그리하여 상대방이나 제3자가 표의자에게 고의로 그릇된 자료를 제공하여 이를 입력하게 함으로써 의사와 일치하지 않는 표시를 하게 된 때에는 사기에 의한 의사표시로서 이를 취소할 수 있다. 제3자가 사기나 강박을 한 때에는 상대방이 그 사실을 알았거나 알 수 있었던 경우에 한하여 취소할 수 있음은 물론이다.

제7절 전자적 의사표시의 대리

제1. 대리인의 자격인증

1. 의의

전자적 의사표시도 대리에 의할 수 있으며, 이때에는 대리에 관한 민법 또는 상법의 규정이 적용된다. 전자거래의 대리에 있어서도 대리권의 발생 원인에 따라 법정대리와 임의대리로 구분된다. 전자적 의사표시의 대리에 있어서 대리인은 현명주의 원칙에 따라 본인을 표시하여야 하며, 이 경우 대리인은 자신이 본인의 대리인임을 표시하는 자격인증서(전자서명법 제 15조 제2항 8호)에 의하여 대리하는 것을 원칙으로 한다.

상행위의 위임에 의한 대리에 있어서는 상법 제48조에 따라 반드시 본인을 표시하지 아니하여도 효력이 있다. 전자거래가 기업 사이에 전자문서교환(EDI) 등 폐쇄적인 네트워크를 통하여 이루어지는 경우에는 당사자들이 서로 상대방을 잘 알 수 있으므로 이 규정을 그대로 적용하여도 별 문제가 없다. 그러나 인터넷을 통한 전자거래에서 상대방이 대리인인지의 여부를 알 수 없는 경우에는 그 대리인은 대리인자격인증을 얻어 대리하여야 할 것이다.

대리인이 본인의 전자서명생성정보로 전자서명을 실시하여 전자적 의사표시를 하는 경우에는 이를 전자적 의사표시의 대리로는 보기는 어렵다. 대리인에 대한 수권행위는 본인이 자신의 전자서명생성정보의 사용을 위임함으로써 할 수도 있으나, 이 경우 본인 이외의 자가 본인의 전자서명을 직접 한다는 점에서 엄격하게는 전자적 의사표시의 대행 또는 단순한 표시기관의 행위로서 본인이 직접 한 행위로서의 효력이 있다고 보아야 한다.

2. 효력

작성자의 대리인에 의하여 송신된 전자문서에 포함된 의사표시는 작성자가 송신한 것으로 본다(전자거래기본법 7조 1항).

제2. 표현대리

1. 의의

대리인이 대리권 없이 대리행위를 한 경우에는 무권대리가 된다. 그러나 무권대리인에게 대리권이 있는 것과 같은 외관이 있고 본인이 그 외관의 발생에 원인을 제공한 때에는 표현대리가 되어 본인은 그 무권대리인의 행위에 대하여 책임이 있으며, 그 상대방인 선의의 제3자는 본인에 대하여 그 법률효과의 발생을 주장할 수 있다.

표현대리는 민법상 '대리권 수여의 표시에 의한 표현대리'(민법 125조), '권한을 넘은 표현대리'(민법 126조), '대리권 소멸 후의 표현대리'(민법 129조) 등이 있다. 상법상으로는 대리권의 범위가 제한된 지배인(상법 11조 3항), 명칭 사용에 의한 표현지배인(상법 제14조), 대리권 소멸 후 종임의 등기를 하지 아니한 지배인(상법 13조, 37조 1항), 표현대표이사(상법 395조), 종임 후 종임등기를 하지 아니한 표현대표이사(상법 386조, 389조 3항) 등이 있다.

이러한 표현대리 또는 표현대표에 관한 규정은 전자거래에도 적용된다. 가령 본인이 대리권 수여의 표시를 한 경우에 실제 수권행위가 없었더라도 무권대리인이 공인인증기관의 대리인자격인증서를 얻어 전자적 의사표시를 한 때에는 선의의 상대방에 대하여 민법 제125조의 표현대리가 성립될 수 있다. 또 대리권 소멸 후에도 본인이 대리인자격인증서의 효력정지 등의 조치를 취하지 아니한 때에는 민법 제129조의 표현대리가 성립될 수 있다. 월권대리의 경우에는 민법 제126조의 표현대리가 성립할 수 있으나, 다만 대리인자격인증서에 대리행위의 종류 및 범위에 관한 명시적인 정함이 있는 때에는 월권대리에 대해 대리권이 있다고 믿을만한 정당한 이유가 있다고 보기는 어려울 것이다.

또 타인이 대행권 없이 본인을 대행하여 전자적 의사표시를 한 경우에 무권대행이 되나, 이 경우에도 무권대행자에게 대행권이 있는 것과 같은 외관이 있고, 상대방이 선의인 경우에는 표현대리에 관한 규정을 유추적용하여 그 효과가 본인에게 귀속된다고 보아야 한다.

2. 효력

전자문서가 작성자의 것이었는지를 확인하기 위하여 수신자가 미리 작성자와 합의한 절차를 따른 경우나, 수신된 전자문서가 작성자 또는 그 대리인과의 관계에 의하여 수신자가 그것이 작성자 또는 그 대리인의 의사에 기한 것이라고 믿을 만한 정당한 이유가 있는 자에 의하여 송신된 경우에 그 전자문서의 수신자는 전자문서에 포함된 의사표시를 작성자의 것으로 보아 행위할 수 있다(전자거래기본법 7조 2항).

그러나 수신자가 작성자로부터 전자문서가 작성자의 것이 아님을 통지받고 그에 따라 필요한 조치를 할 상당한 시간이 있었던 경우나 전자문서가 작성자의 것이 아님을 수신자가 알았던 경우, 또는 상당한 주의를 하였거나 작성자와 합의된 절차를 따랐으면 알 수 있었을 경우에는 전자문서에 포함된 의사표시는 작성자의 것으로 인정되지 않는다(전자거래기본법 7조 2항).

제3. 전자적 대리인

1. 의의

정보처리시스템에 일정한 프로그램과 필요한 데이터를 입력하면 사람이 일일이 개입하지 않더라도 정보처리시스템이 자동으로 일정한 의사표시를 하는 경우가 있다. 이처럼 사람을 대신하여 일정한 전자적 의사표시를 하는 컴퓨터가 흔히 전자적 대리인(Intelligent Agent 또는 Electronic Agent)이라 일컬어지기도 한다.

전자적 대리인이라는 용어는 1977년 미국 통일전자상거래법 제1초안에서 처음 도입되었다. 이 초안에서는 본인이 프로그램을 입력하거나 일정한 결과를 달성하기 위한 목적으로 전자적 대리인을 선정한 경우에 전자적 대리인에 의하여 전자서명이 유효하게 작성되고 계약이 유효하게 성립되는 것으로 규정하였다(동초안 제204조, 제 402조).

앞으로 인공지능기술의 발전으로 정보처리시스템이 스스로 인간의 능력에 가까운 판단을 할 수 있는 수준의 소프트웨어가 개발·사용될 경우에 이를 법적으로 어떻게 취급할 것인가 문제될 수 있다. 그러나 이러한 정보처리시스템도 그 사용자가 의사표시를 하기 위한 도구에 지나지 않으며, 그 자체를 독립된 행위주체나 대리인으로 취급할 수는 없다. 이러한 정보처리시스템이 자동으로 전자적 의사표시를 하는 경우에 그 전자적 의사표시는 그 사용자인 본인의 의사표시로 보지 않으면 안 된다.

2. 효력

자동으로 전자문서를 송신·수신하도록 구성된 컴퓨터 프로그램이나 그 밖의 전자적 수단에 의하여 송신된 전자문서에 포함된 의사표시는 작성자가 송신한 것으로 본다(전자거래기본법 7조 1항 2호).

제4. 아이디 및 패스워드의 대여 등에 따른 문제

본인이 자신의 아이디와 패스워드를 타인에게 알려주고 그 타인이 본인 명의로 전자적 의사표시를 한 경우에 이를 표현대리로 볼 것인가 아니면 본인의 의사표시로서 취급할 것인가 문제된다.

사실 당사자가 대면하지 않는 전자거래에 있어서는 보통 본인 여부를 판단하는 일반적인 기준은 아이디와 패스워드이다. 아이디와 패스워드가 동일하면 본인으로 인정하게 된다. 그리하여 본인이 타인에게 자신의 아이디와 패스워드를 알려주는 것은 상대방에 대하여 자신을 대행할 수 있는 권한을 수여한 것으로 보아야 한다.

본인이 타인에게 자신의 아이디와 패스워드는 물론 자신의 전자서명생성정보까지 알려 주어 전자거래를 하게 한 경우에도 전자적 의사표시를 대행할 수 있는 권한(대행권)을 수여한 것으로 보아야 할 것이다. 이 경우에는 그 거래의 법적 효과는 직접 본인에게 귀속된다. 전자거래에서는 본인을 확인할 수 있는 수단이 아이디와 패스워드 그리고 전자서명인 만큼 본인의 전자서명생성정보에 의한 전자서명이 있는 경우에도 본인 여부를 일일이 확인해야 한다면 전자거래의 원활과 신속은 도저히 기대할 수 없기 때문이다.

따라서 가령 본인이 자기의 아이디와 패스워드, 전자서명생성정보를 알려줘 전자적 의사표시를 하게 한 경우에는 수신자가 그것이 작성자의 의사에 기한 것이라고 믿을 만한 정당한 이유가 있는 자에 의하여 송신된 경우에 해당하므로 전자거래기본법 제7조 제2항에 따라 그 전자문서의 수신자는 전자문서에 포함된 의사표시를 작성자의 것으로 보아 행위할 수 있다(전자거래기본법 7조 2항).

다만, 본인이 자신의 아이디와 패스워드 또는 공인인증서를 분실하고 이를 습득한 타인이 본인의 아이디와 패스워드나 공인인증서를 사용하여 전자거래를 한 경우에 본인의 행위로서의 효력이 인정되는지 문제된다. 자신의 아이디와 패스워드가 저장되어 있는 정보처리시스템을 분실하고 타인이 이를 습득하여 상대방에게 전자적 의사표시를 하는 경우에도 마찬가지이다.

전자거래에서는 아이디와 패스워드의 동일성 또는 공인인증서에 의하여 본인임을 확인하는 것이므로, 본인이 분실한 아이디와 패스워드 등을 타인이 사용하여 전자적 의사표시를 한 경우에는 본인의 행위로서의 효과를 인정할 수 밖에 없다. 이에 따른 불이익은 아이디와 패스워드, 공인인증서를 분실한 본인이 부담하여야 한다. 물론 이 경우에 수신자가 작성자로부터 전자문서가 작성자의 것이 아님을 통지받고 그에 따라 필요한 조치를 할 상당한 시간이 있었던 경우나 전자문서가 작성자의 것이 아님을 수신자가 알았던 경우 또는 상당한 주의를 하였거나 작성자와 합의된 절차를 따랐으면 알 수 있었을 경우에는 그 전자적 의사표시는 작성자의 것으로 인정되지 않는다(전자거래기본법 7조 2항).

Chapter 04 전자문서

제1절 서 설

문서는 문자나 숫자, 기호 등의 조합에 의하여 일정한 사상이나 관념이 표시되어 있는 것으로서 그 내용을 읽고 이해할 수 있어야 한다.[1] 문서의 재료는 종이에 한하는 것은 아니며, 일정한 사항을 표시할 수 있다면 나무, 돌, 금속, 피혁 등도 그 재료로 될 수 있다. 이러한 문서는 그 존재에 있어서 어느 정도 영속성을 가지고 일정한 법률관계나 사실의 존재 등을 증명하는 기능을 가지고 있다.

정보화의 급속한 발전으로 종래 종이 등에 작성하는 문서가 전자적 형태로 이용되기도 한다. 일반적으로 종이에 기재하던 문서가 컴퓨터나 스마트폰 등의 전자정보통신기기의 발달과 정보통신망의 보급으로 표의자의 의사나 사상 또는 관념을 정보처리시스템에 의하여 전자적 형태로 입력·저장하여 보관하거나 전송하는 방식에 의하고 있다. 이러한 전자적 기록을 특히 전자문서라 한다.

이처럼 정보처리시스템에 의한 무형적인 전자적 기록도 사람의 의사나 사상, 관념을 표시하여 보존하고 전달하는 수단이 되며, 정보처리시스템을 통하여 언제든지 보고 읽을 수 있다. 컴퓨터 등의 정보처리시스템과 정보통신망이 세계 각국에 널리 보급된 이후 개인과 기업, 정부 등 각 부문에서 이러한 전자적 기록의 생성과 송·수신, 저장에 의하여 대내적 및 대외적 업무가 이루어지면서 이러한 전자문서의 이용이 대중화되었다.

그리하여 세계 각국의 입법과 CMI규칙 등 각종 국제협정에서 이미 오래 전부터

---

1) 맹인용 점자, 속기용 부호, 전신부호 등으로 작성된 것도 문서이다. 그러나 가독성(可讀性)이 없는 도화나 조각, 무용, 음악, 동영상 등은 전통적인 문서에 속하지 아니한다.

전자문서의 문서성을 명문으로 인정하였다. 우리나라에서도 1991년 사무관리규정(1991. 6. 19. 대통령령 제13390호)에 의하여 정부가 보존하는 문서는 마이크로필름 또는 광디스크에 이를 수록하여 보존할 수 있도록 하였다. 1993년에는 무역업무자동화촉진에 관한 법률의 개정을 통해 무역업무의 처리에 있어서 컴퓨터 간에 전송 등이 되거나 출력된 전자서명을 포함하는 전자자료를 전자문서로 규정하고 전자문서와 전자서명의 효력을 일반문서 및 서명과 동일한 것으로 간주하였다.

또 1995년의 개정상법은 제33조 3항을 신설하여 상업장부 기타 영업에 관한 주요한 서류는 마이크로필름 기타의 전산정보처리조직에 의하여 보존할 수 있도록 하였다. 구「전산망보급 확장과 이용촉진에 관한 법률」도 1995년 개정에서 국가기관이나 지방자치단체 또는 그 위탁을 받은 자가 전산망을 이용하여 전송, 처리 또는 보관하는 문서형식의 표준화된 자료를 전자문서로 정의하고, 전자문서와 전자서명을 일반문서 및 서명날인으로 의제하였다(구전산망보급확장과 이용촉진에 관한 법률 2조 3호, 17조의 2).

제2절 전자문서의 개념

제1. 전자문서의 의의

전자문서및전자거래기본법과 전자서명법은 전자문서(電子文書)에 대하여 '정보처리시스템에 의하여 전자적 형태로 작성, 송·수신 또는 저장되는 정보'라고 정의하고 있다(전자거래기본법 2조 1호, 전자서명법 2조 1호). 「전자상거래 등에서의 소비자보호에 관한 법률」도 전자문서를 전자거래기본법 제2조 제1호에 따른 전자문서로 규정하고 있다(동법 5조 1항).[2]

여기서 정보처리시스템이라 함은 전자문서의 작성, 송신·수신 또는 저장을 위하

2) 「전자무역 촉진에 관한 법률」은 전자무역문서에 관하여 전자무역에 사용되는 전자거래기본법 제2조 제1호에 따른 전자문서로 정의하고 있다(동법 2조 4호). 「정보통신망 이용촉진 및 정보보호에 관한 법률」은 전자문서에 대해 '컴퓨터 등 정보처리능력을 가진 장치에 의하여 전자적인 형태로 작성되어 송수신되거나 저장된 문서형식의 자료로서 표준화된 것을 말한다'고 함으로써 특히 표준화를 그 요건으로 하고 있다(동법 2조 5호).

여 이용되는 정보처리능력을 가진 전자적 장치 또는 체계를 말한다(전자거래기본법 2조 2호). 따라서 전자문서는 반드시 이러한 정보처리시스템에 의하여 작성(생성)된 것이라야 하며, 전신이나 텔렉스 등과 같이 정보처리능력이 없는 전자매체에 의한 문서는 통상적인 문서의 일종이며 전자문서가 아니다.

전자문서는 정보처리시스템에 의하여 전자적 형태, 즉 컴퓨터 등의 자기디스크에 0과 1이라는 디지털 부호로 기록되어 작성, 송·수신 또는 저장되는 정보이다. 전자문서는 인간이 직접 그 존재와 내용을 인지할 수 없고, 정보처리장치의 모니터나 출력장치를 통하여 인지할 수 있다. 전자문서를 종이로 출력한 출력물은 전자적 형태로 이루어진 것이 아니므로 전자문서가 아니라 단순한 종이문서에 지나지 않는다.

제2. 전자화문서와의 구별

전자문서는 전자화문서와 구별된다. 전자문서는 정보처리시스템에 의하여 전자적 형태로 작성돼, 송·수신 또는 저장되는 무형의 전자적 기록이나, 전자화문서는 종이문서와 같이 전자적 형태로 작성되지 아니한 문서(전자화대상문서)를 전자적 형태로 변환, 정보처리시스템에 의하여 저장·재현하거나 송·수신할 수 있는 것을 말한다.

전자문서는 종이문서를 전제로 하지 않으며, 또 종이문서와 같은 물리적 형체가 없으나, 전자화문서는 그 원본이 종이문서로 존재하고 있으며, 기존의 종이문서 자체를 스캔 등의 방법으로 전자적 형태로 변환시킨 것이라는 점에서 그 차이가 있다. 전자화문서도 다른 법령에 특별한 규정이 있는 경우를 제외하고는, 그 전자화문서의 보관으로 관계 법령으로 정하는 문서의 보관에 갈음할 수 있으므로 전자문서와 유사하다.

제3절 전자문서의 기능

제1. 문서의 기능

종이문서가 갖는 일반적인 기능은 정보기능(informative function)과 증명기능

(evidential function), 상징기능(symbolic function)이라 할 수 있다. 전자문서는 그 형태에 있어서는 종이문서와 다른 전자적 형태로 되어 있지만, 이러한 문서의 기능에 있어서는 종이문서와 동일한 기능을 한다.

제2. 정보기능

전자문서는 무형적인 전자적 기록이지만 문서에 갈음하여 생성된 것으로서 의사표시 등 인간의 사상적 의미를 내용으로 하는 일정한 정보를 담고 있다. 전자문서는 모니터나 프린터 등의 출력장치를 통하여 그 내용을 현출시켜 판독할 수 있고, 정보처리장치를 통한 송·수신에 의하여 동일성을 유지하면서 원격지로 전달하는 정보 전달 기능이 있다.

제3. 증명기능

문서는 일정한 법률관계나 의사표시 또는 일정한 사실관계의 존부 또는 그 내용을 증명하는 기능을 가진다. 물론 전자적 기록은 종이문서와는 달리 그 기록이 쉽게 변경·삭제될 수 있으므로 증명기능이 현저하게 떨어진다고 할 수도 있다. 그러나 전자문서도 암호화나 인증, 수신확인 등의 방법을 통하여 그 진정성과 동일성을 담보할 수 있으므로 그 증거가치는 충분하며, 따라서 전자문서의 증명기능도 당연히 인정된다.

제4. 상징적 기능

문서가 어음이나 선하증권 등과 같이 어떤 법률관계에 관한 법적 의미를 담고 있는 경우에 그 문서의 존재는 해당 법률관계를 표상하는 기능을 수행한다. 전자문서 역시 그 전자적 기록에 법적 의미가 있는 경우 해당 법률관계의 존재와 내용을 표상하는 상징적 기능을 가질 수 있다. 전자어음이나 전자선하증권 등이 그 예이다.

물론 문서의 상징적 기능은 법률관계를 표상하는 문서의 물리적 존재에 의존하는 경향이 있으나, 일정한 권리관계를 표상하는 전자문서는 공인전자서명, 중앙관리기관의 등록 등의 방법에 의하여 그 안전성을 담보할 수 있으므로 일반 종이문서와 같은 상징적 기능이 인정될 수 있다.

제4절 전자문서의 독립성

제1. 의의

수신자가 수신한 전자문서는 각 문서마다 독립된 것으로 본다(전자거래기본법 8조 본문). 전자문서는 종이문서에서와 같은 원본의 개념을 인정하기 어렵기 때문이다. 종이문서의 경우 원본은 작성자가 그 내용을 확정하여 최초로 작성한 문서로서 유일성을 가지나, 전자문서에서는 시간과 공간에 관계없이 동일한 복본을 다수 생성할 수 있으므로 어느 하나를 원본으로 단정하기 어렵다. 따라서 수신자가 수개의 동일한 전자문서를 수신한 경우에는 다른 약정이 없는 한, 각 문서를 독립된 원본으로 취급할 수밖에 없는 것이다.

제2. 예외

수신자가 동일한 전자문서를 수개 수신한 경우에 그 수개의 전자문서가 동일한 것임을 알 수 있는 때에도 각 문서를 독립된 것으로 취급하는 것은 곤란하다. 따라서 수신자가 작성자와 합의된 확인절차를 따르거나 상당한 주의를 하였더라면 동일한 전자문서가 반복되어 송신된 것임을 알 수 있었을 경우에는 그 독립성이 인정되지 않는다(전자거래기본법 8조 단서). 이것은 전송상의 오류로 전자문서가 중복 발송된 경우에 대비하기 위한 것이다.

전자금융거래법도 금융기관 또는 전자금융업자가 거래지시와 관련하여 수신한 전자문서는 각 문서마다 독립된 것으로 보나, 금융기관 또는 전자금융업자와 이용자 사이에 전자금융거래계약에 따라 확인절차를 거치는 경우에는 그 절차에 따르도록 하고 있다(동법 5조 2항).

제5절 전자문서의 송신 및 수신 시기

제1. 개설

전자문서및전자거래기본법은 전자문서와 전자화문서의 송신 및 수신시기를 정하고 있다. 전자문서는 전자적 의사표시를 담은 전자적 기록이므로 전자문서의 발신 및 수신 시기는 전자문서의 발신 및 도달의 시기가 된다. 전자문서및전자거래기본법은 전자문서와 전자화문서에 관하여 그 발신과 수신의 시기에 관한 규정을 두고 있다. 이하는 전자화문서에도 같다.

제2. 전자문서의 송신시기

전자문서는 수신자 또는 그 대리인이 해당 전자문서를 수신할 수 있는 정보처리시스템에 입력한 때에 발신된 것으로 본다(전자거래기본법 6조 1항).

발신자가 전자문서를 발신하면서 수신확인을 조건으로 한 경우 발신자가 수신확인의 통지를 받기 전까지는 그 전자문서는 발신되지 아니한 것으로 본다(전자거래기본법 9조 1항).

이때 수신확인 통지의 방법은 발신자가 수신자에게 송신할 때 수신확인 통지 요구 시 통지 방법을 지정한 때에는 그 방법에 의하여야 한다. 발신자가 통지방법을 정하지 아니한 때에는 수신자는 발신자가 충분히 알 수 있는 방법으로 수신사실을 통지하여야 한다.

발신자가 수신확인을 조건으로 명시하지 아니하고 수신확인 통지를 요구한 경우에 상당한 기간(작성자가 지정한 기간 또는 작성자와 수신자 간에 약정한 기간이 있는 경우에는 그 기간) 내에 발신자가 수신확인 통지를 받지 못하였을 때에는 발신자는 그 전자문서의 송신을 철회할 수 있다(전자거래기본법 9조 2항).

제3. 전자문서의 수신시기

전자문서의 도달시기에 관하여는 당사자가 대화자인가 격지자인가에 관계없이, 수신자가 전자문서를 수신할 정보처리시스템을 지정하였는가 그렇지 않은가에 따라 차이가 있다.

즉, 수신자가 전자문서를 수신할 정보처리시스템을 지정한 경우에는 그 지정된 정보처리시스템에 입력된 때 수신한 것으로 본다(전자거래기본법 6조 2항 1호 본문). 당사자가 사전에 합의하여 정보처리시스템을 지정한 경우에 전자문서가 그 정보처리시스템에 입력되면, 수신자가 그 전자문서를 확인하지 않더라도, 획일적으로 도달한 것으로 의제하는 것이다. 전자거래의 신속한 확정을 도모하기 위한 취지이다.

수신자가 전자문서를 수신할 정보처리시스템을 지정하지 아니한 경우에는 수신자가 관리하는 정보처리시스템에 입력된 때(전자거래기본법 6조 2항 2호)에 도달한 것으로 본다. 당사자 사이에 정보처리시스템의 지정에 관한 합의가 없는 때에는 수신자가 통상적으로 관리하는 정보처리시스템에 입력되면 도달한 것으로 의제하는 것이다.

다만, 전자문서가 지정된 정보처리시스템이 아닌 정보처리시스템에 입력된 경우에는 수신자가 이를 출력한 때 도달한 것으로 본다(전자거래기본법 6조 2항 1호 단서). 수신자가 정보처리시스템을 지정하였음에도 불구하고 그 전자문서가 다른 정보처리시스템에 입력된 때에는 수신자가 그 전자문서를 출력한 때 도달된 것으로 간주하는 것이다.

제4. 수신의 시기와 영업시간

전자문서가 영업시간 이외의 시점에 정보처리시스템에 입력된 경우에 그 도달시점이 언제지인지 문제된다. 예컨대 수신자가 전자문서를 수신할 정보처리시스템을 지정한 경우에 전자문서가 야간이나 공휴일에 그 지정된 정보처리시스템에 입력된 경우에 입력된 그 시점을 도달시기로 보아야 하는가, 아니면 그 직후 최초의 영업일에 도달한 것으로 보아야 하는가 하는 점이다. 이러한 경우에는 수신자가 당해 전자문서를 검색할 수 있는 최초 영업일의 영업이 개시된 때에 도달한 것으로 보는 것이 합리적이다.

제5. 임의규정

전자문서의 송·수신시기에 관한 전자거래기본법의 규정은 임의규정이다. 따라서 당사자는 전자문서의 송·수신 시기에 관하여 전자거래기본법 제6조와 다르게 정하는 약정을 할 수 있다(전자거래기본법 10조).

제6절 전자문서의 효력

제1. 문서로서의 효력

전자문서도 종이문서와 같은 기능을 가지므로 종이문서와 달리 취급하는 것은 타당하지 않다. 따라서 전자문서는 다른 법률에 특별한 규정이 있는 경우를 제외하고는 전자적 형태로 되어 있다는 이유만으로 문서로서의 효력이 부인되지 아니한다(전자거래기본법 4조 1항).

여기서 다른 법률에 특별한 규정이 있는 경우란 당해 법률이 특히 종이문서를 요구하는 경우이다. 민법 제1066조와 1069조에 의한 유언의 자필증서나 유언의 비밀증서, 상법 제356조의 주권 등과 같이 법률이 반드시 서면으로 할 것을 요하거나 서명 또는 기명날인 등을 요건으로 하는 문서를 요구하는 경우에는 이 경우에 해당하는 것으로 보아야 한다. 이러한 경우를 제외하는 전자문서도 그 효력에 있어서 종이문서와 다를 바 없다. 전자거래기본법은 별표에서 정하고 있는 법률의 규정에 의한 기록·보고·보관·비치 또는 작성 등의 행위가 전자문서로 행하여진 경우에 당해 법률에 의한 행위가 이루어진 것으로 의제하고 있다(전자거래기본법 4조 2항).

전자문서의 문서로서의 효력은 다른 법률에서도 널리 인정되고 있다. 전자금융거래법은 전자금융거래를 위하여 사용되는 전자문서에 대하여 전자문서의 효력에 관한 전자거래기본법 제4조 제1항에 의하고 있다(동법 4조1항). 전자무역촉진에관한법률은 무역업자 또는 무역관계기관이 신청·신고·보고 등 또는 승인·면허·인증·신고의 수리 등을 전자무역기반시설을 통하여 전자무역문서로 처리한 경우에는 그 전자무역문서에 대해 무역 관련 법령 등에서 정한 절차에 따라 처리된 문서로 보고 있다(동법 15조).

제2. 전자문서의 진정성 의제

전자문서가 작성자 본인은 물론이고 그 대리인 또는 작성자를 대신하여 자동으로 전자문서를 송·수신하도록 구성된 컴퓨터 프로그램 그 밖의 전자적 수단에 의하여 송신된 때에는 작성자 본인이 송신한 것으로 의제된다(전자거래기본법 7조 1항).

또 i) 전자문서가 작성자의 것이었는지를 확인하기 위하여 수신자가 미리 작성자와 합의한 절차를 따른 경우나, 또는 ii) 수신된 전자문서가 작성자 또는 그 대리인과의 관계에 의하여 수신자가 그것이 작성자 또는 그 대리인의 의사에 기한 것이라고 믿을 만한 정당한 이유가 있는 자에 의하여 송신된 경우에는, 그 전자문서의 수신자는 전자문서에 포함된 의사표시를 작성자의 것으로 보아 행위할 수 있으므로(전자거래기본법 7조 2항), 그 진정성이 의제된다.

그러나 i) 수신자가 작성자로부터 전자문서가 작성자의 것이 아님을 통지받고 그에 따라 필요한 조치를 취할 상당한 시간이 있었던 경우, ii) 전자문서가 작성자의 것이 아님을 수신자가 알았던 경우 또는 상당한 주의를 하였거나 작성자와 합의된 절차를 따랐으면 알 수 있었을 경우에는 그 진정성은 인정되지 않는다(전자거래기본법 7조 3항).

제3. 전자문서 내용의 불변경 추정

전자문서에 공인인증기관이 인증한 전자서명이 있는 경우에는 그 전자문서는 작성자가 서명한 후 그 내용이 변경되지 아니한 것으로 추정된다(전자거래기본법 6조 2항, 전자서명법 3조 2항). 공인전자서명은 전자문서를 작성한 자의 신원과 전자문서의 변경 여부를 확인할 수 있도록 한 것이며, 공인전자서명이 있는 전자문서는 타인에 의한 위조 또는 변조가 불가능하다. 공인전자서명이 실시된 전자문서의 내용은 작성자가 전자서명을 할 당시의 전자문서의 내용과 동일한 것으로 확인되므로 그 내용의 불변경성이 추정되는 것이다.

전자문서의 이러한 내용 불변경의 추정력은 해당 전자문서의 내용을 공적으로 신뢰할 수 있는 제한된 조건 아래서만 인정된다. 가령 전자문서가 공인전자문서센터에 보관 중인 때에는 그 보관기간 중에는 내용이 변경되지 아니한 것으로 추정되고

(전자거래기본법 31조의7 1항), 또 국가기관이나 지방자치단체의 장이 전자문서중계자를 통하여 허가·인가·승인·등록·신고·신청 등을 처리하는 전자문서의 내용에 대하여는 일정한 경우에 전자문서중계자의 컴퓨터의 파일에 기록된 전자문서의 내용대로 작성된 것으로 추정하고 있다(정보통신망이용촉진및정보보호에관한법률 20조 1항).

따라서 전자문서에 공인전자서명이 없거나 또는 이처럼 법률에 특별한 규정이 없는 한, 전자문서 내용의 불변경성에 대한 추정은 일반적으로 인정되지 않는다.

제7절 전자문서의 암호화

제1. 암호화의 필요성

정보처리시스템에 저장되어 있거나 송·수신되는 전자문서는 외부의 침입자에 의하여 판독되거나 유출, 분실, 훼손 등의 위험에 놓이기 쉽다. 이러한 위험으로부터 전자문서의 안전성을 확보하기 위해서는 제3자의 접근을 막는 보안장치가 필요하다.

이러한 보안장치로는 ID와 패스워드를 이용한 접속통제장치와 전자문서의 암호화 방법 등이 있다. 이중 접속통제장치는 가장 일반적인 방법으로써 전자문서 작성자가 사전에 본인임을 확인하여 정보처리시스템에 접속할 수 있는 ID와 패스워드를 발급받아 사용함으로써 타인의 접근을 차단하는 방법이다. 동일한 ID와 패스워드를 갖지 않는 한 누구도 접속할 수 없으므로 이를 통하여 전자문서의 안전을 도모할 수 있다.

암호화 방법은 저장 또는 송·수신되는 전자문서 자체를 암호화함으로써 전자문서의 내용을 제3자가 판독할 수 없도록 하는 장치이다. 접속통제장치는 제3자의 접속을 차단하는 장치로서 일단 접속이 되면 암호화되지 않은 전자문서의 내용을 판독할 수 있는 반면, 암호화는 제3자가 네트워크에 접속하더라도 전자문서의 판독이 불가능해 전자문서의 안전성이 보다 더 강화되는 이점이 있다.

전자문서및전자거래기본법은 전자거래사업자에 대하여 전자거래의 안전성 및 신뢰성을 확보하기 위하여 암호제품을 사용할 수 있도록 하고 있다(전자거래기본법 14조 1항). 다만, 암호제품의 무제한적인 사용이 자칫 국가의 안보를 저해하는 우려도 있을 수 있으므로, 정부는 국가안전보장을 위하여 필요하다고 인정하는 경우에는 암호제품의 사용을 제한하고, 암호화된 정보의 원문 또는 암호기술에의 접근에 필요한 조치를 할 수 있다(전자거래기본법 14조 2항).

제2. 암호화의 방식

전자문서를 암호화하는 방식에는 대칭암호화방식(symmetric cryptosystem)과 비대칭암호화방식(asymmetric cryptosystem)이 있다. 문서작성자가 전자문서를 암호화하여 송신하면 수신자는 이를 읽기 위해서는 복호화하여야 하는데, 이때 전자문서를 암호화하는 암호생성정보와 암호문을 복호화하는 암호검증정보가 동일한가 그렇지 않은가에 따른 구분이다.

대칭암호방식은 전자문서를 암호화하는 암호생성정보와 암호화된 전자문서를 복호화하는 암호검증정보가 동일한 암호화 방식이다. 이를 공동키암호화방식이라고도 한다. 이 방식은 정보처리시스템 간에 통신보안이 유지될 때 효과가 있으며, 암호생성정보와 암호검증정보가 동일하여 정보의 처리속도가 빠르다는 이점이 있다.

비대칭 암호 방식은 전자문서를 암호화하는 암호생성정보와 복호화하는 암호검증정보가 서로 다른 암호방식이다. 이 방식에서는 암호생성정보(비밀키, private key)와 암호검증정보(공개키, public key)가 서로 한 짝을 이루어 대응해 있으며, 암호생성정보는 문서작성자가 소지하여 전자문서를 암호화하고, 암호검증정보는 상대방에게 공개하여 암호문으로 된 전자문서를 복호화하는 데 이용된다. 이를 공개키 암호화 방식이라고도 한다.

제8절 전자문서와 전자화문서의 보관

제1. 전자문서의 보관

법령에 의하여 문서를 보관하여야 하는 경우에 전자문서의 보관으로 관계 법령이 정하는 문서의 보관에 갈음할 수 있다. 전자문서의 보관이 문서의 보관으로 갈음하기 위해서는 전자문서가 일정한 요건을 갖추어야 한다(전자거래기본법 5조 1항). 즉 i) 전자문서의 내용을 열람할 수 있고, ii) 전자문서가 작성 및 송신·수신된 때의 형태 또는 그와 같이 재현될 수 있는 형태로 보존되어 있으며, iii) 전자문서의 작성자, 수신자, 송신·수신일시에 관한 사항이 포함되어 있는 경우에는 그 부분이 보존되어 있어야 한다. 다만, 송신 또는 수신만을 위하여 필요한 부분은 전자문서로 보지 아니할 수 있다(전자거래기본법 5조 4항).

문서의 보관을 전자문서의 보관으로 갈음할 수 있는 것은 다른 법령에서도 인정되고 있다. 상법은 상업장부 기타 영업에 관한 주요한 서류는 마이크로필름 기타의 전산정보처리조직에 의하여 보존할 수 있도록 하고 있다(상법 33조 3항). 국세기본법은 납세자가 거래에 관한 장부와 증거서류의 전부 또는 일부를 전산조직을 이용하여 작성하는 경우에 그 처리과정 등을 대통령령으로 정하는 기준에 따라 자기테이프, 디스켓 또는 그 밖의 정보보존장치에 보존하도록 하고 있다(동법 85조의3 3항). 전자무역촉진에관한법률은 전자무역기반사업자가 전자무역문서를 보관하는 경우에는 전자문서의 보관이 행하여진 것으로 본다(동법 16조 1항).

제2. 전자화문서의 보관

전자화문서도 다른 법령에 특별한 규정이 있는 경우를 제외하고는, 그 전자화문서의 보관으로 관계 법령으로 정하는 문서의 보관에 갈음할 수 있다. 전자화문서는 종이문서 그 밖에 전자적 형태로 작성되지 아니한 문서(전자화대상문서)를 스캔 등의 방법으로 전자적 형태로 변환, 정보처리시스템에 의하여 저장·재현하고 또 송·수신할 수 있는 것을 말한다.

전자화문서의 보관으로써 문서의 보관에 갈음할 수 있기 위해서는 일정한 요건을 모두 갖추어야 한다. 즉 i) 전자화문서가 전자화 대상 문서와 그 내용 및 형태가 동일하며, ii) 그 문서의 내용을 열람할 수 있고, iii) 전자화문서가 작성 및 송신·수신된 때의 형태 또는 그와 같이 재현될 수 있는 형태로 보존되어 있으며, iv) 전자화 대상 문서의 작성자·수신자 및 송신·수신일시에 관한 사항이 포함되어 있는 경우에는 그 부분이 보존되어 있는 경우이어야 한다(전자거래기본법 5조 2항).

다만, 이 경우에도 송신 또는 수신만을 위하여 필요한 부분은 전자문서 또는 전자화문서로 보지 아니할 수 있다(전자거래기본법 5조 4항). 전자화대상문서와 전자화문서의 내용 및 형태의 동일성에 관한 요건, 전자화문서의 작성 방법 및 절차 그 밖에 필요한 사항은 지식경제부장관이 정하여 고시한다(전자거래기본법 5조 3항).

제3. 공인전자문서센터

1. 의의

공인전자문서센터는 지식경제부장관의 지정을 받아 타인을 위하여 전자문서를 보관 또는 증명하거나 그 밖에 전자문서와 관련된 업무를 수행하는 법인이다(전자거래기본법 2조 8호).

2. 공인전자문서센터의 지정

1) 지정의 요건

전자문서의 보관 또는 증명 기타 전자문서 관련 업무를 수행하기 위해서는 지식경제부장관으로부터 공인전자문서센터로 지정을 받아야 한다. 지식경제부장관은 전자문서 보관 등의 안전성 및 정확성을 확보하기 위하여 전자문서 보관 등에 관하여 전문성이 있는 자를 공인전자문서센터로 지정하여 전자문서의 보관 등을 하게 할 수 있다(전자거래기본법 31조의2 1항).

공인전자문서센터로 지정받을 수 있는 자는 법인 또는 대통령령으로 정하는 국가기관에 한한다(전자거래기본법 31조의2 2항). 공인전자문서센터로 지정을 받고자 하는 자는 전자문서 보관 등에 필요한 인력·기술능력·재정능력 그 밖의 시설·장비 등을 확보하여 지식경제부장관에게 지정을 신청하여야 한다(전자거래기본법 31조의2 3항).[3)]

공인전자문서센터의 인력·기술능력·재정능력 그 밖의 시설·장비 등의 지정기준과 지정방법 및 지정절차에 관한 사항은 대통령령으로 정한다(전자거래기본법 31조의2 4항).

---

3) 공인전자문서센터가 후일 전자문서 보관 등에 사용되는 시설 또는 장비를 변경한 때에는 지식경제부장관에게 신고하여야 한다(전자거래기본법 31조의8 4항).

2) 지정의 취소

공인전자문서센터로 지정을 받은 자가 거짓 그 밖의 부정한 방법으로 지정을 받았거나, 업무정지기간 중 업무를 계속하여 수행한 때, 지정을 받은 날부터 1년 이상 업무를 개시하지 아니하거나 업무개시 후 1년 이상 계속하여 전자문서 보관 등의 업무를 하지 아니한 때, 시정명령을 그 정하여진 기간 이내에 이행하지 아니한 때에는 지식경제부장관은 그 지정을 취소하거나 1년 이내의 기간을 정하여 그 업무의 전부 또는 일부의 정지를 명할 수 있다(전자거래기본법 31조의5 1항).

다만, 공인전자문서센터로 지정을 받은 자가 지정받은 날부터 1년 이상 업무를 개시하지 아니하거나 업무개시 후 1년 이상 계속하여 전자문서 보관 등의 업무를 하지 아니한 경우 또는 시정명령을 그 정하여진 기간 이내에 이행하지 아니하여 업무정지처분을 하여야 하는 경우로서 그 업무정지가 공인전자문서센터를 이용하는 자에게 심한 불편을 주거나 공익을 해할 우려가 있다고 인정하는 때에는 지식경제부장관은 업무정지에 갈음하여 1억원 이하의 과징금을 부과할 수 있다(전자거래기본법 31조의5 2항).

3. 전자문서보관등업무준칙의 신고

공인전자문서센터는 업무를 개시하기 전에 전자문서 보관·증명 등에 관한 「전자문서 보관 등 업무준칙」을 작성하여 지식경제부장관에게 신고하여야 한다(전자거래기본법 31조의8 1항).

전자문서보관등업무준칙에는 업무의 종류, 업무의 수행방법 및 수행절차, 전자문서 보관 등의 서비스의 이용조건 및 이용요금, 그 밖에 업무수행에 관하여 필요한 것으로서 지식경제부령이 정하는 사항이 포함되어야 하며, 공인전자문서센터가 이 기재사항을 변경하고자 하는 때에는 지식경제부장관에게 신고하여야 한다(전자거래기본법 31조의8 2항).

이들 신고된 업무준칙의 내용이 전자문서 보관 등의 업무의 안전성 및 정확성의 확보에 지장을 초래하거나 전자문서 보관 등의 서비스를 이용하는 이용자의 이익을 저해할 우려가 있다고 인정하는 경우에는 지식경제부장관은 상당한 기간을 정하여 당해 공인전자문서센터에 대하여 업무준칙의 변경을 명할 수 있다(전자거래기본법 31조의8 3항).

4. 공인전자문서센터의 직무

1) 직무상 의무

공인전자문서센터는 전자문서 보관 등을 안전하고 신뢰성 있게 수행하기 위하여 이용자와의 관계에서 독립성을 유지하여야 하며, 정당한 사유 없이 전자문서 보관 등의 서비스 제공을 거부하거나 이용자를 부당하게 차별하여서는 안 된다(전자거래기본법 31조의9 1,2항). 또한 공인전자문서센터는 당해 정보처리시스템에 보관된 전자문서 그 밖의 관련 정보를 적법한 절차에 의하지 아니하거나 전자문서의 작성자 · 수신자 및 당해 이용자의 동의 없이 타인에게 제공 · 공개 등을 하여서는 안 된다(전자거래기본법 31조의9 4항).

공인전자문서센터는 보관된 전자문서의 내용이 훼손 또는 변경되지 아니하도록 필요한 조치를 하여야 하며(전자거래기본법 31조의9 3항), 전자문서 보관 등을 수행하기 위하여 전자서명이 필요한 경우에는 공인인증기관으로부터 공인전자서명을 받아야 한다(전자거래기본법 31조의9 5항).

2) 이용자의 개인정보 보호의무

공인전자문서센터는 전자문서 보관 등 및 전자문서 유통과 관련하여 개인정보를 보호하여야 한다(전자거래기본법 31조의13).

5. 공인전자문서센터의 업무에 대한 감독

1) 정기점검 등

공인전자문서센터는 보유한 시설 또는 장비의 안전성에 대하여 지식경제부장관으로부터 정기적으로 점검을 받아야 한다(전자거래기본법 31조의10 1항). 공인전자문서센터는 전자문서 보관 등에 사용되는 시설 또는 장비의 변경신고를 하거나 영업의 양수 또는 합병으로 인한 공인전자문서센터의 승계신고를 한 경우에는 지식경제부장관으로부터 해당 시설 또는 장비의 안전성에 대하여 점검을 받아야 한다(전자거래기본법 31조의10 2항).

2) 보고 및 검사

지식경제부장관은 필요하다고 인정하는 때에는 공인전자문서센터에 대하여 관계자료를 제출하게 하거나 서면 또는 전자문서로 보고하게 할 수 있으며, 관계공무원으로 하여금 공인전자문서센터의 사무실과 사업장 그 밖의 관련 장소에 출입하여 전자문서 보관 등에 관한 시설·장비·서류 그 밖의 관련 물건을 검사하게 할 수 있다(전자거래기본법 31조의11 1항).

6. 전자문서 등 관련 정보의 보안

1) 내용

공인전자문서센터에 보관된 전자문서 그 밖의 관련 정보를 위조 또는 변조하거나 위조 또는 변조된 정보를 행사하는 것은 금지된다(전자거래기본법 31조의12 1항). 공인전자문서센터의 정보처리시스템에 거짓 정보나 부정한 명령을 입력하는 등의 방법으로 공인전자문서센터의 증명서가 거짓으로 발급되게 하여서는 안 된다(전자거래기본법 31조의12 2항).

누구든지 공인전자문서센터에 보관된 전자문서 그 밖의 관련 정보를 멸실 또는 훼손하거나 그 비밀을 침해하여서는 안 된다(전자거래기본법 31조의12 3항). 공인전자문서센터의 임원 또는 직원이거나 임원 또는 직원이었던 자는 직무상 알게 된 전자문서 그 밖의 관련 정보의 내용을 누설하거나 자신 또는 제3자로 하여금 이용하게 하여서는 안 된다(전자거래기본법 31조의12 4항).

2) 벌칙

공인전자문서센터에 보관된 전자문서 그 밖의 관련 정보를 위조 또는 변조하거나 위조 또는 변조된 정보를 행사한 자나 공인전자문서센터의 정보처리시스템에 거짓 정보나 부정한 명령을 입력하는 등의 방법으로 그 증명서가 거짓으로 발급되게 한 자는 10년 이하의 징역 또는 1억원 이하의 벌금에 처한다(전자거래기본법 43조 1항). 그 미수범도 처벌한다(전자거래기본법 43조 2항).

공인전자문서센터에 보관된 전자문서 그 밖의 관련정보를 멸실 또는 훼손하거나 그 비밀을 침해한 자나 직무상 알게 된 전자문서 그 밖의 관련 정보의 내용을 누설하거나 자신 또는 제3자로 하여금 이용하게 한 공인전자문서센터의 임원 또는 직원이거나 임원 또는 직원이었던 자에 대해서는 5년 이하의 징역 또는 5천만 원 이하의 벌금에 처한다(전자거래기본법 44조).

법인의 대표자나 법인 또는 개인의 대리인, 사용인, 그 밖의 종업원이 그 법인 또는 개인의 업무에 관하여 이들 위반행위를 하면, 법인 또는 개인이 그 위반행위를 방지하기 위하여 해당 업무에 관하여 상당한 주의와 감독을 게을리 하지 아니한 경우를 제외하고는, 그 행위자를 벌하는 외에 그 법인 또는 개인에게도 해당 벌금형을 과한다(전자거래기본법 45조).

7. 전자문서 보관 · 증명의 효력

1) 보관의 효력

공인전자문서센터가 전자문서 또는 전자화문서를 보관하는 경우에 그 전자문서 또는 전자화문서는 관계 법령이 정하는 전자문서의 보관이 행하여진 것으로 본다(전자거래기본법 31조의6).

2) 전자문서 내용의 불변경 추정

공인전자문서센터에 보관된 전자문서 또는 전자화문서는 보관기간 중에는 그 내용이 변경되지 아니한 것으로 추정한다(전자거래기본법 31조의7 1항).

3) 증명서의 진정성 추정

공인전자문서센터가 당해 공인전자문서센터에 보관된 전자문서 또는 전자화문서의 보관 사실, 작성자, 수신자 및 송신·수신 일시 등에 관한 사항에 대한 증명서를 대통령령이 정하는 방법 및 절차에 따라 발급한 경우에 그 증명서에 기재된 사항은 진정한 것으로 추정한다(전자거래기본법 31조의7 2항). 공인전자문서센터는 증명서의 발급을 신청하는 자 또는 이용자에게 수수료 등 필요한 요금을 부과할 수 있다(전자거래기본법 31조의17).

8. 업무의 폐지 등

1) 공인전자문서센터 영업의 양도 · 양수 등

공인전자문서센터는 다른 공인전자문서센터에 영업의 전부 또는 일부를 양도하거나 다른 공인전자문서센터와 합병할 수 있다. 이 경우 양도 또는 합병하려는 날의 60일 전까지 이용자에게 통지하여야 한다(전자거래기본법 31조의14 1항).

영업을 양수한 공인전자문서센터 또는 합병 후에 존속하거나 설립되는 공인전자문서센터는 종전의 공인전자문서센터의 지위를 승계하며(전자거래기본법 31조의14 2항), 그 승계한 날로부터 1개월 이내에 지식경제부장관에게 신고하여야 한다(전자거래기본법 31조의14 3항).

2) 영업의 폐지

공인전자문서센터가 전자문서 보관 등의 영업을 폐지하려는 때에는 폐지하려는 날의 60일 전까지 이용자에게 통지하고 그 사실을 지식경제부장관에게 신고하여야 한다(전자거래기본법 31조의15 1항). 영업폐지의 신고를 한 공인전자문서센터는 보관하고 있는 전자문서와 그 밖에 전자문서 보관 등에 관한 기록을 다른 공인전자문서센터에 인계하여야 하고, 다른 공인전자문서센터가 인수를 거부하는 등 부득이한 사유로 인계할 수 없는 경우에는 그 사실을 지식경제부장관에게 지체 없이 신고하여야 한다(전자거래기본법 31조의15 2항).

3) 긴급조치

공인전자문서센터의 영업폐지 시 다른 공인전자문서센터가 인수를 거부하는 등 부득이한 사유로 인계할 수 없다는 신고를 받은 경우, 어느 공인전자문서센터의 지정을 취소한 경우, 그 밖에 공인전자문서센터가 전자문서 보관 등의 업무를 수행하지 못할 부득이한 사유가 발생한 경우에, 지식경제부장관은 전자문서 보관 등 업무의 계속성과 안전성을 보장하기 위하여 긴급한 조치가 필요하다고 인정하는 때에는 전담기관으로 하여금 해당 보관문서 등을 인수하게 하거나 그 밖의 필요한 조치를 명할 수 있다(전자거래기본법 31조의15 3항).

9. 손해배상책임

공인전자문서센터는 전자문서 보관 등의 업무수행과 관련하여 이 법의 규정을 위반한 행위로 이용자에게 손해를 입힌 경우에는, 공인전자문서센터가 고의 또는 과실이 없음을 증명한 경우를 제외하고는, 그 손해를 배상하여야 한다(전자거래기본법 31조의16 1항).

공인전자문서센터는 그 손해배상책임의 이행을 위하여 그 지정받은 날부터 1개월 이내에 연간 보상한도액이 20억 원 이상인 손해배상책임보험에 가입하여야 한다(전자거래기본법 31조의16 2항, 동법시행령 15조의13 1항). 공인전자문서센터는 보상한도의 잔여액을 10억 원 이상으로 유지하여야 하고, 잔여 보상한도액이 10억 원 미만이 된 경우에는 그 사유가 발생한 날부터 1개월 이내에 10억 원 이상이 되도록 하여야 한다(동법시행령 15조의13 2항).

제9절 전자문서에 대한 증거조사

제1. 전자문서의 증거능력

전자문서나 전자화문서는 다른 법률에 특별한 규정이 있는 경우를 제외하고는 전자적 형태로 되어 있다는 이유로 문서로서의 효력이 부인되지 아니한다(전자거래기본법 4조 1항). 따라서 전자문서나 전자화문서는 재판 기타의 법적 절차에서도 전자적 형태로 되어 있다는 이유로 증거능력이 부정되지 아니한다. 증거능력이라 함은 유형물이 증거방법으로서 증거조사의 대상이 될 수 있는 자격을 말하는데, 민사소송법은 자유심증주의를 채택하여 증거능력에 대하여 원칙적으로 제한하지 않으므로, 전자문서의 증거능력도 당연히 인정된다.

제2. 전자문서의 증거력

1. 형식적 증거력

증거력이란 증거자료가 증명해야 할 요증사실의 인정에 기여하는 정도를 말하며, 특히 형식적 증거력은 문서가 진정하게 성립된 경우에 인정되는데, 전자문서와 전자화문서도 그 작성자의 의사나 판단 등을 표현한 것일 때 형식적 증거력이 인정될 수 있다.

그리하여 전자문서는 작성자 본인이 송신한 경우는 물론, 그 대리인 또는 작성자를 대신하여 자동으로 전자문서를 송·수신하도록 구성된 컴퓨터 프로그램 기타 전자적 수단에 의하여 송신된 전자문서에 포함된 의사표시는 작성자가 송신한 것으로 보므로(전자거래기본법 7조 1항), 이 한도에서 송신된 전자문서의 형식적 증거력이 인정된다.

또 전자문서나 전자화문서의 수신자는 i) 당해 전자문서 등이 작성자의 것이었는지를 확인하기 위하여 수신자가 미리 작성자와 합의한 절차를 따른 경우, 또는 ii) 수신된 전자문서 등이 작성자 또는 그 대리인과의 관계에 의하여 수신자가 그것이 작성자 또는 그 대리인의 의사에 기한 것이라고 믿을 만한 정당한 이유가 있는 자에 의하여 송신된 경우에는, 전자문서나 전자화문서에 포함된 의사표시를 작성자의 것으로 보아 행위할 수 있으므로(전자거래기본법 7조 2항), 이러한 경우에도 해당 전자문서에는 형식적 증거력이 인정된다.

그러나 이러한 경우에도 수신자가 작성자로부터 전자문서나 전자화문서가 작성자의 것이 아님을 통지받고 그에 따라 필요한 조치를 취할 상당한 시간이 있었던 경우나, 전자문서가 작성자의 것이 아님을 수신자가 알았던 경우, 또는 상당한 주의를 하였거나 작성자와 합의된 절차를 따랐으면 알 수 있었을 경우에는 형식적 증거력이 인정되지 않는다(전자거래기본법 7조 3항).

2. 실질적 증거력

전자문서와 전자화문서의 실질적 증거력은 전자문서가 요증사실을 입증할 수 있는 능력 또는 증거가치를 말한다. 전자문서의 실질적 증거력은 법관의 자유심증에 의한다. 다만, 전자문서나 전자화문서가 처분문서일 경우에는 그 진정 성립이 인정될 때에는 그 전자문서의 내용대로 법률행위가 있었다는 사실이 인정되어야 하나, 전자문서나 전자화문서가 보고문서인 경우에는 그 실질적 증거력은 법관이 작성자의 신분과 직업, 작성 목적 등 제반 사정을 참작하여 자유심증에 의하여 판단하여야 한다.

3. 전자문서에 대한 증거조사방법

전자문서나 전자화문서의 증거력을 판단하기 위해서는 증거조사에 의하여야 한다. 전자문서에 대한 증거조사의 방법에 관하여 종래 서증(書證)설과 검증(檢證)설, 그리고 신서증설로 나뉘어 있었다.

민사소송법은 컴퓨터용 자기디스크 등 그 밖에 정보를 담기 위하여 만들어진 물건으로서 문서가 아닌 증거의 조사에 관한 사항은 민사소송법상의 감정, 서증, 검증에 관한 규정에 준하여 대법원규칙으로 정하도록 하고 있다(동법 374조). 그리하여 민사소송규칙은 컴퓨터용 자기디스크·광디스크 등의 정보저장매체에 기억된 문자정보를 증거자료로 하는 경우에는 읽을 수 있도록 출력한 문서를 제출하게 하여(동규칙 120조 1항)[4] 서증의 대상으로 규정하고 있다. 그러나 컴퓨터용 자기디스크·광디스크 등 음성이나 영상을 녹음 또는 녹화하여 재생할 수 있는 매체에 대한 증거조사는 이를 재생하여 검증하는 방법으로 하도록 함으로써(동규칙 121조 2항), 검증의 대상으로 하고 있다.

다만, 정보저장매체에 기억된 문자정보를 증거자료로 하는 경우에 출력한 문서를 제출하게 하여 서증의 대상으로 하더라도 그 출력문서가 원본이 아니므로, 그 증거조사를 신청한 당사자는 법원이 명하거나 상대방이 요구한 때에는 자기디스크 등에 입력한 사람과 입력한 일시, 출력한 사람과 출력한 일시를 밝혀야 한다(동규칙 120조 2항).

---

4) 자기디스크 등에 기억된 정보가 도면·사진 등에 관한 것인 때에도 이를 출력하여 제출하여야 한다(동규칙 120조 3항)

Chapter 05 전자서명과 공인인증

제1절 서설

종래 일반적으로 종이문서를 작성할 때에는 문서 작성자가 그 문서를 진정하게 작성하였음을 나타내는 징표로서 기명날인(記名捺印) 또는 서명(署名)을 실시한다. 기명날인이나 서명은 당해 문서의 진정성과 문서작성자의 동일성을 확인할 수 있도록 하기 위한 표시이며, 문서에 특정인의 기명날인 또는 서명이 있으면 그 문서가 당해 기명날인 또는 서명을 실시한 자에 의하여 진정하게 작성되었음을 확인할 수 있게 한다.

그러나 의사표시를 전자적 기록으로 만들어 저장하거나 이를 상대방에게 전송하는 전자문서에는 이러한 기명날인 또는 서명의 실시가 곤란하다. 설령 전자문서에 기명날인 또는 서명의 징표를 하더라도 본인에 의하여 실시된 것인지 여부를 확인하는 것이 현실적으로 쉽지 않다. 여기서 전자문서에 문서작성자 본인의 진정성과 동일성을 담보하는 전자적 방법이 필요하다.

전자서명은 이러한 필요에서 고안된 것이다. 전자서명은 전자적 방법에 의하여 본인의 진정성과 동일성을 확인할 수 있는 전자적 형태의 정보로서, 종이문서에 실시한 기명날인 또는 서명과 동일한 효력이 인정된다. 전자서명법은 전자서명에 관하여 공인인증기관의 인증을 받은 공인전자서명과 그렇지 않은 전자서명으로 구별하여 그 법적 효력에 차이를 두고, 전자서명을 인증하는 공인인증기관과 인증의 수단인 공인인증서에 관하여 규정하고 있다.

제2절 전자서명

제1. 의의

전자서명(Digital Signature)은 서명자를 확인하고 서명자가 당해 전자문서에 서명을 하였음을 나타내는데 이용하기 위하여 당해 전자문서에 첨부되거나 논리적으로 결합된 전자적 형태의 정보를 말한다.[1)]

전자서명(electronic signature)은 넓은 의미에서는 전자문서가 작성자에 의하여 진정하게 성립되었으며 그 내용에 하자가 없음을 증명하는 전자적 형태의 서명이다. 이 의미에서의 전자서명은 전자적 수단을 이용한 서명을 포괄적으로 지칭하며, 전자서명에 이용하는 기술적 요소에 대한 제한은 없다. 따라서 비대칭형 암호화 방식은 물론 대칭형 암호화 방식이나 전자지문감식 · 홍체감식 · 유전자감식 등의 바이오메트릭스(biometrics) 형태를 포함한다.

협의의 전자서명은 비대칭 암호화 방식(공개키암호화방식)을 이용하여 전자서명 생성정보로 실시한 전자적 형태의 서명을 말한다. 협의의 전자서명은 전자서명을 하기 위하여 사용하는 전자서명생성정보(비밀키)와 이를 복원하는 전자서명검증정보(공개키)가 서로 다른 공개키암호화방식을 통하여 당해 전자문서에 실시하는 전자서명으로서 당해 전자문서에 고유한 형태가 된다. 이 협의의 전자서명을 특히 디지털서명(digital signature) 이라고 한다.

이 협의의 전자서명 중 특히 공인인증기관의 공인인증서에 의한 전자서명을 공인전자서명이라 한다. 공인전자서명은 공인인증서에 기초한 전자서명으로서 전자서명 생성정보가 가입자에게 유일하게 속하는 것이어야 하며, 전자서명 당시 가입자가 전자서명생성정보를 지배 · 관리하고 있어야 하며, 전자서명이 있은 후에 당해 전자서명과 전자문서의 변경 여부를 확인할 수 있는 것이어야 한다(전자서명법 2조 3호). 공인인증기관은 이러한 공인전자서명에 대해서만 공인인증서에 기하여 인증을 하며, 공인인증기관의 인증을 받은 공인전자서명은 전자서명법에 의하여 법령에서 요구하

---

1) 국회 · 법원 · 헌법재판소 · 중앙선거관리위원회의 행정사무를 처리하는 기관, 중앙행정기관(대통령 소속 기관과 국무총리 소속 기관) 및 그 소속 기관, 지방자치단체 등의 행정기관이 작성하는 전자문서에는 행정전자서명을 사용하나, 전자거래기본법 제2조 제5호에 따른 전자거래를 효율적으로 운영하기 위하여 공인전자서명을 사용하는 것도 가능하다(전자정부법 29조 1항).

는 기명날인 또는 서명으로서의 법적 효력이 있다.

제2. 전자서명의 구조

전자서명은 먼저 전자서명을 실시할 가입자가 인증기관에 전자서명 인증의 신청을 하여 자신의 전자서명생성정보(개인키)와 전자서명검증정보(공개키)의 인증을 받아야 실시할 수 있다. 이 때 인증 신청을 받은 인증기관은 가입자의 신원을 확인한 후 전자서명생성정보를 가입자에게 제공하고, 전자서명검증정보는 인증서에 담아 가입자에게 발급한다.

전자서명생성정보를 받은 가입자가 전자서명을 할 때에는 전자문서를 작성하고 이 전자문서를 자신의 전자서명생성정보로 암호화한 암호문을 생성한 후, 그 전자문서와 이 암호문을 상대방에게 전송한다. 수신자는 이 암호문을 송신자의 전자서명검증정보로 복호화하여 전자문서 원본과 동일성 여부를 확인할 수 있게 되는데, 이 암호문이 전자서명이다.

이러한 전자서명의 원리는 송신자의 전자서명생성정보로 암호화한 암호문은 오로지 그 송신자의 전자서명검증정보로만 복호화할 수 있다는데 있다. 만일 어느 송신자의 전자서명생성정보로 암호화한 암호문에 대하여 다른 사람의 전자서명검증정보로 복호화하면 원래 암호화 한 메시지와는 다른 값이 생성되게 된다. 송신자가 보낸 암호화 전의 전자문서와 암호문을 전자서명검증정보로 복호화한 메시지가 같으면, 그 전자문서는 당해 송신자가 보낸 진정한 전자문서라는 사실이 증명되는 것이다.

다만 실제의 전자서명에서는 송신자가 원본 메시지를 그대로 전자서명생성정보로 암호화 하지 않고, 해시함수(hash function)로 압축한 후 그 값(메시지 다이제스트)을 자신의 전자서명생성정보로 암호화하는 방식으로 전자서명을 실시한다. 해시함수(hash function)[2]는 해시 알고리듬(hash algorithm)이라고도 하는데, 이것은 메시지 압축함수로서 송신자가 작성한 전자문서를 짧은 전자지문으로 변환시키는 방법이다.[3] 해시함수는 공개된 함수로서 전자적 방법에 의하여 전자문서를 자르거

---

2) http://www.miraclesalad.com/webtools/md5.php

3) 전자서명에 있어서 원본 메시지를 해시함수로 압축하는 이유는 메시지의 양이 큰 경우 암호화와 복호화에 많은 시간이 소요되기 때문이다.

나 위치를 바꾸는 등의 방법을 사용하여 해시 값(hash value)을 만들어내므로, 원본 전자문서가 동일하면 해시 값도 동일하며, 이로써 전자문서의 동일성과 진정성을 신뢰할 수 있게 된다.

제3. 전자서명의 기능

1. 송신자의 진정성 확인

송신자가 전자문서에 전자서명을 실시하여 상대방에게 전송한 경우에 상대방은 전자서명을 통해 전자문서를 보낸 송신자의 진정성을 확인할 수 있다. 특히 송신자가 전자서명생성정보로 암호화한 전자서명은 송신자가 전송한 전자서명검증정보로만 복호화할 수 있고, 다른 것으로는 복호화할 수 없으므로, 수신자는 송신자가 전자문서의 진정한 작성자임을 신뢰할 수 있는 것이다.

2. 무결성 확보

전자서명이 실시된 전자문서를 수신한 경우에 전자서명을 통해 메시지가 변경되지 않았다는 사실을 확인할 수 있다. 원본 메시지가 변경 되었다면, 메시지와 메시지의 전자서명 값이 불일치하기 때문이다. 따라서 전자서명은 전자문서의 위조와 변조를 예방할 수 있게 한다.

3. 효력부인방지

송신자의 전자서명은 오직 그 송신자의 전자서명검증정보에 의해서만 생성할 수 있다. 송신자의 전자서명은 오직 그 송신자 자신만이 만들 수 있기 때문에, 송신자가 전자서명을 실시한 전자문서를 송신한 후에 그 메시지가 자신이 보낸 것이 아니라고 부인할 수 없게 된다.

4. 전자거래의 안전성 및 신속성 확보

거래 당사자 사이에 공인전자서명이 있는 전자문서를 주고받는 경우에 전자서명이 실시된 전자문서의 수신자는 그 전자서명에 의하여 전자문서를 작성한 자의 신원을 확인할 수 있고, 그 전자문서가 서명자에 의하여 진정하게 작성된 것임을 신뢰할 수 있게 되며, 그 전자문서의 내용에 대하여 별도의 확인절차를 거칠 필요가 없으므로 전자거래를 안전하고 신속하게 할 수 있다.

제4. 전자서명의 효력

1. 기명날인 또는 서명으로서의 효력

전자문서에 있는 공인전자서명은 다른 법령에서 문서 또는 서면에 서명, 서명날인 또는 기명날인을 요하는 경우 이를 충족한 것으로 본다(전자서명법 3조 1항). 공인인증기관이 인증한 공인전자서명은 당해 전자문서에 고유한 것으로서 위조나 변조가 극히 어려우며, 공인인증기관의 인증에 의하여 그 신뢰성이 담보되므로 법령에서 요구하는 기명날인 또는 서명 등의 요건을 충족한 것으로 보는 것이다. 공인전자서명 외의 전자서명은 당사자 간의 약정에 따른 서명, 서명날인 또는 기명날인으로서의 효력을 가진다(전자서명법 3조 3항).[4]

2. 전자문서 명의자의 서명 추정

공인전자서명이 있는 경우에는 당해 전자서명이 서명자의 서명, 서명날인 또는 기명날인으로 추정한다(전자서명법 3조 2항). 공인전자서명은 공인인증기관이 발급한 인증서에 포함된 전자서명검증정보에 합치하는 전자서명생성정보로 생성한 전자정보로서 그 전자문서에 고유한 것이고, 전자서명에 대한 인증도 공인인증기관이 발급한 인증서에 의하여 이루어지는 것이므로 그 전자서명을 한 명의자의 진정성을 법률상 추정하는 것이다.

공인전자서명이 전자문서 명의자의 서명 또는 기명날인으로 추정되는 것은 법률상의 추정이므로 전자서명의 진정성에 대한 다툼이 있는 때에는 그 입증책임은 명

4) 전자문서에 중앙사무관장기관의 장의 인증을 받은 행정전자서명이 있는 경우에 그 행정전자서명은 전자문서에 표시된 행정기관 및 공공기관의 관인·공인 또는 해당 기관 업무담당자의 서명으로 본다(전자정부법 29조 4항).

의자의 진정성을 다투는 자에게 있다. 즉 전자문서의 명의자가 그 전자서명에 대하여 제3자가 권한없이 명의자의 명의로 하였다고 주장하는 경우에는 그 명의자가 이에 대한 입증책임을 부담하게 된다. 전자서명이 공인인증기관의 인증을 받지 않아 서명 또는 기명날인으로서의 효력이 없는 경우라도 서명자가 상대방에게 자신이 전송된 전자문서의 명의인임을 스스로 인정할 수 있음은 물론이다.

3. 전자문서 내용의 불변경 추정

공인인증기관이 인증한 전자서명이 있는 전자문서는 작성자가 서명한 후 그 내용이 변경되지 아니한 것으로 추정된다(전자거래기본법 6조 2항, 전자서명법 3조 2항). 공인전자서명은 전자문서를 작성한 자의 신원과 전자문서의 변경 여부를 확인할 수 있도록 한 것이며, 공인전자서명은 타인에 의한 위조나 변조가 불가능하므로, 공인전자서명이 실시된 전자문서가 수신된 경우에 그 전자서명이 전자서명검증정보로 복호화되면 수신자가 수신한 전자문서의 내용이 전자문서 작성자가 전자서명을 하기 전의 전자문서와 동일한 것으로 확인되는 것이다.[5]

전자문서 내용의 진정성에 대한 추정력도 법률상의 추정이므로 입증책임이 전환된다. 서명자가 전자서명이 있는 전자문서의 내용이 변경되었다고 주장하는 경우에는 서명자 본인이 문서의 원문과 그 변경사실을 입증하여야 하며, 그 변경이 입증된 때에는 추정적 효력은 번복된다. 전자서명을 생성하기 위하여 사용된 암호화기법과 알고리듬 등의 안전성을 신뢰할 수 없거나, 전자서명에 관한 보안절차가 기술이나 수행방식의 하자 등으로 인하여 그 신뢰성이 상실된 때, 전자서명검증정보와 전자서명생성정보가 서로 상응하지 않는 때, 전자서명이 실제 서명자에 의하여 작성되지 아니한 때에는 그 사실을 증명하는 반증을 제출하여 전자문서 내용의 진정성을 부정할 수 있다.

---

5) 행정기관이 작성하는 전자문서에 사용하는 행정전자서명에 중앙사무관장기관의 장의 인증이 있는 경우에 그 전자문서는 행정전자서명이 된 후에 내용이 변경되지 아니하였다고 추정한다(전자정부법 29조 4항).

제3절 공인인증서

제1. 의의

공인인증서는 공인인증기관이 발급하는 인증서로서 전자서명생성정보가 가입자에게 유일하게 속한다는 사실 등을 확인하고 이를 증명하는 전자적 정보를 말한다. 공인인증서에 의하여 증명되는 전자서명생성정보는 특정한 가입자에게만 유일하게 속하는 것이므로, 공인인증서에 의하여 인증되는 전자서명생성정보에 의하여 전자서명을 한 자는 그 전자서명자 본인임이 확인된다. 따라서 다른 법률에서 공인인증서를 이용하여 본인임을 확인하는 것을 제한 또는 배제하고 있지 아니한 경우에는 공인인증서에 의하여 본인임을 확인할 수 있다(전자서명법 18조의2).

제2. 공인인증서의 종류

1. 개 설

공인인증서는 인증기관이 인증하는 대상에 따라 신원인증서(Identifying Certificate), 자격인증서(Authorizing Certificate), 거래인증서(Transactional Certificate), 일시인부인증서(日時印附認證書: Time-Stampting Certificate)로 구분된다.

2. 신원인증서

신원인증서는 인증기관이 서명자의 신원을 확인하여 일정한 전자서명검증정보가 어느 가입자에 속하는 것인가를 확인하여 전자서명자의 동일성을 증명하는 인증서를 말한다. 인증서를 특정하지 아니하고 일반적으로 인증서라고 하는 경우는 보통이 신원인증서를 가리킨다.

3. 자격인증서

자격인증서는 가입자의 신원과 함께 가입자가 대리인 또는 대표기관 등으로서 일정한 자격이나 대리권 또는 대표권 등의 일정한 권한이 있음을 증명하는 인증서이다.

4. 거래인증서

거래인증서는 인증기관이 어느 특정 거래에 관하여 일정한 법률관계 또는 사실이 존재하였음을 증명하는 인증서를 말한다.

5. 일시인부인증서

일시인주인증서는 어느 전자문서가 일정한 일시에 존재하였다는 사실을 증명하는 인증서이다. 공인인증기관은 가입자 또는 인증서를 이용하는 자의 신청이 있는 경우에는 전자문서가 당해 공인인증기관에 제시된 시점(時點)을 전자서명하여 확인할 수 있다(전자서명법 20조). 일시인부인증서가 거래인증서와 결합하여 이용되는 경우에는 내용증명우편과 동일한 법적 효과가 있다.

제3. 공인인증서의 발급

공인인증기관은 공인인증서를 발급받고자 하는 자에게 공인인증서를 발급한다(전자서명법 15조 1항). 공인인증서를 발급하는 때에는 그 발급을 받고자 하는 자의 신원을 확인하여야 한다. 공인인증서 발급에 따른 신원확인 절차 및 방법 등에 관한 사항은 행정안전부령으로 정한다(전자서명법 15조 6항).

공인인증서에는 가입자의 이름(법인의 경우에는 그 명칭), 가입자의 전자서명검증정보, 가입자와 공인인증기관이 이용하는 전자서명 방식, 공인인증서의 일련번호, 공인인증서의 유효기간, 공인인증기관의 명칭 등 공인인증기관임을 확인할 수 있는 정보, 공인인증서의 이용범위 또는 용도의 제한에 관한 사항, 가입자가 제3자를 위한 대리권 등을 갖는 경우 또는 직업상 자격 등의 표시를 요청한 경우 그 대리권 또는 자격 등에 관한 사항, 공인인증서임을 나타내는 표시 등이 포함되어야 한다(전자서명법 15조 2항).

공인인증기관은 공인인증서를 발급받고자 하는 자의 신청이 있는 경우에는 공인인증서의 이용범위 또는 용도를 제한하는 공인인증서를 발급할 수 있다(전자서명법 15

조 4항). 공인인증서의 유효기간은 공인인증서의 이용범위 및 용도, 이용된 기술의 안전성과 신뢰성 등을 고려하여 공인인증기관이 적정하게 정하여야 한다(전자서명법 15조 5항).

제4. 공인인증서의 관리

공인인증기관은 가입자가 발급받은 공인인증서의 유효기간 이내에 당해 공인인증서의 기재사항 또는 공인인증서와 결부된 정보가 정확하고 완전하게 유지되도록 상당한 주의를 기울여야 하며(전자서명법 22조의2 1항), 가입자의 공인인증서와 인증업무에 관한 기록도 안전하게 보관·관리하여야 한다(전자서명법 22조 1항).

공인인증기관은 이용자가 공인인증서에 의하여 i) 공인인증기관의 명칭 등 공인인증기관임을 확인할 수 있는 정보, ii) 가입자가 당해 공인인증서가 발급된 당시에 전자서명생성정보를 지배·관리하고 있는 사실, iii) 공인인증서의 발행 전에 전자서명생성정보가 유효한 사실 등을 확인할 수 있도록 쉬운 수단을 제공하여야 한다(전자서명법 22조의2 2항).

공인인증기관은 또 이용자가 i) 서명자의 신원을 확인할 수 있는 방법, ii) 전자서명생성정보 또는 공인인증서의 사용목적이나 사용금액에 대한 제한, iii) 공인인증기관이 부담하는 책임의 범위 또는 정도 등을 확인할 수 있도록 쉬운 수단을 제공하여야 한다(전자서명법 22조의2 3항).

제5. 공인인증서의 효력 소멸

1. 개 설

공인인증기관이 발급한 공인인증서는 공인인증서의 유효기간이 경과한 때, 공인인증기관의 지정이 취소된 때, 공인인증서의 효력이 정지된 때, 공인인증서가 폐지된 때에 그 효력이 소멸된다(전자서명법 16조 1항).

2. 공인인증서의 효력 정지

1) 직권에 의한 효력 정지

행정안전부장관은 인증업무를 휴지 또는 폐지하였거나 인증업무가 정지된 공인인증기관의 전자서명생성정보가 분실·훼손 또는 도난·유출되는 등의 경우에는 인증업무의 안전성과 신뢰성 확보를 위하여 해당 공인인증기관이 발급한 모든 공인인증서의 효력을 정지할 수 있다(전자서명법 16조 2항). 행정안전부장관은 공인인증서의 효력을 정지한 때에는 그 사실을 항상 확인할 수 있도록 지체없이 한국정보보호진흥원으로 하여금 필요한 조치를 하게 하여야 한다(전자서명법 16조 3항).

2) 신청에 의한 효력 정지

공인인증기관은 가입자 또는 그 대리인의 신청이 있는 경우에는 공인인증서의 효력을 정지하여야 한다(전자서명법 17조 1항). 공인인증기관이 공인인증서의 효력을 정지한 때에는 그 사실을 항상 확인할 수 있도록 지체없이 필요한 조치를 취하여야 한다(전자서명법 17조 2항).

3. 공인인증서의 폐지

공인인증기관은 공인인증서에 관하여 가입자 또는 그 대리인이 공인인증서의 폐지를 신청한 경우, 가입자가 사위 기타 부정한 방법으로 공인인증서를 발급받은 사실을 인지한 경우, 가입자의 사망·실종선고 또는 해산 사실을 인지한 경우, 가입자의 전자서명생성정보가 분실·훼손 또는 도난·유출된 사실을 인지한 경우에는 당해 공인인증서를 폐지하여야 한다(전자서명법 18조 1항). 공인인증기관이 공인인증서를 폐지한 때에는 그 사실을 항상 확인할 수 있도록 지체없이 필요한 조치를 취하여야 한다(전자서명법 18조 2항).

제6. 공인인증서의 효력 회복

공인인증기관이 가입자나 그 대리인의 신청에 의하여 공인인증서의 효력을 정지한 경우에, 가입자 또는 그 대리인이 공인인증서 효력 회복의 신청을 한 때에는 공인인증기관은 정지된 공인인증서의 효력을 회복하여야 한다. 공인인증서 효력회복의 신청은 공인인증서의 효력이 정지된 날부터 6월 이내에 하여야 한다(전자서명법 17조 1항). 공인인증기관이 공인인증서의 효력을 회복한 경우에는 그 사실을 항상 확인할 수 있도록 지체없이 필요한 조치를 취하여야 한다(전자서명법 17조 2항).

제4절 공인인증기관

제1. 의의

공인인증기관은 공인인증업무를 수행하는 국가기관이나 지방자치단체 또는 법인이다. 공인인증기관은 인증업무에 관한 시설의 안전성 확보를 위하여 행정안전부령이 정하는 보호조치를 취하여야 한다(전자서명법 18조의3).

제2. 공인인증기관의 인증체계

공인인증기관의 인증체계는 행정안전부 산하의 최상위인증기관과 이 최상위인증기관의 인증을 받은 공인인증기관으로 이루어져 있다. 최상위인증기관에는 정부부문의 최상위인증기관인 중앙사무관장기관(행정전자서명인증관리센터)와 함께 민간부문의 최상위인증기관인 한국정보보호진흥원(한국인터넷진흥원)이 있다. 중앙사무관장기관은 정부인증기관에 대한 인증기관이며,[6] 한국정보보호진흥원은 공인인증기관에 대한 인증기관이다.

따라서 공인인증기관은 한국정보보호진흥원의 인증을 받아 인증업무를 수행한다. 한국정보보호진흥원은 공인인증기관에 대한 공인인증서 발급·관리 등의 인증업무

---

6) 중앙사무관장기관의 장은 행정전자서명에 대한 인증업무를 수행하며, 그 인증업무를 수행할 때 공인전자서명과의 호환성을 높이기 위하여 행정안전부장관과 협의하여 행정전자서명에 대한 기술표준을 마련하고, 행정전자서명과 공인전자서명이 서로 연계될 수 있는 방안을 마련하여야 한다(전자정부법 29조 2,3항).

외에, 공인인증기관으로 지정받고자 하는 자가 갖추어야 할 시설 및 장비에 대한 심사(전자서명법 4조), 공인인증기관의 인증업무에 관한 시설 및 장비・장부・서류 기타 물건에 대한 검사(전자서명법 14조), 행정안전부령이 정하는 보호조치에 대한 심사 및 기술 지원(전자서명법 18조의3), 공인인증기관의 시설 및 장비의 안전운영 여부에 관한 점검(전자서명법 19조 2항) 등의 업무를 수행한다(전자서명법 25조 1항).

한국정보보호진흥원은 인증업무준칙을 작성하여 행정안전부장관에게 신고하여야 하고, 자신이 발급한 공인인증서의 유효성 여부를 누구든지 항상 확인할 수 있도록 인증업무에 관한 시설 및 장비를 안전하게 운영하여야 하며, 공인인증기관에 대하여 정당한 사유 없이 인증역무의 제공을 거부하거나, 부당하게 차별하여서는 안 된다(전자서명법 25조 2항). 한국정보보호진흥원은 공인인증기관에 대한 심사・기술지원・점검 및 공인인증서 발급 등 전자서명인증관리업무와 관련하여 수수료 등을 부과할 수 있다(전자서명법 25조 3항).

제3. 공인인증기관의 지정

1. 행정안전부장관의 지정

공인인증기관이 되기 위해서는 행정안전부장관으로부터 공인인증기관으로 지정되어야 한다. 공인인증기관으로 지정될 수 있는 자는 국가기관・지방자치단체 또는 법인에 한한다(전자서명법 4조 2항). 행정안전부장관은 공인인증업무를 안전하고 신뢰성 있게 수행할 능력이 있다고 인정되는 자를 공인인증기관으로 지정할 수 있다(전자서명법 4조 1항). 행정안전부장관이 공인인증기관을 지정하는 경우 공인인증시장의 건전한 발전 등을 위하여 국가기관, 지방자치단체 또는 비영리법인과 특별법에 의하여 설립된 법인에 대하여는 설립목적에 따라 인증업무의 영역을 구분하여 지정할 수 있다(전자서명법 4조 4항). 공인인증기관 지정의 유효기간은 지정받은 날부터 3년이다(동법시행령 3조의2).

2. 지정 요건

공인인증기관으로 지정받고자 하는 자는 기술능력과 재정능력, 시설 및 장비 기타 필요한 사항을 갖추어야 한다(전자서명법 4조 3항).

1) 기술능력

공인인증업무에 필요한 시설·장비 운영인력으로서 i) 정보통신기사·정보처리기사 및 전자계산기조직응용기사 이상의 국가기술자격 또는 이와 동등 이상의 자격이 있고, ii) 정보보호 또는 정보통신 운영·관리 분야에서 2년 이상 근무한 경력이 있으며, iii) 한국인터넷진흥원에서 실시하는 인증업무에 관한 시설 및 장비의 운영·비상복구대책 및 침해사고의 대응 등에 관한 교육과정을 이수한 12인 이상이 있어야 한다.

2) 재정능력

공인인증기관으로 지정되기 위해서는 자본금이 80억 원 이상이어야 한다. 다만, 국가기관 또는 지방자치단체가 공인인증기관으로 지정받는 경우에는 이 재정능력은 요구되지 아니한다.

3) 시설 및 장비

공인인증기관으로 지정되기 위해서는 인증업무의 수행에 필요한 설비와 이들 설비의 관리·운영 절차 및 방법을 정한 내부규정이 있어야 한다. 인증업무의 수행에 필요한 설비로는 가입자의 등록정보를 관리하기 위한 설비, 전자서명생성정보 및 전자서명검증정보를 생성·관리하기 위한 설비, 공인인증서를 생성·발급·관리하기 위한 설비, 전자문서가 공인인증기관에 제시된 시점을 확인하기 위한 설비, 인증업무에 관한 시설 및 장비를 안전하게 운영하기 위한 보호설비, 공인인증기관이 공인인증역무와 관련하여 가입자에게 제공하는 설비 등이다.

3. 지정 결격사유

법인의 임원 중 i) 금치산자·한정치산자 또는 파산선고를 받은 자로서 복권되지 아니한 자, ii) 금고 이상의 실형의 선고를 받고 그 집행이 종료되거나 집행이 면제된 날부터 2년이 경과되지 아니한 자, iii) 금고 이상의 형의 집행유예의 선고를 받고 그 집행유예기간 중에 있는 자, ⅳ) 법원의 판결 또는 다른 법률에 의하여 자격이 상실 또는 정지된 자, ⅴ) 공인인증기관 지정이 취소된 법인의 지정 취소 당시 임원이었던 자로서 지정이 취소된 날부터 2년이 경과되지 아니한 자가 있는 경우에 그 법인은 공인인증기관으로 지정될 수 없다(전자서명법 5조). 공인인증기관 지정이 취소된 법인이 그 지정 취소 후 2년이 경과되지 아니한 때에도 그 법인은 공인인증기관으로 지정될 수 없다(전자서명법 5조).

4. 지정절차

공인인증기관의 지정절차 기타 필요한 사항은 대통령령으로 정한다(전자서명법 4조 5항).

제4. 공인인증업무준칙

공인인증기관은 인증업무를 개시하기 전에 공인인증업무준칙을 작성하여 행정안전부장관에게 신고하여야 한다(전자서명법 6조 1항). 공인인증기관은 공인인증업무준칙을 작성함에 있어서 행정안전부장관이 정하여 고시하는 공인인증업무준칙 작성표준과 전자서명인증업무지침에 따라야 한다(전자서명법 6조 2항). 공인인증업무준칙에는 인증업무의 종류, 인증업무의 수행방법 및 절차, 공인인증역무의 이용조건, 기타 인증업무의 수행에 관하여 필요한 사항이 포함되어야 한다.

행정안전부장관은 인증업무의 안전성과 신뢰성 확보 및 가입자의 이익 보호를 위하여 행정안전부장관에게 신고한 인증업무준칙의 내용이 행정안전부장관이 고시하는 공인인증업무준칙 작성표준과 전자서명인증업무지침에 위반되는 경우 상당한 기간을 정하여 당해 공인인증기관에게 인증업무준칙의 변경을 명할 수 있다(전자서명법 6조 4항). 공인인증기관이 신고한 사항을 변경하는 경우 그 변경되는 공인인증업무준칙에 따라 인증업무를 수행하기 15일전까지 그 변경을 행정안전부장관에게 신고하여야 한다(전자서명법 6조 3항).

전자서명인증업무지침은 공인인증기관이 인증업무 수행에 있어 지켜야 할 구체적인 기준이다. 행정안전부장관은 인증업무의 안전성과 신뢰성을 확보하기 위하여 공인인증기관이 인증업무수행에 있어 지켜야 할 구체적 사항을 전자서명인증업무지침으로 정하여 고시할 수 있다(전자서명법 8조 1항). 이 전자서명인증업무지침에는 공인인증서의 관리에 관한 사항, 전자서명생성정보의 관리에 관한 사항, 공인인증기관 시설의 보호에 관한 사항, 그 밖에 인증업무 및 운영관리에 관한 사항이 포함되어야 한다(전자서명법 8조 2항).

제5. 인증업무

1. 인증역무의 제공

공인인증기관은 당해 공인인증기관으로부터 전자서명생성정보를 인증받은 가입자에 대하여 공인인증서의 발급, 인증관련 기록의 관리 등 공인인증역무를 제공하여야 한다. 공인인증기관은 인증역무의 제공에 있어서 가입자 및 인증역무 이용자의 개인정보를 보호하여야 하며, 정당한 사유 없이 인증역무의 제공을 거부하거나(전자서명법 7조 1항), 가입자 또는 인증역무 이용자를 부당하게 차별해서는 안 된다(전자서명법 7조 2항).

또 공인인증기관은 자신이 발급한 공인인증서가 유효한지 여부를 누구든지 항상 확인할 수 있도록 해야 한다(전자서명법 19조 1항). 공인인증기관은 인증역무의 제공에 있어서 공인인증서의 유효기간 이내에 당해 공인인증서의 기재사항 또는 공인인증서와 결부된 정보가 정확하고 완전하게 유지되도록 상당한 주의를 기울여야 한다(전자서명법 22조의2 1항).

공인인증기관은 공인인증서의 발급을 신청하는 자 또는 인증역무를 제공받는 자에게 그 대가로서 수수료 등 필요한 요금을 부과할 수 있다(전자서명법 28조).

2. 인증역무의 안전성 및 신뢰성 확보

1) 시설 · 장비 · 전자서명생성정보의 안전 관리

공인인증기관은 자신이 발급한 공인인증서가 유효한지의 여부를 누구든지 항상 확인할 수 있도록 인증업무에 관한 시설 및 장비를 안전하게 운영하여야 하며(전자서명법 19조 1항), 그 시설 및 장비의 안전 운영 여부에 관하여 정기적으로 한국정보보호진흥원의 점검을 받아야 한다(전자서명법 19조 2항). 공인인증기관이 그 지정된 후 보유 시설 및 장비를 변경하는 경우에는 지체없이 행정안전부장관에게 이를 신고하여야 하며, 이 경우 행정안전부장관은 한국정보보호진흥원으로 하여금 당해 시설 및 장비의 안전성 여부를 점검하게 할 수 있다(전자서명법 19조 3항).

공인인증기관은 자신이 이용하는 전자서명생성정보를 안전하게 보관·관리해야 하며, 당해 전자서명생성정보가 분실·훼손 또는 도난·유출되거나 훼손될 수 있는 위험을 인지한 때에는 지체없이 그 사실을 한국정보보호진흥원에 통보하고 인증업무의 안전성과 신뢰성을 확보할 수 있는 대책을 마련하여야 한다(전자서명법 21조 4항).

2) 가입자의 전자서명생성정보에 관한 의무

가입자가 그 전자서명생성정보가 분실·훼손 또는 도난·유출되거나 훼손될 수 있는 위험을 인지한 때에는 그 사실을 공인인증기관에 통보하고, 그 통보 내용을 이용자에게 고지하여야 하는데(전자서명법 21조 1항), 공인인증기관은 가입자가 이러한 사실을 통보하거나 고지할 수 있는 수단을 제공하여야 한다(전자서명법 21조 2항).

공인인증기관은 가입자의 신청이 있는 경우 외에는 가입자의 전자서명생성정보를 보관하여서는 안 되며, 가입자의 신청에 의하여 그의 전자서명생성정보를 보관하는 경우 당해 가입자의 동의 없이 이를 이용하거나 유출해서는 안 된다(전자서명법 21조 3항).

3) 가입자인증서 보관의무

공인인증기관은 가입자인증서 등을 당해 공인인증서의 효력이 소멸된 날부터 10년 동안 보관하여야 한다(전자서명법 22조 2항).

4) 이용자에 대한 의무

공인인증기관은 이용자가 공인인증서에 의하여 공인인증기관의 명칭 등 공인인증기관임을 확인할 수 있는 정보, 가입자가 당해 공인인증서가 발행된 당시에 전자서명생성정보를 지배·관리하고 있는 사실, 공인인증서의 발행 전에 전자서명생성정보가 유효한 사실, 서명자의 신원을 확인할 수 있는 방법, 전자서명생성정보 또는 공인인증서의 사용 목적이나 사용 금액에 대한 제한, 공인인증기관이 부담하는 책임의 범위 또는 정도를 확인할 수 있도록 쉬운 수단을 제공하여야 한다(전자서명법 22조의2 2,3항).

제6. 공인인증기관 지정 취소

공인인증기관이 사위 기타 부정한 방법으로 공인인증기관 지정을 받은 경우와 인증업무의 정지명령을 받은 자가 그 명령에 위반하여 인증업무를 정지하지 아니한 경우에는 행정안전부장관은 반드시 그 지정을 취소해야 한다(전자서명법 12조 1항 단서).

공인인증기관이 그 지정을 받은 날부터 6월 이내에 인증업무를 개시하지 않거나 6월 이상 계속하여 인증업무를 휴지한 경우, 인증업무준칙 변경 명령에 위반한 경우, 시정명령을 정당한 사유 없이 이행하지 않는 경우에는 행정안전부장관은 6월 이내의 기간을 정하여 인증업무의 전부 또는 일부의 정지를 명하거나 지정을 취소할 수 있다(전자서명법 12조 1항). 행정안전부장관이 공인인증기관에 대해 지정취소를 하고자 하는 경우에는 청문을 실시하여야 한다(전자서명법 29조).

공인인증기관 지정이 취소된 경우 그 공인인증기관은 가입자인증서 등을 다른 공인인증기관에게 인계하여야 하고, 가입자인증서 등을 부득이한 사유로 인하여 인계할 수 없는 때에는 그 사실을 행정안전부장관에게 지체 없이 신고하여야 한다(전자서명법 12조 2항). 행정안전부장관이 이 신고를 받은 때에는 한국정보보호진흥원에 대하여 당해 공인인증기관의 가입자인증서 등을 인수하도록 명할 수 있다(전자서명법 12조 2항, 10조 4항).

제7. 인증업무의 양수

공인인증기관이 다른 공인인증기관의 인증업무를 양수하거나 다른 공인인증기관인 법인을 합병하고자 하는 경우에는 행정안전부장관에게 신고하여야 한다(전자서명법 9조 1항). 인증업무를 양수한 공인인증기관 또는 합병한 경우의 합병 후 존속하는 법인이나 합병으로 설립된 법인은 종전의 공인인증기관의 지위를 승계한다(전자서명법 9조 2항).

제8. 손해배상책임

공인인증기관은 인증업무 수행과 관련하여 가입자 또는 공인인증서를 신뢰한 이용자에게 손해를 입힌 때에는 그 손해를 배상하여야 한다(전자서명법 26조 1항 본문). 이 경우 공인인증기관의 고의 또는 과실에 대해서는 당해 공인인증기관이 그 부존재에 대한 입증책임을 지며, 공인인증기관이 자신에게 고의나 과실이 없음을 입증하면 손해배상책임이 면제된다(전자서명법 26조 1항 단서). 공인인증기관은 이 손해배상책임을 부담할 경우 그 이행을 확보하기 위하여 손해배상책임보험에 반드시 가입하여야 한다(전자서명법 26조 2항).

제5절 상호인정

제1. 의의

정부는 전자서명의 상호인정을 위하여 외국정부와 협정을 체결할 수 있다(전자서명법 27조의2 1항). 전자서명의 상호인정은 상호인정의 협정을 체결한 당사국이 서로 상대방 국가의 공인인증기관의 법적 지위를 자국의 공인인증기관과 동일하게 취급하고, 그 공인인증서에 대하여는 자국의 공인인증서와 동일한 효력을 부여하는 것을 말한다.

제2. 상호인정 협정의 체결

우리나라 정부가 외국 정부와 전자서명의 상호인정을 위한 협정을 체결하는 경우에는 외국의 인증기관 또는 외국의 인증기관이 발급한 인증서에 대하여 전자서명법에 의한 공인인증기관 또는 공인인증서와 동일한 법적 지위 또는 법적 효력을 부여하는 것을 그 협정의 내용으로 할 수 있다(전자서명법 27조의2 2항). 정부가 외국정부와 전자서명의 상호인정에 관한 협정을 체결한 경우에 행정안전부장관은 그 내용을 고시하여야 한다(전자서명법 27조의2 3항).

제3. 상호인정의 효력

우리나라 정부와 외국정부 사이에 상호인정의 협정이 체결되어 발효된 경우에는 우리나라 정부와 협정을 체결한 상대방 외국의 공인인증기관의 전자서명 또는 인증서는 우리나라 공인전자서명 또는 공인인증서와 동등한 효력을 가진 것으로 간주된다(전자서명법 27조의2 4항).

제6절 벌칙

가입자의 신청 없이 가입자의 전자서명생성정보를 보관하거나 전자서명생성정보의 보관을 신청한 가입자의 승낙 없이 이를 이용하거나 유출한 자, 타인의 전자서명생성정보를 도용 또는 누설한 자, 타인의 명의로 공인인증서를 발급받거나 발급받을 수 있도록 한 자는 3년 이하의 징역 또는 3천만 원 이하의 벌금에 처한다(전자서명법 31조).

또 가입자인증서 등을 보관하지 아니한 공인인증기관이나, 공인인증서를 이용범위 또는 용도에서 벗어나 부정하게 사용한 자, 행사하게 할 목적으로 다른 사람에게 공인인증서를 양도 또는 대여하거나 행사할 목적으로 다른 사람의 공인인증서를 양도 또는 대여 받은 자는 1년 이하의 징역 또는 1천만 원 이하의 벌금에 처한다(전자서명법 32조).

법인의 대표자나 법인 또는 개인의 대리인, 사용인, 그 밖의 종업원이 당해 법인 또는 개인의 업무에 관하여 이러한 위반행위를 하면 그 행위자를 벌하는 외에 당해 법인 또는 개인에게도, 그 위반행위를 방지하기 위하여 해당 업무에 관하여 상당한 주의와 감독을 게을리 하지 아니한 경우를 제외하고, 행위자와 동일한 벌금형을 부과한다(전자서명법 33조).

이밖에 인증업무준칙의 신고 또는 변경신고를 하지 아니하거나 인증업무준칙의 변경에 관한 명령을 이행하지 아니한 자, 정당한 사유 없이 인증역무의 제공을 거부하거나 가입자 또는 이용자를 부당하게 차별한 자, 인증업무의 휴지 또는 인증업무의 폐지 사실을 가입자에게 통보하지 아니하거나 행정안전부장관에게 신고하지 아니한 자, 정당한 사유 없이 다른 공인인증기관에게 가입자인증서 등을 인계하지 아니하거나 신고하지 아니한 자 등에 대해서는 500만 원 이하의 과태료에 처한다(전자서명법 34조).

Chapter 06 전자계약

제1절 전자계약의 개념

컴퓨터나 스마트폰을 이용한 전자계약의 체결이 갈수록 크게 증가되고 있다. 계약 당사자들이 직접 대면하지 않고 컴퓨터나 스마트폰을 이용하여 계약을 체결함으로써 시간과 비용을 절감하는 경제적 후생효과가 여간 크지 않다.

컴퓨터나 스마트폰을 이용하여 계약을 체결하는 유형은 다양하다. 먼저 당사자가 계약의 내용을 결정하고 컴퓨터로 작성한 문서를 출력하여 계약을 체결하는 경우, 인터넷폰이나 채팅을 이용하여 계약을 체결하는 경우, 당사자가 전자문서의 송·수신에 의하여 계약을 체결하는 경우, 당사자가 일정한 프로그램과 정보를 입력하면 컴퓨터의 연산작용에 의하여 계약의 구체적인 내용이 결정되어 상대방에게 전송됨으로써 계약이 체결되는 경우 등이 있다.

이 중 컴퓨터로 문서를 작성한 후 이를 출력하여 상대방에게 우송하거나 컴퓨터의 팩스기능을 이용하여 상대방에게 전송하여 계약을 체결하는 것은 종래 우편이나 팩스를 통한 계약의 체결과 동일하다. 전자계약은 특히 청약 또는 승낙의 의사표시가 정보처리시스템을 통하여 전자적 방법으로 체결되는 계약을 일컫는다.

전자계약은 전자거래 중 특히 일정한 법률효과의 발생을 목적으로 하는 당사자간의 전자적 의사표시의 합치에 의하여 성립하는 법률행위라 할 수 있다. 전자계약도 의사표시의 합치에 의하여 이루어진다는 점에서 전통적인 계약과 동일하나, 다만 청약과 승낙의 의사표시가 모두 또는 어느 하나가 컴퓨터 등의 정보처리장치를 통하여 전자적 방식에 의하는 것이라는 점에서 그 특징이 있다.

제2절 전자계약의 특징

계약은 일반적으로 청약과 승낙이 합치함으로써 성립되는 외에, 교차청약과 의사실현에 의하여도 성립된다(민법 제527~533조). 전자계약도 이와 같이 세 가지 형태로 성립될 수 있으나, 전자계약에 있어서는 청약과 승낙의 의사표시가 통상적인 계약의 체결에서와는 달리 컴퓨터 등의 정보처리장치를 통하여 전자적 방식으로 이루어진다. 따라서 전자계약에 있어서 청약과 승낙의 효력발생시기 및 계약의 성립시기가 문제 된다.

전자계약에서는 판매자가 계약의 내용이나 거래조건을 웹사이트나 홈페이지 또는 쇼핑몰에 게시하고 소비자는 판매자가 일방적으로 제시한 조건의 선택을 강요받거나 성급한 계약체결의 유혹을 받기 쉬운 지위에 있으며, 계약내용을 결정할 자유가 없다. 이 때문에 전자계약에서는 특히 소비자의 이익이 침해될 가능성이 많으며, 소비자를 보호하는 입법정책적 배려가 요구된다.

전자계약을 시스템계약으로 보는 입장에서는 전자계약의 특징으로서 통합성(統合性)과 직접성(直接性), 고정성(固定性)이 지적되기도 한다.[1] 시스템계약은 전자계약이 컴퓨터 등의 정보처리장치와 정보통신망을 이용하여 이루어지므로 정보통신망서비스 제공자와의 정보통신망서비스이용계약, 정보통신서비스 제공자와의 정보통신서비스이용계약 등 여러 계약관계가 중첩적으로 존재하고 있는 것을 일컫는 개념이다. 그리하여 전자계약은 하나의 시스템계약으로서 하나의 계약에 관하여 여러 가지 부분계약이 체결되면, 개개의 계약은 서로 분리될 수 없는 성질을 가진다고 한다. 또 각 개별계약은 상호 결합되어 있기 때문에 하나의 계약의 불이행은 다른 개별계약에도 영향을 미치며, 계약의 내용이 컴퓨터에 입력·저장되며 과거의 계약내용이 장래의 계약체결에도 고정화된다는 것이다.[2]

사실 전자계약에서는 이와 같이 여러 개의 부분계약관계가 중첩적으로 존재하고, 어느 부분계약에 하자나 장애가 있는 때에는 주된 계약 자체가 체결되지 않거나 그 이행이 곤란하게 된다. 그러나 가령 정보통신망서비스 제공자와의 계약관계를 당사자 간의 개별적인 전자계약의 성립과 효력에 결부시키는 것은 곤란하며, 전자계약

1) 김상용, 전게 "자동화된 의사표시와 시스템계약", 60~61면.
2) 김상용, 상게논문, 61면.

의 상대방에게 귀책사유가 없는 한 상대방의 책임을 추궁하기 어려우므로, 당사자 간의 계약관계와 부분계약관계를 구분해야 한다.

제3절 전자계약의 성립

제1. 개설

계약은 일반적으로 청약과 승낙의 의사표시가 합치됨으로써 성립하나, 그 밖에 교차청약과 의사실현에 의하여 성립되기도 한다. 교차청약(交叉請約)은 당사자가 동일한 내용을 가지는 청약을 서로 행하는 것으로서 양 당사자의 청약이 상대방에게 도달한 때 계약이 성립한다(민법 533조). 의사실현에 의한 계약 성립은 청약자의 의사표시 또는 관습에 의하여 승낙의 통지를 필요로 하지 않는 경우에 승낙의 의사표시로 인정되는 사실이 있는 때에 계약이 성립되는 것이다(민법 532조).

따라서 전자거래에서도 우연히 두 당사자가 서로 상대방에 대하여 그 내용이 합치되는 청약의 의사표시를 한 때에는 그 규정에 의하여 전자계약이 성립된다. 의사실현에 의한 계약의 성립도 가령 청약자가 급부의 목적으로 제공될 프로그램을 상대방에게 전송하면서 계약체결의 의사가 없는 때에는 실행하지 말 것을 요청하였음에도 불구하고 이를 전송받은 청약자가 실제 실행한 때에 인정될 수 있다.

그러나 가장 전형적인 계약의 성립은 청약과 승낙의 의사표시가 합치되는 경우이다. 전자계약에 있어서도 청약과 승낙의 의사표시가 전자적 방법으로 이루어지고, 그 의사표시의 내용이 합치될 때 전자계약이 체결되는 것이다. 전자계약에 있어서 교차청약이나 의사실현에 의하여 계약이 성립되는 경우에도 청약은 전자적 방법에 의하므로 이하에서는 청약과 승낙에 의한 전자계약의 성립을 중심으로 살펴본다.

제2. 청약

1. 청약의 의의

청약은 이에 일치하는 승낙과 결합하여 일정한 계약을 성립시킬 것을 목적으로 하는 일방적·확정적 의사표시이다. 청약은 계약의 당사자가 될 특정인에 의하여 행해져야 하나 그 상대방은 반드시 특정인이어야 하는 것은 아니며 불특정의 다수인이라도 무방하다.

2. 청약과 청약의 유인

청약은 그에 일치하는 승낙만 있으면 계약이 성립되는 확정적인 의사표시이므로, 타인으로 하여금 청약을 하도록 유도하는 청약의 유인과 구별된다.[3] 청약은 승낙이 있으면 무조건 계약이 성립되는 반면, 청약의 유인은 그 유인을 받은 자가 청약을 하고 이에 대하여 유인자가 승낙을 해야 비로소 계약이 성립하게 되는 것이다.

전자계약에서는 상품을 판매하고자 하는 자가 웹사이트나 홈페이지를 개설하거나 사이버몰에 상품에 관한 사진과 정보, 가격, 계약의 조건 등을 게시하는 경우가 많다. 상품구매자는 이를 살펴보고 자신이 원하는 상품을 선택하여 전자계약을 체결하게 된다. 이 경우 판매자가 상품의 사진과 가격 등에 관한 사항을 웹사이트 또는 쇼핑몰에 게시하는 행위가 청약의 의사표시인가 청약의 유인인가 하는 것이 문제된다.

이에 대하여 청약의 유인이라는 견해와 청약이라는 견해가 대립해 있다. 전자의 입장에서는 통신판매에서 소비자의 주문행위를 청약으로 보고 있으므로, 이 경우에도 청약의 유인으로 보는 것이 법률행위 해석의 형평상 타당하다고 한다. 후자의 입장에서는 전자거래의 일방이 웹사이트 등에 그 가격과 품질, 배달장소, 계약의 부수적 조건 등 확정적인 거래조건을 제시하고 상대방은 그 내용을 수용할 것인가의 판단만을 한다는 점에서 청약으로 보아야 한다고 한다.

생각건대, 판매자가 웹사이트나 쇼핑몰 등에 상품의 구체적인 정보를 게시하는

---

3) 곽윤직, 「재정정판 채권각론」 (박영사, 1989), 57면; 김형배, 「채권각론(상)」 (법문사, 1995), 119면. 다만 구체적인 사례에서 청약과 청약의 유인을 구별하는 것은 쉽지 않은데 이때에는 상대방의 특정 여부, 상대방의 개성이 중시되는지 여부, 계약내용에 관한 유보 여부, 당사자 간의 종래의 거래관계, 지방적 관습 등을 고려하여 판단하여야 한다.

행위가 청약인가 청약의 유인인가는 그 조건에 합치되는 소비자의 선택이 있으면 확정적으로 매도하겠다는 의사가 있는지 그렇지 않는지를 기준으로 판단해야 할 것이다. 판매자에게 그 조건에 합치되는 소비자의 선택이 있으면 확정적으로 매도하겠다는 의사가 있다면, 이것은 청약의 유인이 아니라 청약의 의사표시로 보는 것이 타당할 것이다. 이렇게 보면 소비자가 상품의 구입을 원하는 메시지를 판매자 측에 보내는 것은 승낙의 의사표시라고 해야 할 것이다.

그러나 '전자상거래 등에서의 소비자 보호에 관한 법률'은 통신판매업자에 대하여 계약체결 전의 의무로서 소비자가 계약체결 전에 재화 등에 대한 거래조건을 정확하게 이해하고 실수 또는 착오 없이 거래할 수 있도록 재화 또는 용역의 공급자 및 판매자에 관한 사항, 재화 등의 명칭·종류 및 내용, 가격, 재화 등의 공급 방법 및 시기 등을 적절한 방법으로 표시·광고 또는 고지하도록 하고 있다(동법 13조 2항). 따라서 판매업자가 웹사이트나 쇼핑몰 등에 상품의 구체적인 정보를 게시하는 행위는 이러한 표시·광고 또는 고지라고 보아야 하므로 이를 청약으로 보는 것은 곤란하다. 전자계약의 체결을 위하여 웹사이트나 쇼핑몰 등에 이러한 사항을 게시하는 경우에 이와 달리 보아야 할 근거가 없다.

또 후술하는 바와 같이 동 법률에서는 통신판매에 관하여 후술하는 바와 같이 소비자의 청약 철회에 관한 명문규정을 두고 있다. 이 법률은 전자계약에도 적용되는데, 사업자의 웹사이트 등의 상품 정보 게시를 청약으로 보면, 소비자의 구매의사표시를 승낙으로 보게 되는데, 이 때에는 소비자의 이익을 보호하기 위한 청약 철회에 관한 규정을 적용할 수 없게 된다.

이같은 점을 고려한다면 웹사이트 등에의 게시는 원칙적으로 청약의 유인으로 보는 것이 타당하다. 물론 판매업자가 거래조건에서 계약체결 메시지 등을 통해 그 게시를 확정적인 청약의 의사표시로 하는 경우도 있을 수 있겠으나, 그렇지 않는 일반적인 경우에는 그 게시를 청약의 유인으로 보아야 할 것이다. 이렇게 보면 웹사이트 등에 상품의 내용과 가격, 거래조건 등을 보고 그 구매의 의사를 표시하는 구매자의 주문이 청약으로 된다.

3. 청약의 구속력

청약이 효력을 발생한 때에는 청약자는 그 청약을 임의로 철회하지 못한다(민법 527조). 이를 청약의 구속력이라 한다. 청약이 있게 되면 이를 수령한 상대방이 승낙함으로써 계약이 성립되고, 따라서 상대방은 이 청약을 믿고 계약체결을 위한 준비를 하므로 상대방의 신뢰와 거래안전의 보호를 위하여 청약자가 그 청약을 함부로 철회하지 못하도록 한 것이다.

청약의 구속력은 청약의 효력이 발생한 때, 즉 청약의 의사표시가 상대방에게 도달한 때에 생긴다. 청약을 전자문서로 한 경우에는 그 전자문서를 수신한 때 청약의 구속력이 생긴다. 전자문서의 수신시기는 i) 수신자가 전자문서를 수신할 정보처리시스템을 지정한 때에는 지정된 정보처리시스템에 입력된 때, ii) 전자문서가 지정된 정보처리시스템이 아닌 정보처리시스템에 입력된 경우에는 수신자가 출력한 때, iii) 수신자가 전자문서를 수신할 정보처리시스템을 지정하지 않은 경우에는 수신자가 관리하는 정보처리시스템에 입력된 때이므로(전자거래기본법 6조 2항), 청약의 구속력도 이 때 생긴다고 보아야 한다.

청약의 구속력은 승낙기간을 정하여 청약한 때에는 그 승낙기간, 승낙기간을 정하지 아니하고 청약을 한 때에는 승낙에 필요한 상당한 기간 동안 존속된다.[4]

제3. 승낙

청약에 대해 그에 일치하는 승낙만 있으면 계약이 성립된다. 승낙은 청약의 상대방이 청약자에 대하여 청약에 따라 계약을 성립시킬 목적으로 하는 의사표시이다. 승낙은 보통 문자 또는 말로서 그 의사표시를 하지만 전자문서로도 할 수 있으며, 경우에 따라서는 클릭도 승낙의 의사표시로 될 수 있다.

승낙 여부는 청약을 받은 자의 자유로운 선택에 달려 있다. 그러나 승낙은 청약의 효력이 발생한 때로부터 그 효력이 소멸될 때까지 하여야 한다. 대화자간에 승낙기간의 정함이 없는 청약에 대해서는 즉시 승낙하지 아니한 때에는 그 효력을 잃는다(상법 51조). 승낙기간을 정한 때에는 그 기간 내에 승낙의 통지가 청약자에게 도달하여야 계약이 성립된다. 승낙의 통지가 승낙기간 후에 도달한 경우에는 보통 그 기간 내에 도달할 수 있는 발송인 때에도, 청약자가 그 도달 전에 지연의 통지 또는 그 도달 후 연착의 통지를 발송한 때를 제외하고는, 계약은 성립되지 아니한다(민법 528조 2항).

---

4) 청약자가 청약의 의사표시에 언제든지 철회할 수 있다는 뜻을 유보한 경우나 승낙기간을 정하지 않은 대화자간의 청약의 경우에는 청약의 구속력이 인정되지 않는다.

또 특히 상인이 상시 거래관계에 있는 자로부터 그 영업부류에 속하는 계약의 청약을 받은 때에는 지체없이 승낙 여부의 통지를 발송하여야 하며, 이를 해태한 때에는 승낙한 것으로 의제된다(상법 53조).

제4. 전자계약의 성립 시기

1. 개설

현행 민법과 상법상 계약의 성립 시기는 청약자와 그 상대방이 대화자 간인가 또는 격지자(隔地者) 간인가에 따라 차이가 있다. 대화자와 격지자를 구별하는 기준은 장소적·거리적 관념이 아니라 시간적 관념이며, 당사자가 장소적으로 아무리 멀리 떨어져 있어도 전화로 통화를 하는 등 직접적인 대화가 가능하면 대화자로 보아야 한다.

전자계약의 성립시기에 관하여는 민법과 상법의 규정과 그 해석론이 적용된다. 다만, 전자계약의 성립에 있어서 전자계약이 대화자 간의 계약인가 아니면 격지자 간의 계약인가가 문제된다. 전자계약이 체결되는 과정을 보면 인터넷폰, 화상회의, 채팅 등과 같이 계약 당사자 간의 실시간 대화방식을 통하여 계약이 체결되는 경우와 컴퓨터 등의 정보처리시스템을 통하여 계약이 체결되는 경우가 있다. 전자의 경우는 대화자 간의 계약이나 후자의 경우에는 격지자 간의 계약으로 보아야 할 것이다.

2. 대화자 간의 경우

대화자 간의 계약의 성립시기에 대하여 상법 제51조는 '대화자 간의 계약의 청약은 상대방이 즉시 승낙하지 아니한 때에는 그 효력을 잃는다'고 규정하고 있다. 따라서 대화자 간의 계약에 있어서는 상대방이 즉시 승낙을 해야 계약이 성립되며, 계약 성립의 시점도 승낙이 있는 때이다. 다만, 대화자 간이라 하더라도 승낙기간의 정함이 있는 때에는 그 기간 내에, 청약자가 막연하게 후일에 승낙해도 좋다고 한 경우에는 격지자 간의 경우와 같이 상당한 기간 내에, 승낙의 통지가 청약자에게 도달한 때 계약이 성립된다.

전자계약에 있어서도 채팅 등을 통한 대화자 간의 청약에 대해서는 상대방이 즉시 승낙을 해야 계약이 성립된다. 다만, 승낙기간을 정하거나, 기간의 정함이 없이 후일 승낙해도 좋다고 한 경우에는 그 기간 또는 상당한 기간 내에 승낙의 의사표시가 도달한 때 계약이 성립된다. 이 경우에 승낙의 의사표시를 전자문서로 한다면, 그 도달 시기는 당사자 간에 다른 약정이 없는 한, 청약자가 승낙의 전자문서를 수신할 정보처리시스템을 지정한 때에는 지정된 정보처리시스템에 입력된 때에, 다른 정보처리시스템에 입력된 때에는 청약자가 이를 출력한 때에, 정보처리시스템을 지정하지 않은 경우에는 수신자가 관리하는 정보처리시스템에 입력된 때를 기준으로 해야 한다(전자거래기본법 6조 2항).

3. 격지자 간의 경우

격지자 간의 계약 성립시기에 관하여는 민법은 제531조에서 '격지자 간의 계약은 승낙의 통지를 발송한 때에 성립한다'고 하여 발신주의를 취하고 있다. 이와 동시에 민법 제528조 제1항과 제 529조에서는 승낙기간을 정한 경우에는 그 기간 내에, 승낙의 기간을 정하지 아니한 경우에는 상당한 기간 내에 청약자가 승낙의 통지를 받지 못한 때에는 청약은 그 효력을 잃는다고 규정함으로써 도달주의를 취하여 발신주의를 제한하고 있다.[5)]

따라서 이들 규정을 어떻게 해석할 것이냐에 관하여 학설은 우선 도달주의를 중시하는 설과 발신주의를 중시하는 설로 나뉘고, 발신주의를 중시하는 설은 다시 해제조건설과 정지조건설 및 청약실효설로 세분되어 있다. 도달주의를 중시하는 설은 승낙도 하나의 의사표시이므로 청약자에게 도달한 때 효력이 생기나, 다만 그 효력이 승낙의 통지를 발송한 때 소급하여 청약과 결합하여 계약을 성립시킨다고 한다. 발신주의를 중시하는 설은 민법 제531조는 계약의 성립시기에 관하여 발신주의의 예외를 인정한 것이나, 계약의 성립은 승낙이 효력을 발생하는 때이므로 결국 제531조는 승낙의 효력발생시기에 관하여 발신주의라는 예외를 규정한 것으로 해석한다.[6)] 이 설이 우리나라의 통설이다.

---

5) 격지자 간의 계약의 성립시기에 관하여 개정 전의 상법 제52조 제1항은 "격지자 간의 계약의 청약은 승낙기간이 없으면 상대방이 상당한 기간 내에 승낙의 통지를 발송하지 아니한 때에는 그 효력을 잃는다"고 규정하였으나, 이 규정은 2010년 5월 상법 개정 때 삭제되었다. 따라서 상사계약에 있어서 격지자간의 계약의 성립시기에 관하여는 민법의 규정에 의한다.

6) 곽윤직, 전게서, 66면; 김형배, 전게서, 129면.

발신주의를 중시하는 설 중 해제조건설은 승낙은 승낙기간 또는 상당한 기간 내에 도달하지 않는 것을 해제조건으로 하여 발신에 의하여 그 효력이 생겨 계약이 성립된다고 한다.[7] 정지조건설은 승낙은 그 통지가 기간 내에 청약자에게 도달된 때 그 효력이 발신 시에 소급하여 효력이 생기고, 만일 도달하지 않은 때에는 발신 시로 소급하여 그 효력을 잃어 계약이 성립하지 않는다고 한다.[8] 청약실효설은 승낙이 기간 내에 도달하지 않으면 승낙의 효력에는 영향을 주지 않으나 청약의 효력이 소멸되므로 결국 계약이 성립되지 않는다고 한다.[9]

생각건대, 계약의 성립시기에 관하여 민법 제531조가 거래의 신속을 위하여 계약의 성립에 관하여 도달주의 원칙에 대한 예외를 정한 것임을 감안하면 발신주의를 중시하는 통설이 타당하다. 승낙의 도달과 계약의 성립시기에 관하여는 민법 제531조가 명문으로 '격지자 간의 계약은 승낙의 통지를 발송한 때에 성립한다'고 규정하고 있다는 점과, 승낙의 부도달로 청약이 실효되면 승낙의 효력도 소멸된다는 점을 감안하면 해제조건설이 타당하다.

격지자 간의 전자계약에 있어서도 이와 동일하게 보아야 한다. 다만, 전자거래기본법은 전자문서의 발신과 수신시기에 관하여 특별규정을 두고 있다. 즉 당사자 간에 다른 약정이 없는 한, 승낙의 의사표시를 전자문서로 하는 경우에 그 발신시점은 수신자 또는 그 대리인이 당해 전자문서를 수신할 수 있는 정보처리시스템에 입력된 때(동법 6조 1항)이며, 수신시점은 i) 수신자가 전자문서를 수신할 정보처리시스템을 지정한 때에는 지정된 정보처리시스템에 입력된 때, ii) 전자문서가 지정된 정보처리시스템이 아닌 정보처리시스템에 입력된 경우에는 수신자가 출력한 때, iii) 수신자가 전자문서를 수신할 정보처리시스템을 지정하지 않은 경우에는 수신자가 관리하는 정보처리시스템에 입력된 때(전자거래기본법 6조 2항)이다.

그리하여 격지자 간의 전자계약의 체결에 있어서 청약자가 승낙의 전자문서를 수신할 수 있는 정보처리시스템을 지정하고 승낙기간을 정한 때에는 그 승낙기간 내에, 또 승낙기간의 정함이 없는 때에는 상당한 기간 내에, 승낙의 전자문서가 청약자에 의하여 지정된 정보처리시스템에 입력된 때 전자계약이 성립된다. 청약자가 승낙의 전자문서를 수신할 정보처리시스템을 지정하지 않은 경우에는 청약자가 관

---

7) 곽윤직, 전게서, 87면.
8) 김형배, 전게서, 134면.
9) 최식, 전게서, 48면.

리하는 정보처리시스템에 입력된 때 계약이 성립된다.

여기서 문제되는 것은 청약자가 승낙의 전자문서를 수신할 정보처리시스템을 지정하였으나, 승낙의 전자문서가 지정된 정보처리시스템이 아닌 정보처리시스템에 입력된 경우이다. 전자문서및전자거래기본법은 이 경우 수신자가 출력한 때에 수신한 것으로 보므로(동법 6조 2항 1호 단서), 전자계약의 체결에 있어서 청약자가 기간 내에 출력할 수 있었음에도 불구하고 지체하여 기간이 지난 후에 출력하는 때에는 계약이 불성립으로 된다.

승낙의 시기와 관련하여 또 하나 문제되는 것은 승낙기간의 정함이 없는 경우에 승낙이 있어야 할 상당한 기간이다. 이때 상당한 기간은 상대방이 청약의 의사표시를 수령하는 데 필요한 시간, 승낙 여부를 결정하는 데 필요한 고려기간 등의 제반 사정을 모두 참작하여야 할 것이나, 전자문서로 청약을 하는 경우에는 그 소요시간이 매우 짧다는 점을 유의할 필요가 있다.

4. 수신확인조건부 승낙의 경우

청약의 상대방이 승낙의 전자문서를 전송하면서 수신확인을 효력발생조건으로 붙인 경우에 계약은 언제 성립되는가. 앞서 기술한 바와 같이 전자문서의 작성자가 수신확인을 조건으로 전자문서를 송신한 경우에는 당사자 간에 다른 약정이 없는 한, 작성자가 수신확인통지를 받기 전까지는 그 전자문서는 송신되지 아니한 것으로 본다(전자거래기본법 9조 1항 전문). 이 경우 민법 제534조는 적용되지 아니한다(전자거래기본법 9조 1항 후문).

그리하여 청약의 상대방이 승낙의 전자문서를 발신하면서 수신확인을 조건으로 한 경우에는 새로운 청약이 아니라 바로 승낙으로 인정되며, 승낙자가 청약자의 수신확인통지를 받은 때에 승낙의 전자문서가 발신된 것으로 보는 것이다. 즉 수신확인을 조건으로 한 승낙은 승낙자가 청약자의 수신확인통지를 받아야 승낙의 전자문서를 발신한 것이 되므로, 계약의 성립 시기는 청약자의 수신확인통지가 승낙자에게 도달한 때가 된다.

이 경우 수신확인통지는 청약에서 승낙기간이 정해진 경우에는 그 승낙기간 내에, 승낙기간이 정해지지 않은 경우에는 상당한 기간 내에 도달되어야 할 것으로 본다. 통지의 방법은 승낙자가 승낙의 전자문서에서 정한 방법이 있는 때에는 그 방법에 의하여야 할 것이나, 별다른 정함이 없는 때에는 수신확인의 뜻을 읽을 수 있는 것이라면 무방하다.

5. 승낙 부도달의 위험부담

승낙의 의사표시가 청약자에게 도달하지 않는 경우에는 그 승낙 부도달의 불이익을 누가 부담하여야 하는가 문제된다. 승낙의 의사표시가 청약자에게 도달되지 않으면 계약은 성립되지 않으므로, 계약 불성립의 불이익은 결국 승낙을 한 자가 부담할 수밖에 없다. 이 경우 입증책임의 분배에 관하여 발신주의의 입장에서는 계약의 성립을 주장하는 승낙자는 승낙의 통지를 발송한 사실만 입증하면 되고, 계약의 불성립을 주장하는 청약자로서는 승낙의 의사표시가 기간 내에 도달하지 않았음을 입증하여야 한다.

이러한 이치는 전자계약에서도 타당하다. 가령 청약자의 상대방이 청약자가 지정한 정보처리장치로 승낙의 전자문서를 발송하였으나, 해킹 기타 사유로 지정된 정보처리장치에 입력되지 아니한 경우에는 결국 승낙의 전자문서를 발송한 자가 계약 불성립의 불이익을 받게 된다. 이때에는 승낙의 전자문서를 발송한 자가 그 책임이 있는 해커나 정보통신망 운영자나 정보통신서비스 제공자 등의 책임을 추궁할 수도 있지만 현실적으로 쉬운 일이 아니다. 또 승낙의 전자문서가 청약자가 지정한 정보처리시스템에 입력되었으나, 정보처리시스템의 고장 등으로 청약자가 수신사실을 알 수 없었던 경우에는 청약자가 계약상의 채무불이행 책임을 지게 됨은 물론이다.

제5. 전자계약의 성립장소

전자계약의 성립 장소는 거래당사자 사이에 준거법 및 재판관할에 관한 약정이 없는 경우에 이를 정하기 위하여 필요하다. 계약은 청약에 대한 승낙에 의하여 성립되므로 계약의 성립 장소는 승낙의 효력이 생기는 곳이다. 특히 전자문서는 작성자 또는 수신자의 영업소 소재지에서, 작성자 또는 수신자가 영업소를 가지고 있지 아니한 경우에는 그의 상거소(常居所)에서 각각 송신 또는 수신된 것으로 보므로(동법 6조 3항), 승낙을 전자문서로 한 경우에 승낙의 발신에 의하여 성립되는 계약의 성립장소는 그 승낙을 한 자의 영업소 소재지 또는 상거소이며, 승낙의 수신에 의하여 성립되는 계약의 성립장소는 승낙을 수신한 청약자의 영업소 소재지 또는 상거소이다. 영업소가 두 곳 이상인 때에는 당해 전자문서의 주된 관리가 이루어지는 영업소 소재지에서 송신 또는 수신된 것으로 본다.

제6. 당사자의 합의에 의한 변경

전자적 의사표시의 송·수신의 시기 및 수신확인, 계약 성립 장소에 관한 전자거래기본법의 규정은 임의규정이다(동법 10조). 따라서 전자계약의 체결에 있어서 당사자는 계약의 성립시기와 계약의 성립장소에 관하여 다른 약정을 할 수 있으며, 계약의 성립시기와 성립장소에 관하여 당사자 사이에 다른 약정이 있는 때에는 그 약정에 의한다.

제4절 전자계약의 효과

제1. 서설

전자상거래 등에서의 소비자보호에 관한 법률[10]은 전자상거래 또는 통신판매에 있어서 소비자의 보호를 위하여 물품을 제조(가공 또는 포장 포함)·수입·판매하거나 용역을 제공하는 사업자와 통신판매업자, 전자결제업자, 배송사업자, 호스팅서비스 제공자, 사이버몰운영자에 대하여 각종 의무를 규정하고 있다.

다만 동법은 사업자의 의무와 청약 철회 등에 관하여 전자상거래와 통신판매를 구분하여 규정하고 있다. 통신판매는 우편·전기통신, 광고물·광고시설물·전단지·방송·신문 및 잡지 등을 이용하거나 또는 판매자와 직접 대면하지 아니하고 우

10) 이 법의 규정은 사업자가 상행위를 목적으로 구입하는 거래에는 적용되지 아니한다. 다만, 사업자라 하더라도 사실상 소비자와 같은 지위에서 다른 소비자와 같은 거래조건으로 거래하는 경우에는 이 법이 적용된다. 또 전자상거래 또는 통신판매에서의 소비자보호에 관하여 이 법과 다른 법률이 경합하는 경우에는 그 법률을 적용하는 것이 소비자에게 유리한 경우를 제외하고는 법이 우선하여 적용된다.

편환·우편대체·지로 및 계좌이체 등을 이용하는 방법으로 재화 또는 용역의 판매에 관한 정보를 제공하고 소비자의 청약을 받아 재화 또는 용역을 판매하는 것을 말한다(전자상거래소비자보호법 2조 2호). 다만 전화를 이용하여 소비자에게 권유하여 계약의 청약을 받거나 계약을 체결하는 등의 방법으로 재화나 용역을 판매하는 전화권유판매와 이러한 전화권유판매를 업으로 하기 위하여 전화권유판매조직을 개설 또는 관리·운영하는 전화권유판매업자와 전화권유판매원의 거래에 관한 사항에 대해서는 방문판매등에관한법률에서 정하고 있다(동법2조 3,4호).

이 통신판매에 전자상거래가 속하는지 그렇지 않으면 전자상거래와 통신판매가 별개의 것인지, 따라서 전자상거래에 통신판매에 관한 규정이 적용되는지 여부가 명확하지 않다. 전자상거래등에서의소비자보호에관한법률은 제2조 1호에서 전자상거래에 관하여는 전자거래기본법 제2조 제5호의 규정에 의한 전자거래의 방법으로 상행위를 하는 것으로 정의하고, 통신판매에 관하여는 우편·전기통신 그 밖의 방법에 따라 재화 또는 용역의 판매에 관한 정보를 제공하고 소비자의 청약에 의하여 재화 또는 용역을 판매하는 것으로 정의하고 있다.

전자문서및전자거래기본법은 전자거래에 관하여 '재화나 용역을 거래함에 있어서 그 전부 또는 일부가 전자문서에 의하여 처리되는 거래'로 규정하고 있다(동법 2조 5호). 이 규정에 의하면, 통신판매라도 사업자와 소비자 사이에 거래의 일부가 전자문서로 처리되는 경우에는 전자상거래에도 해당되며, 통신판매에 관한 규정과 함께 전자상거래에 관한 규정이 중첩하여 적용된다. 따라서 이 법에서 전자상거래라 함은 통신판매에 해당하지 않는 전자상거래를 말하며, 전자상거래에 해당하는 통신판매에 대해서는 전자상거래에 관한 규정과 통신판매에 관한 규정이 동시에 중복하여 적용된다.

제2. 전자상거래 사업자 등의 의무

1. 전자상거래 사업자의 의무

1) 전자문서에 의한 계약 청약 등 허용 의무

전자상거래를 하는 사업자가 소비자의 회원 가입, 계약의 청약, 소비자 관련 정보의 제공 등을 전자문서를 통하여 할 수 있도록 하는 때에는, 회원탈퇴, 청약의 철회, 계약의 해지·해제·변경, 정보의 제공 및 이용에 관한 동의의 철회 등도 전자문서를 통하여 할 수 있도록 하여야 한다(전자상거래소비자보호법 5조 4항). 다만, 사업자가 전자문서로 제공하기 어려운 기술적 이유나 보안상 이유가 명백하여 이를 소비자에게 미리 고지한 경우에는 그러하지 아니하다(전자상거래소비자보호법 5조 6항).

2) 전자문서에 의한 송신의무

물품을 제조(가공·포장 포함)·수입·판매하거나 용역을 제공하는 사업자가 소비자와 미리 전자문서로 거래할 것을 약정하여 지정한 주소(정보처리시스템)로 전자문서를 송신하지 아니한 경우에는 그 사업자는 해당 전자문서에 의한 권리를 주장할 수 없다(전자상거래소비자보호법 5조 1항 본문).

다만, 긴급한 경우, 소비자도 이미 전자문서로 거래할 것을 예정하고 있는 경우, 소비자가 전자문서를 출력한 경우, 전자문서에 의한 거래가 소비자의 이익에 반하지 아니하고 당해 소비자도 해당 전자문서의 효력을 부인하지 아니하는 경우에는 전자문서를 송신하지 않더라도 그 권리를 주장할 수 있다(전자상거래소비자보호법 5조 1항 본문).

사업자가 전자문서를 사용할 때에는 소비자에게 특정한 전자서명 방법을 이용하도록 강요하거나 소비자가 선택한 전자서명 방법의 사용을 부당하게 제한하여서는 안 된다(전자상거래소비자보호법 5조 3항).

3) 전자문서의 효력 등 고지의무

사업자가 전자서명을 한 전자문서를 사용하려면 전자서명을 한 전자문서의 효력과 출력방법을 전자우편의 본문에 표시하거나 미리 소비자에게 고지하여야 한다(전자상거래소비자보호법 5조 2항, 동법시행령 5조).

4) 거래확인증명의무 등

전자상거래를 하는 사업자는 소비자가 재화나 용역의 거래와 관련한 확인·증명을 전자문서로 제공하여 줄 것을 요청한 경우 이에 따라야 한다(전자상거래소비자보호법 5조 5항). 이 경우 사업자가 전자문서로 제공하기 어려운 기술적 이유나 보안상 이유가 명백하여 이를 소비자에게 미리 고지한 경우에는 그러하지 아니한다(전자상거래소비자보호법 5조 6항).

5) 거래기록의 보존의무

사업자는 전자상거래에서의 표시·광고, 계약내용 및 그 이행 등 거래에 관한 기록을 상당한 기간 보존하고, 소비자가 쉽게 거래기록을 열람·보존할 수 있는 방법을 제공하여야 한다(전자상거래소비자보호법 6조 1항). 사업자가 보존하여야 할 거래기록 및 그와 관련된 성명·주소·주민등록번호 등 거래의 주체를 식별할 수 있는 개인정보는 소비자가 개인정보의 이용에 관한 동의를 철회하는 경우에도 이를 보존할 수 있다(전자상거래소비자보호법 6조 2항).

6) 조작 실수 등의 방지절차 마련 의무

전자상거래에서 소비자의 조작 실수 등으로 인한 의사표시의 착오 등으로 발생하는 피해를 예방할 수 있도록 사업자는 거래 대금이 부과되는 시점이나 청약 전에 그 내용을 확인하거나 바로잡는 데에 필요한 절차를 마련하여야 한다(전자상거래소비자보호법 7조).

7) 전자적 대금지급의 신뢰 확보의무

거래대금의 지급이 전자적 수단에 의하여 이루어지는 경우 사업자는 소비자의 청약의사가 진정한 의사 표시에 의한 것인지를 확인하기 위하여 재화나 용역의 내용 및 종류, 그 가격, 용역의 제공기간을 명확히 고지하고, 고지한 사항에 대한 소비자의 확인절차를 마련하여야 한다(전자상거래소비자보호법 8조 2항). 또 전자적 대금지급이 이루어진 경우에는 사업자는 전자문서의 송신 등의 방법으로 소비자에게 그 사실을 알리고, 언제든지 소비자가 전자적 대금지급과 관련한 자료를 열람할 수 있게 하여야 한다(전자상거래소비자보호법 8조 3항).

사업자가 전자적 수단에 의한 거래대금의 지급 방법을 이용하는 경우 사업자는 관련 정보의 보안 유지에 필요한 조치를 하여야 한다(전자상거래소비자보호법 8조 1항).

8) 소비자 정보의 수집·이용 제한

사업자는 전자상거래 또는 통신판매를 위하여 소비자에 관한 정보를 수집 또는 이용하거나 제3자에게 제공할 때는 「정보통신망 이용촉진 및 정보보호 등에 관한 법률」등 관계 규정에 따라 이를 공정하게 수집하거나 이용하여야 한다(전자상거래소비자보호법 11조 1항). 나아가 소비자에 관한 정보가 도용되어 해당 소비자에게 재산상의 손해가 발생하였거나 발생할 우려가 있는 특별한 사유가 있는 경우에는 사업자는 본인 확인이나 피해의 회복 등을 위하여 필요한 조치를 취하여야 한다(전자상거래소비자보호법 11조 2항).

2. 전자결제업자의 의무

전자상거래에서 사업자와 소비자 사이에 전자적 수단에 의하여 대금지급이 이루어지는 경우 전자결제수단 발행자와 전자결제서비스 제공자 등은 소비자의 청약의사가 진정한 의사 표시에 의한 것인지를 확인하기 위하여 재화나 용역의 내용 및 종류, 그 가격, 용역의 제공기간을 명확히 고지하고, 고지한 사항에 대한 소비자의 확인절차를 마련하여야 한다(전자상거래소비자보호법 8조 2항).

나아가 전자적 대금지급이 이루어진 경우에는 전자결제수단 발행자와 전자결제서비스 제공자 등은 전자문서의 송신 등의 방법으로 소비자에게 그 사실을 알리고, 언제든지 소비자가 전자적 대금지급과 관련한 자료를 열람할 수 있게 하여야 한다(전자상거래소비자보호법 8조 3항). 이 때 사이버몰에서 사용되는 전자적 대금지급 방법으로서 재화나 용역을 구입·이용하기 위하여 미리 대가를 지불하는 방식의 결제수단의 발행자는 그 결제수단의 신뢰도 확인과 관련된 사항, 사용상의 제한이나 그 밖의 주의 사항 등을 표시하거나 고지하여야 한다(전자상거래소비자보호법 8조 4항).

또한 전자상거래 등에서 전자적 수단에 의하여 거래대금이 지급되는 경우 전자결제수단의 발행자와 전자결제서비스 제공자 등 전자적 대금지급 관련자는 관련 정보의 보안 유지에 필요한 조치를 하여야 하며(전자상거래소비자보호법 8조 1항), 사업자와 소비자 사이에 전자적 대금지급과 관련하여 다툼이 있는 경우에는 대금지급 관련 정보의 열람을 허용하는 등 대통령령으로 정하는 바에 따라 그 분쟁의 해결에 협조하여야 한다(전자상거래소비자보호법 8조 5항).

3. 호스팅서비스사업자의 의무

호스팅서비스를 제공하는 자는 사업자와 호스팅서비스에 관한 이용계약을 체결하는 경우에 사업자의 신원을 확인하기 위한 조치를 취하여야 한다(전자상거래소비자보호법 9조 2항). 호스팅서비스는 사업자가 전자상거래를 할 수 있도록 사이버몰 구축 및 서버 관리 등을 하는 서비스를 말한다. 이러한 호스팅서비스를 제공하는 자는 사업자와 소비자 사이에 분쟁이 발생하는 경우에 공정거래위원회, 특별시장·광역시장·도지사·특별자치도지사 또는 시장·군수·구청장, 수사기관, 분쟁 당사자인 소비자 등의 요청에 따라 사업자의 신원정보 등 대통령령으로 정하는 자료를 제공함으로써 그 분쟁의 해결에 협조하여야 한다(전자상거래소비자보호법 9조 3항).

4. 사이버몰 운영자의 의무

전자상거래를 하는 사이버몰의 운영자는 소비자가 사업자의 신원 등을 쉽게 알 수 있도록 상호 및 대표자 성명, 영업소가 있는 곳의 주소, 소비자의 불만을 처리할 수 있는 곳의 주소, 전화번호와 전자우편주소, 사업자등록번호 등을 사이버몰의 초기 화면에 표시하여야 한다(전자상거래소비자보호법 10조 1항). 사이버몰의 이용약관도 사이버몰의 초기화면에 표시하여야 하나, 소비자가 연결화면을 통하여 볼 수 있도록 할 수 있다(동법시행규칙 7조 1항).

또 이러한 사이버몰 운영자는 소비자가 이들 사항의 진위여부를 쉽게 확인할 수 있도록 공정거래위원회가 정보공개를 하는 사업자정보 공개 페이지를 사이버몰의 초기화면에 연결하여야 한다(동법시행규칙 7조 2항). 전자상거래를 행하는 사이버몰의 운영자로서 이동통신단말기 등 출력에 제한이 있는 기기를 이용하여 거래하는 사업자는 이들 사항이 사이버몰의 화면에 순차적으로 나타나도록 할 수 있는데, 이 경우 대표자성명·모사전송번호·사업자등록번호 및 사이버몰이용약관은 그 내용을 확인할 수 있는 방법을 화면에 나타나게 하는 것으로 대신할 수 있다(동법시행규칙 7조 2항).

제3. 통신판매업자 등의 의무

1. 통신판매업자의 의무

1) 신고의무

통신판매업자는 통신판매의 거래횟수나 거래규모 등이 공정거래위원회가 고시로 정하는 기준 이하인 경우를 제외하고는, 그 상호(법인인 경우에는 대표자의 성명 및 주민등록번호 포함), 주소, 전화번호, 전자우편주소, 인터넷도메인 이름, 호스트서버의 소재지, 그 밖에 사업자의 신원 확인을 위하여 필요한 사항을 공정거래위원회 또는 특별자치도지사 · 시장 · 군수 · 구청장에게 신고하여야 한다(전자상거래소비자보호법 12조 1항). 이러한 사항을 신고한 통신판매업자가 그 신고한 사항을 변경하거나 그 영업을 휴업 또는 폐업하거나 휴업한 후 영업을 다시 시작할 때에도 대통령령으로 정하는 바에 따라 신고하여야 한다(전자상거래소비자보호법 12조 2,3항). 공정거래위원회는 통신판매업자가 신고한 정보를 공개할 수 있다(전자상거래소비자보호법 12조 4항).

2) 신원에 대한 정보 제공의무

통신판매업자가 재화 또는 용역의 거래에 관한 청약을 받을 목적으로 표시 · 광고를 할 때에는 그 표시 · 광고에 상호 및 대표자 성명, 주소 · 전화번호 · 전자우편주소, 공정거래위원회 또는 특별자치도지사 · 시장 · 군수 · 구청장에게 한 신고의 신고번호와 그 신고를 받은 기관의 이름 등 신고를 확인할 수 있는 사항을 포함하여야 한다(전자상거래소비자보호법 13조 1항).

3) 거래조건에 대한 정보 제공의무

통신판매업자는 소비자가 계약체결 전에 재화 또는 용역에 대한 거래조건을 정확하게 이해하고 실수나 착오 없이 거래할 수 있도록 다음 사항을 적절한 방법으로 표시 · 광고하거나 고지하여야 하며, 계약이 체결된 후에는 계약자에게 다음 사항이 기재된 계약내용에 관한 서면을 재화 또는 용역을 공급할 때까지 교부하여야 한다(전자상거래소비자보호법 13조 2항).

(a) 재화 또는 용역의 공급자 및 판매자의 상호, 대표자의 성명 · 주소 및 전화번호 등.
(b) 재화 또는 용역의 명칭 · 종류 및 내용.
(c) 재화 또는 용역의 정보에 관한 사항.
(d) 재화 또는 용역의 가격과 그 지급방법 및 지급시기.
(e) 재화 또는 용역의 공급방법 및 공급시기.
(f) 청약의 철회 및 계약의 해제의 기한 · 행사방법 및 효과에 관한 사항.
(g) 재화 또는 용역의 교환 · 반품 · 보증과 그 대금 환불 및 환불의 지연에 따른 배상금 지급의 조건 · 절차.
(h) 재화 또는 용역의 전송 · 설치 등을 할 때 필요한 기술적 사항.

(i) 소비자피해보상의 처리, 재화 또는 용역에 대한 불만 처리 및 분쟁 처리에 관한 사항.

(j) 거래에 관한 약관(약관 내용의 확인 방법 포함).

(k) 소비자가 구매의 안전을 위하여 재화 또는 용역을 공급받을 때까지 그 결제대금예치의 이용을 선택할 수 있다는 사항 또는 소비자피해보상보험계약등의 체결을 선택할 수 있다는 사항.

(l) 그 밖에 소비자의 구매 여부에 영향을 주는 거래조건 또는 소비자 피해의 구제에 필요한 사항.

다만, 계약자의 권리를 침해하지 아니하는 범위에서 대통령령으로 정하는 사유가 있는 경우에는 계약자를 갈음하여 재화 등을 공급받는 자에게 계약내용에 관한 서면을 교부할 수 있다.

4) 청약 수신 확인 등의 통지의무

통신판매업자는 소비자로부터 재화 또는 용역의 거래에 관한 청약을 받으면 청약의 의사표시의 수신 확인 및 판매 가능 여부에 관한 정보를 소비자에게 신속하게 알려야 하며, 계약 체결 전에 소비자가 청약내용을 확인하고, 정정하거나 취소할 수 있도록 적절한 절차를 갖추어야 한다(전자상거래소비자보호법 14조 1,2항).

5) 재화 등의 공급의무

(1) 공급시기

통신판매업자는 소비자와 공급시기에 관한 다른 약정이 있는 경우를 제외하고는, 소비자가 청약을 한 날부터 7일 이내에 재화 또는 용역의 공급에 필요한 조치를 하여야 하고, 선지급식 통신판매(소비자가 재화 등을 공급받기 전에 미리 그 대금을 전부 또는 일부 지급하는 통신판매)의 경우에는, 소비자와 통신판매업자 간에 재화나 용역의 공급시기에 관하여 따로 약정한 것이 있는 경우를 제외하고는, 소비자가 그 대금을 전부 또는 일부 지급한 날부터 3영업일 이내에 재화 등의 공급에 필요한 조치를 하여야 한다(전자상거래소비자보호법 15조 1항).

(2) 공급 곤란시의 조치

통신판매업자는 청약을 받은 재화 또는 용역을 공급하기 곤란하다는 것을 알았을 때에는 지체 없이 그 사유를 소비자에게 알려야 하고, 선지급식 통신판매의 경우에는 소비자가 그 대금의 전부 또는 일부를 지급한 날부터 3영업일 이내에 환급하거나 환급에 필요한 조치를 하여야 한다(전자상거래소비자보호법 15조 2항).

(3) 공급 진행 상황 확인을 위한 조치

통신판매업자는 소비자가 재화 또는 용역의 공급 절차 및 진행 상황을 확인할 수 있도록 적절한 조치를 하여야 한다. 이 경우 공정거래위원회는 그 조치에 필요한 사항을 정하여 고시할 수 있다(전자상거래소비자보호법 15조 3항).

6) 거래기록의 보존의무

통신판매 사업자는 통신판매에서의 표시·광고, 계약내용 및 그 이행 등 거래에 관한 기록을 상당한 기간 보존하고, 소비자가 쉽게 거래기록을 열람·보존할 수 있는 방법을 제공하여야 한다(전자상거래소비자보호법 6조 1항). 사업자가 보존하여야 할 거래기록 및 그와 관련된 개인정보는 소비자가 개인정보의 이용에 관한 동의를 철회하는 경우에도 이를 보존할 수 있다(전자상거래소비자보호법 6조 2항). 이 경우 개인정보는 소비자의 성명·주소·주민등록번호 등 거래의 주체를 식별할 수 있는 정보로 한정된다.

거래기록의 보존기간은 표시 · 광고에 관한 기록은 6월, 계약 또는 청약철회 등에 관한 기록은 5년, 대금결제 및 재화 등의 공급에 관한 기록은 5년, 소비자 불만 또는 분쟁처리에 관한 기록은 3년이다. 이 기간 동안 사업자는 소비자가 쉽게 거래기록을 열람·보존할 수 있는 방법을 제공하여야 한다(전자상거래소비자보호법 6조 3항, 동법시행령 6조).

7) 소비자에 관한 정보의 이용 제한

통신판매 사업자는 통신판매를 위하여 소비자에 관한 정보를 수집하거나 이용하거나 제3자에게 제공할 때는 「정보통신망 이용촉진 및 정보보호 등에 관한 법률」 등 관계 규정에 따라 이를 공정하게 수집하거나 이용하여야 한다(전자상거래소비자보호법 11조 1항). 또 소비자에 관한 정보가 도용되어 해당 소비자에게 재산상의 손해가 발생하였거나 발생할 우려가 있는 특별한 사유가 있는 경우에는 사업자는 본인 확인이나 피해의 회복 등을 위하여 필요한 조치를 취하여야 한다(전자상거래소비자보호법 11조 2항).

8) 소비자에 대한 손해배상청구금액의 제한

소비자에게 책임이 있는 사유로 재화 또는 용역의 판매에 관한 계약이 해제된 경우 통신판매업자가 소비자에게 청구하는 손해배상액은 i) 공급한 재화 등이 반환된 경우에는 ① 반환된 재화 등의 통상 사용료 또는 그 사용으로 통상 얻을 수 있는 이익에 해당하는 금액과 ② 반환된 재화 등의 판매가액에서 그 재화 등이 반환된 당시의 가액을 뺀 금액 중 큰 금액에 대금미납에 따른 지연배상금을 더한 금액을, ii) 공급한 재화 등이 반환되지 아니한 경우에는 그 재화 등의 판매가액에 해당하는 금액에 대금미납에 따른 지연배상금을 더한 금액을 각각 초과할 수 없다(전자상거래소비자보호법 19조 1항). 공정거래위원회는 통신판매업자와 소비자 간의 손해배상청구에 따른 분쟁의 원활한 해결을 위하여 이 손해배상액의 산정 기준을 정하여 고시할 수 있다(전자상거래소비자보호법 19조 2항).

9) 보험계약 등의 체결의무

통신판매업자는 소비자를 보호하기 위하여 공정거래위원회의 권장에 따라 보험계약 또는 소비자피해보상금의 지급을 확보하기 위한 금융기관과의 채무지급보증계약, 통신판매업자에 의하여 설립된 공제조합과의 공제계약 중 어느 하나에 해당하는 계약을 체결하여야 한다(전자상거래소비자보호법 24조 1항).

2. 통신판매중개자

1) 의의

통신판매중개자는 통신판매의 중개를 영업으로 하는 자이다. 통신판매의 중개는 통신판매업자에 대하여 사이버몰(컴퓨터 등과 정보통신설비를 이용하여 재화 또는 용역을 거래할 수 있도록 설정된 가상의 영업장)의 이용을 허락하거나 그 밖에 당사자 간의 통신판매를 알선하는 행위를 말한다.

2) 통신판매중개자의 의무

(1) 고지의무

통신판매중개자는 자신이 통신판매의 당사자가 아니라는 사실을 소비자가 쉽게 알 수 있도록 미리 고지하여야 한다.

(2) 통신판매중개의뢰자에 관한 정보 제공 의무

통신판매중개자는 통신판매중개의뢰자가 사업자인 경우에는 그 성명(사업자가 법인인 경우에는 그 명칭과 대표자의 성명)·주소·전화번호 등 대통령령으로 정하는 사항을 확인하여 청약이 이루어지기 전까지 소비자에게 제공하여야 한다. 통신판매중개의뢰자가 사업자가 아닌 경우에는 그 성명·전화번호 등을 확인하여 거래의 당사자들에게 상대방에 관한 정보를 열람할 수 있는 방법을 제공하여야 한다.

(3) 소비자불만 등의 해결을 위한 조치의무

통신판매중개자는 사이버몰 등을 이용함으로써 발생하는 불만이나 분쟁의 해결을 위하여 그 원인 및 피해의 파악 등 대통령령으로 정하는 필요한 조치를 신속히 시행해야 한다.

(4) 통신판매중개자의 책임

통신판매중개자는 자신이 통신판매의 당사자가 아니라는 사실을 고지하지 아니한 경우 통신판매중개의뢰자의 고의 또는 과실로 소비자에게 발생한 재산상 손해에 대하여 통신판매중개의뢰자와 연대하여 배상할 책임을 진다.

통신판매중개자는 소비자에게 정보 또는 정보를 열람할 수 있는 방법을 제공하지 아니하거나 제공한 정보가 사실과 달라 소비자에게 발생한 재산상 손해에 대하여, 소비자에게 피해가 가지 아니하도록 상당한 주의를 기울인 경우를 제외하고는, 통신판매중개의뢰자와 연대하여 배상할 책임을 진다.

통신판매중개자가 통신판매업자인 경우에는 통신판매업자와 동일한 책임을 진다. 다만, 통신판매업자의 의뢰를 받아 통신판매를 중개하는 경우 통신판매중개의뢰자가 책임을 지는 것으로 약정하여 소비자에게 고지한 부분에 대하여는 통신판매중개의뢰자가 책임을 진다.

(5) 통신판매중개의뢰자의 책임

통신판매중개의뢰자가 사업자인 경우에는 통신판매중개자의 고의 또는 과실로 소비자에게 발생한 재산상 손해에 대하여, 소비자에게 피해가 가지 아니하도록 상당한 주의를 기울인 경우를 제외하고는, 통신판매중개자의 행위라는 이유로 면책되지 아니한다.

제5절 청약의 철회

제1. 서 설

1. 청약 철회의 의의

청약자가 청약을 한 후 그 효력이 발생한 때에는 청약자가 임의로 청약을 철회하지 못하는 것이 원칙이다. 이를 청약의 구속력이라 한다. 청약에 이러한 구속력이 인정되는 까닭은 청약자의 청약에 대해 청약의 상대방이 승낙을 하면 계약이 성립된다는 상대방의 신뢰를 보호하는데 있다.

그러나 청약의 구속력은 절대적인 것이 아니다. 청약을 받은 상대방에 대하여 신뢰이익을 보호할 필요가 없거나, 청약의 상대방이 기업이고 청약자가 일반 소비 대중인 경우에는 소비자 보호 차원에서 청약의 구속력은 배제될 수 있다.[11] 특히 판매업자가 TV와 같은 대중매체를 이용하여 광고·판매하는 경우에는 판매업자는 일반 소비 대중에 대하여 공격적인 판매 전략과 허위과대 광고로 소비자들의 구매 욕구를 부추기는 사례가 많고, 소비자들도 신중한 판단 없이 경솔하게 충동적인 구매를 하는 경향이 있다.

이러한 경우에 단순히 청약과 승낙이 있었다고 계약의 성립을 인정하고 계약상의 의무 이행을 강요하기 보다는 소비자 스스로 재고하고 그 계약으로부터 벗어날 수 있는 기회를 갖도록 하는 것이 소비자의 이익 보호 차원에서 바람직하다. 그리하여 '전자상거래 등에서의 소비자 보호에 관한 법률'에서는 통신판매에 관하여 허위과대 광고를 금지함과 동시에 영미법의 Cooling-off제도[12]를 도입하여 소비자가 일정한

---

11) 청약자가 언제 철회할지 모른다는 뜻을 미리 첨부해서 표시를 해 둔 청약, 불특정인에 대한 청약, 승낙기간을 정하지 아니한 대화자 사이의 청약은 구속력이 없다. 곽윤직, 전게 채권각론, p. 59.

기간 내에 일방적으로 그 청약을 철회할 수 있도록 하고 있다.

2. 전자상거래와 통신판매

전자상거래등에서의소비자보호에관한법률은 청약 철회에 관하여 통신판매에서 규정하고 있다. 통신판매는 우편·전기통신, 광고물·광고시설물·전단지·방송·신문 및 잡지 등을 이용하거나 또는 판매자와 직접 대면하지 아니하고 우편환·우편대체·지로 및 계좌이체 등을 이용하는 방법으로 재화 또는 용역의 판매에 관한 정보를 제공하고 소비자의 청약을 받아 재화 또는 용역을 판매하는 것을 말한다(전자상거래소비자보호법 2조 2호).[13)]

이 통신판매와 전자상거래가 별개의 것인지, 전자상거래에도 통신판매에 관한 규정이 적용되는지 여부가 명확하지 않다. 동 법률은 제2조 1호에서 전자상거래에 대해서는 전자문서및전자거래기본법 제2조 제5호의 규정에 의한 전자거래의 방법으로 상행위를 하는 것으로 정의하고, 통신판매에 관하여는 우편·전기통신 그 밖의 방법에 따라 재화 또는 용역의 판매에 관한 정보를 제공하고 소비자의 청약에 의하여 재화 또는 용역을 판매하는 것으로 정의하고 있다. 거래의 청약 등 거래의 방법이 전자문서에 의하는지 아닌지는 묻지 않는 것이다.

앞서 본 바와 같이 전자문서및전자거래기본법은 전자거래에 관하여 '재화나 용역을 거래함에 있어서 그 전부 또는 일부가 전자문서에 의하여 처리되는 거래'로 규정하고 있다(동법 2조 5호). 이 규정에 의하면 재화나 용역의 거래에 있어서 그 청약이 전자문서에 의하는 경우에는 전자거래가 되는 것이다. 통신판매에 있어서도 사업자와 소비자 사이에 거래의 전부 또는 일부가 전자문서로 처리되면 전자문서및전자거래기본법의 전자거래에도 해당되므로, 통신판매에 관한 규정과 함께 전자상거래에 관한 규정도 적용된다고 보아야 한다.

따라서 동 법률에서 전자상거래는 통신판매와 다른 거래방법이 아니며, 통신판매

---

12) Cooling-off제도는 계약이 체결된 후에 소비자가 구입 여부에 관하여 재고할 수 있는 기간(cooling-off period)을 설정하고 이 기간 내에 일방적으로 계약의 청약을 철회할 수 있도록 하는 것이다.

13) 전화를 이용하여 소비자에게 권유하여 계약의 청약을 받거나 계약을 체결하는 등의 방법으로 재화나 용역을 판매하는 전화권유판매와 이러한 전화권유판매를 업으로 하기 위하여 전화권유판매 조직을 개설 또는 관리·운영하는 전화권유판매업자와 전화권유판매원의 거래에 관한 사항에 대해서는 방문판매등에관한법률에서 정하고 있다(동법2조 3,4호).

의 방법에 의하는 전자상거래에 대해서는 전자상거래에 관한 규정과 통신판매에 관한 규정이 중첩적으로 적용되는 것이다. 거래의 전부 또는 일부가 전자문서에 의한 전자상거래에 있어서도 재화 또는 용역의 판매에 관한 정보가 우편·전기통신, 광고물·방송·신문 및 잡지 등에 의하여 소비자에게 제공된 경우에는 통신판매에 해당하므로 청약의 철회가 가능한 것이다.

제2. 청약철회의 요건

1. 실질적 요건

청약을 철회할 수 있는 자는 통신판매업자로부터 상품을 인도받거나 용역을 제공받은 소비자에 한한다. 따라서 구매자 또는 용역을 제공받은 자가 상행위를 목적으로 통신판매업자와 계약을 체결하는 경우에는 청약의 철회가 인정되지 아니한다(전자상거래소비자보호법 3조 1항). 소비자의 청약 철회는 통신판매업자로부터 공급받은 재화나 용역에 반드시 하자가 있는 경우에 한하여 허용되는 것은 아니다. 재화가 훼손된 경우, 표시·광고의 내용과 다른 경우, 재화의 인도 또는 용역의 제공이 시기에 늦어진 경우 등은 물론 공급받은 재화나 용역에 아무런 하자가 없는 경우에도 청약의 철회가 가능하다.

2. 형식적 요건

1) 일반적인 경우

통신판매업자와 재화 또는 용역의 구매에 관한 계약을 체결한 소비자가 해당 계약에 관한 청약의 철회를 할 수 있는 기간은 계약내용에 관한 서면을 받았는가 여부에 따라 다르다. 즉 소비자가 계약내용에 관한 서면을 받은 경우에는 그 서면을 받은 날부터 7일, 그 서면을 받은 때보다 재화 등의 공급이 늦게 이루어진 경우에는 재화 등을 공급받거나 그 공급이 시작된 날부터 7일이다(전자상거래소비자보호법17조 1항 1호).

그러나 계약내용에 관한 서면을 받지 않았거나 통신판매업자의 주소 등이 적혀 있지 아니한 서면을 받은 경우 또는 통신판매업자의 주소 변경 등의 사유로 위 기간에 청약철회를 할 수 없는 경우에는 통신판매업자의 주소를 안 날 또는 알 수 있었던 날부터 7일이다(전자상거래소비자보호법17조 1항 2호).

2) 재화 등의 내용이 표시·광고 또는 계약의 내용과 다른 경우

사업자가 소비자에게 공급한 재화나 용역의 내용이 표시·광고의 내용과 다르거나 계약내용과 다르게 이행된 경우에는 그 재화 등을 공급받은 날부터 3개월 이내, 그 사실을 안 날 또는 알 수 있었던 날부터 30일 이내에 청약을 철회할 수 있다(전자상거래소비자보호법17조 3항).

제3. 청약철회의 제한

1. 원칙

소비자는 원칙적으로 일정한 기간 내에는 청약을 철회할 수 있으나, 일정한 경우에는 통신판매업자의 의사에 반하여 청약을 철회할 수 없다. 즉 소비자에게 책임이 있는 사유로 재화나 용역이 멸실되거나 훼손된 경우(재화 등의 내용을 확인하기 위하여 포장 등을 훼손한 경우는 제외), 소비자의 사용 또는 일부 소비로 그 가치가 현저히 감소한 경우, 시간이 지나 다시 판매하기 곤란할 정도로 그 가치가 현저히 감소한 경우, 복제가 가능한 재화 등의 포장을 훼손한 경우, 그 밖에 거래의 안전을 위하여 대통령령으로 정하는 경우 등에는 통신판매업자의 의사에 반하여 청약을 철회할 수 없다(전자상거래소비자보호법17조 2항 본문).

2. 예외

통신판매업자는 소비자가 공급받은 재화나 용역을 사용하거나 또는 일부 소비로 그 가치가 현저히 감소되거나, 시간이 지나면 그 가치가 현저히 감소하는 재화, 포장을 훼손하면 복제가 가능해 청약의 철회가 불가능한 재화 등에 대해서는 그 사실을 재화 등의 포장이나 소비자가 쉽게 알 수 있는 곳에 명확하게 적거나 시험 사용 상품을 제공하는 등의 조치를 하여야 한다(전자상거래소비자보호법17조 6항). 그런데 통신판매업자가 이러한 조치를 하지 아니하는 경우에는 소비자의 사용 또는 일부 소비로 그 가치가 현저히 감소하거나, 시간이 지나 다시 판매하기 곤란할 정도로 그 가치가 현저히 감소한 경우, 복제가 가능한 재화 등의 포장을 훼손한 경우에도 청약의 철회를 할 수 있다(전자상거래소비자보호법17조 2항 단서).

제4. 입증책임

청약의 철회에 관하여 재화 또는 용역의 훼손에 대하여 소비자의 책임이 있는지 여부, 그 구매에 관한 계약이 체결된 사실 및 그 시기, 재화 등의 공급사실 및 그 시기 등에 관하여 다툼이 있는 경우에는 통신판매업자가 이를 증명하여야 한다(전자상거래소비자보호법17조 5항).

제5. 청약 철회의 효력발생시기

소비자가 청약의 철회를 서면으로 하는 경우에는 그 의사표시가 적힌 서면을 발송한 날에 청약 철회의 효력이 발생한다(전자상거래소비자보호법17조 4항).

제6. 청약 철회의 효과

1. 소비자의 재화 등 반환의무

소비자가 청약을 철회한 경우에는 이미 공급받은 재화나 용역을 반환하여야 한다(전자상거래소비자보호법 18조 1항). 이 경우 공급받은 재화 등의 반환에 필요한 비용은 소비자가 부담한다(전자상거래소비자보호법 18조 9항). 그러나 재화나 용역의 내용이 표시·광고의 내용과 다르거나 계약 내용과 다르게 이행되어 소비자가 청약을 철회한 경우 재화 등의 반환에 필요한 비용은 통신판매업자가 부담한다(전자상거래소비자보호법 18조 10항).

2. 통신판매업자 등의 대금환급의무

통신판매업자나 소비자로부터 재화 등의 대금을 받은 자 또는 소비자와 통신판매에 관한 계약을 체결한 자는 재화 등을 반환받은 날부터 3영업일 이내에 이미 지급받은 재화 등의 대금을 환급하여야 한다(전자상거래소비자보호법 18조 2항). 만일 통신판매업자가 소비자에게 대금 환급을 지연한 때에는 그 지연기간에 대하여 연 100분의 40 이내의 범위에서 은행법에 따른 은행이 적용하는 연체금리 등 경제사정을 고려하여 대통령령으로 정하는 이율(연 100분의 24)을 곱하여 산정한 지연이자(지연배상금)를 지급하여야 한다(전자상거래소비자보호법 18조 2항, 동법시행령 21조의2).

통신판매업자 등이 재화 등의 대금을 환급할 때 소비자가 신용카드나 그 밖에 대통령령으로 정하는 결제수단으로 재화 등의 대금을 지급한 경우에는 지체 없이 해당 결제수단을 제공한 결제업자에게 재화 등의 대금 청구를 정지하거나 취소하도록 요청하여야 한다(전자상거래소비자보호법 18조 3항). 통신판매업자가 결제업자로부터 해당 재화 등의 대금을 이미 받은 때에는 지체 없이 그 대금을 결제업자에게 환급하고, 그 사실을 소비자에게 알려야 하며(전자상거래소비자보호법 18조 3항 단서), 환급을 지연하여 소비자로 하여금 대금을 결제하게 한 통신판매업자는 그 지연기간에 대한 지연배상금을 소비자에게 지급하여야 한다(전자상거래소비자보호법 18조 5항).

다만, 통신판매업자는 이미 재화 등이 일부 사용되거나 일부 소비된 경우에는 그 재화 등의 일부 사용 또는 일부 소비에 의하여 소비자가 얻은 이익 또는 그 재화 등의 공급에 든 비용에 상당하는 금액으로서 대통령령으로 정하는 범위의 금액을 소비자에게 청구할 수 있다(전자상거래소비자보호법 18조 8항).

3. 결제업자의 환급의무

소비자의 청약 철회로 인하여 통신판매업자로부터 재화 등의 대금을 환급받은 결제업자는 그 환급받은 금액을 지체 없이 소비자에게 환급하거나 환급에 필요한 조치를 하여야 한다(전자상거래소비자보호법 18조 4항).

통신판매업자가 결제업자로부터 해당 재화 등의 대금을 이미 받았음에도 불구하고 정당한 사유 없이 결제업자에게 대금을 환급하지 아니하는 경우에 소비자는 결제업자에게 그 통신판매업자에 대한 다른 채무와 통신판매업자로부터 환급받을 금액을 상계할 것을 요청할 수 있으며, 이 때 결제업자는 대통령령으로 정하는 바에 따라 그 통신판매업자에 대한 다른 채무와 상계할 수 있다(전자상거래소비자보호법 18조 6

항). 결제업자가 이 상계를 정당한 사유 없이 게을리한 경우에는 소비자는 결제업자에 대하여 대금의 결제를 거부할 수 있으며, 이 때 통신판매업자와 결제업자는 그 결제 거부를 이유로 당해 소비자를 약정한 기일까지 채무를 변제하지 아니한 자로 처리하는 등 소비자에게 불이익을 주는 행위를 하여서는 안 된다(전자상거래소비자보호법 18조 7항).

4. 연대책임

통신판매업자와 재화 등의 대금을 받은 자 또는 소비자와 통신판매에 관한 계약을 체결한 자가 동일인이 아닌 경우에 이들은 청약의 철회에 의한 재화 등의 대금 환급과 관련한 의무의 이행에 대하여 연대하여 책임을 진다(전자상거래소비자보호법 18조 11항).

5. 손해배상청구의 제한

통신판매업자는 청약 철회를 이유로 소비자에게 위약금이나 손해배상을 청구할 수 없다(전자상거래소비자보호법 18조 9항).

제6절 전자계약의 이행

제1. 서설

전자계약이 유효하게 성립되면 계약당사자는 그 계약의 내용에 따라 급부를 이행하여야 한다. 전자계약이 매매계약인 경우 매수인은 대금지급의무를 지며, 매도인은 목적물인도의무를 부담한다. 이중 매수인의 대금지급에 관하여는 장을 바꾸어 후술하며, 여기서는 매도인의 급부이행을 중심으로 살펴본다.

매도인이 매수인에게 이행하여야 할 주된 급부의 목적은 유체물인 경우와 컴퓨터 파일인 경우가 있다. 급부가 유체물인 경우 그 이행은 전통적인 이행방법에 의하여 보통 그 피용인이나 물류업자를 이행보조자로 하여 급부의 목적을 매수인에게 제공한다. 그러나 급부가 신용정보, 통계, 소프트웨어, 사진이나 영화, 비디오 등의 화상정보처럼 컴퓨터 파일의 형태로 되어 있는 경우에는 정보통신망을 통하여 이를

전송함으로써 채무를 이행하게 된다. 이를 특히 전자적 이행 또는 온라인형 이행이라고 한다.[14)]

이러한 전자적 이행은 컴퓨터와 네트워크를 통하여 이루어지므로 전통적인 이행과는 다른 여러 가지 법적 문제가 제기된다. 네트워크를 통한 이행과정에서의 하자, 위험부담, 채무불이행, 통신망을 운영하는 네트워크사업자의 책임도 문제된다.

제2. 배송

급부의 목적이 유체물인 경우에는 매도인은 계약의 내용에 좇아 급부의 목적을 매수인에게 제공하면 된다. 매도인은 배송사업자와 배송계약을 체결, 배송사업자가 급부의 목적인 상품을 매수인에게 인도하게 되며, 그 인도에 관하여는 법의 일반원칙에 의한다.

따라서 이행의 장소에 관하여는 현행 민법상 당사자 간의 특별한 약정이 없으면 특정물인도채무 이외의 채무는 원칙적으로 지참채무이며(민법 467조), 실제 전자거래에 있어서도 이행의 장소를 매수인이 원하는 곳으로 하는 지참채무가 일반적이다. 급부의 이행은 배송사업자가 대행하며, 배송사업자는 매도인의 이행보조자로서 그 과실에 대해서는 매도인이 채무불이행책임을 부담한다. 또 급부의 목적이 발송된 후 매수인에게 도달하기 전에 불가항력에 의하여 멸실되더라도 매도인은 이행책임을 면하지 못한다.

전자상거래나 통신판매에 따라 재화 등을 배송하는 사업자는 배송 사고나 배송장애 등으로 분쟁이 발생하는 경우에는, 소비자가 분쟁의 발생사실을 소명하여 요청하는 때에는 분쟁해결에 필요한 범위 내에서 배송관련 기록의 열람 제공, 사고 또는 장애 관련 사실의 확인을 위한 기록의 열람에 대하여 지체없이 협조하여야 한다(전자상거래소비자보호법 9조 1항, 동법시행령 11조).

---

14) 전자계약의 이행을 상품발송형, 정보제공형, 권리이전형, 접속형의 네 가지로 구분하는 견해도 있다. 이은영, "전자거래와 소비자법", 「비교사법」 제5권2호(통권9호) (한국비교사법학회, 1995), 112~113면.

제3. 전자적 이행

1. 의의

전자적 이행은 전술한 바와 같이 컴퓨터의 전산망을 통하여 전송함으로써 급부를 이행하는 것을 말한다. 전자적 이행이 가능하기 위해서는 급부가 반드시 전자적 신호로 디지털화될 수 있는 것이어야 한다. 매도인은 컴퓨터와 정보통신망을 통해 컴퓨터 파일을 전송하며 매수인도 컴퓨터로 이를 검색하거나 자신의 파일에 다운로드 받아 급부의 목적을 달성하게 된다.

2. 급부의 성질

전자적 이행에 있어서 급부의 목적인 컴퓨터 파일이 물건인지 아닌지, 물건이라면 컴퓨터 파일의 이전을 목적으로 하는 채무는 종류채무인지 아닌지가 문제된다. 우선 현행 민법은 물건을 유체물 및 전기, 기타 관리할 수 있는 자연력으로 정의하고 있으며(민법 98조), 컴퓨터 프로그램도 지배 내지 관리할 수 있는 것이므로 물건에 속한다고 보아야 한다.

컴퓨터 파일을 물건으로 본다면 그 특정 여부가 문제된다. 컴퓨터 파일은 대량 복제가 가능하고 거래 당사자도 파일 자체의 개성을 중시하지 않는다. 파일은 그 내용이나 기능이 중요한 것이다. 따라서 당사자가 급부의 목적을 특별히 특정하지 아니한 한 컴퓨터 파일은 불특정의 대체물이며, 이를 목적으로 하는 채무는 종류채무라 하겠다.[15]

3. 전자적 이행의 시기 및 장소와 위험부담

종류채무는 특별한 약정이 없는 한 채무자가 이행에 필요한 행위를 완료한 때에 특정되고(민법 375조 2항), 원칙적으로 지참채무이므로 그 이행의 장소도 채권자의 주

15) 채권은 급부 목적의 특정 여부에 따라 특정물채권과 선택채권, 종류채권으로 구분된다. 특정물채권은 급부의 목적물이 특정되어 있는 채권이며, 선택채권과 종류채권은 급부의 목적이 특정되지 아니한 점에서 유사하나, 선택채권은 선택되어야 할 급부의 수가 확정되어 있는 것을 말하며, 종류채권은 이행하여야 할 물건의 종류와 성질은 정해져 있으나 어느 것을 인도해야 할 것인가는 특정되지 아니한 채권이다.

소 또는 영업소이다(민법 467조 2항, 상법 56조). 따라서 종류채무는 채무자가 급부의 목적을 채무의 내용에 좇아 채권자의 주소지나 영업소에 현실적으로 이행을 하고, 채권자가 언제든지 이를 수령할 수 있을 때 목적물이 특정되고 그 이행이 완료되는 것이다.

전자적 이행에 있어서는 채무의 이행장소인 채권자의 주소지나 영업소가 매수인의 정보처리시스템으로 대체된다. 매수인이 지정하거나 또는 수신할 수 있는 정보처리시스템에 급부의 목적인 컴퓨터 파일이 도달되면, 매수인이 언제든지 확인할 수 있으므로 급부의 목적인 파일이 매수인의 정보처리시스템에 도달되면 채무를 이행한 것으로 되는 것이다. 따라서 급부의 목적이 매수인의 정보처리시스템으로 전송되는 중 정보통신망의 장애 또는 제3자의 행위로 말미암아 멸실되거나 훼손되는 등의 전송상의 위험도 매도인이 부담해야 한다.

4. 컴퓨터의 안전성 확보

전자적 이행에 있어서 이행의 수단은 컴퓨터이므로, 거래 당사자는 전자거래에 사용되는 컴퓨터 등의 안전성을 확보하기 위한 보호조치를 스스로 하여야 한다. 전자적 방법으로 이행을 하는 자는 그 이행에 있어서 장애가 발생하지 않도록 인적·물적 설비를 갖춰야 하며, 소프트웨어의 설치 및 데이터의 입력 등 각 과정에서 안전성을 확보하고 제3자의 해킹 등 불법적 개입을 예방할 수 있는 시스템 접근 통제 등의 보완시스템도 강구하여 오류가 발생하지 않도록 기술적 조치를 다하여야 한다.

컴퓨터의 운영을 타인에게 위탁하는 경우에는 이와 같은 충분한 안전성을 확보할 수 있는 자를 수탁자로 하여야 하며, 수탁자의 과실로 인하여 장애가 발생한 때에는 이를 상대방에게 고지하고 신속하게 장애를 제거하여야 한다. 그럼에도 불구하고 당사자가 이러한 주의의무를 다하지 아니하여 컴퓨터의 정보처리과정에서 오류가 발생하여 급부를 이행할 수 없게 된 때에는 컴퓨터의 안전성을 확보하지 아니한 과실이 있으므로, 상대방에게 채무불이행 책임을 지지 않으면 안 된다.

따라서 매도인이 자신의 정보처리시스템의 안전성을 확보하지 않아 전자적 급부를 할 수 없었던 경우에는 채무불이행 책임을 진다. 또 급부의 이행이 매수인의 지배 아래에 있는 정보처리장치를 통하여 이루어지는 경우에 매도인이 급부의 내용에 좇아 이행을 하였음에도 불구하고 매수인 측의 컴퓨터에 고장이 생겨 매도인이 이행할 수 없었던 때에는 그 위험은 매수인에게 이전된다. 이러한 경우에는 급부의 이행에 매수인의 행위가 요구되는 경우로 보아 민법 제460조 단서에 의하여 매도인은 변제의 준비를 완료하고, 매수인에게 구두로 그 수령의 최고를 하면 변제의 제공이 된 것으로 보아야 한다(민법 460조).

5. 무권한자에 대한 급부의 이행

민법상 수령권한이 없는 자에 대한 변제는 무효이나, 채권의 준점유자에 대한 변제는 변제자가 선의이며 과실이 없는 때에 한하여 효력이 있다(민법 제470조). 채권의 준점유자는 거래관념상 채무자로 하여금 자신이 채권자라고 믿게 할 만한 외관을 가지는 자를 말한다. 여기서 선의라 함은 이 외관을 가지는 자에게 변제를 수령할 권한이 있다고 믿었음을 말하며, 무과실은 그렇게 믿은 데에 과실이 없음을 의미한다.

전자적 이행을 받을 정당한 권한이 없는 자가 매수인의 수권 없이 자신의 정보처리장치를 통해 급부의 이행을 받은 때에는 원칙적으로 변제의 효력이 없다. 그러나 그 무권한자가 거래 관념상 매도인으로 하여금 자신이 진실한 매수인이라고 믿게 할 만한 외관을 가지고 있으며, 그 외관에 대하여 매수인에게 귀책사유가 있는 때에는 민법상의 채권의 준점유자에 대한 변제로서 그 이행의 효력이 있다. 이 경우 매수인이 매도인으로부터 급부의 이행을 받기 위해서는 무권한자에게 이행을 한 매도인이 악의이거나 또는 과실이 있었음을 입증하여야 하나, 비대면거래인 전자적 이행에 있어서는 매수인이 매도인의 악의 또는 과실을 입증하기는 어려울 것이다.

6. 배송사업자의 의무

전자상거래나 통신판매에 따라 재화 등을 정보통신망을 통해 전송하는 사업자는 배송 사고나 배송 장애 등으로 분쟁이 발생하는 경우에는, 소비자가 분쟁의 발생사실을 소명하여 요청하는 경우 분쟁해결에 필요한 범위 내에서 배송관련 기록의 열람 제공, 사고 또는 장애 관련 사실의 확인을 위한 기록 열람에 대하여 지체없이 협조하여야 한다(전자상거래소비자보호법 9조 1항, 동법시행령 11조).

제4. 전자거래의 채무불이행

1. 채무불이행의 의의

채무불이행은 채무자가 정당한 사유 없이 채무의 내용에 좇은 이행을 하지 않는 것을 말한다. 전자거래에서 채무자의 채무불이행은 그 원인에 따라 이행지체와 이행불능, 불완전이행의 세 가지로 구분된다. 이행지체는 이행이 가능함에도 불구하고 채무자 측의 귀책사유로 이행기에 이행을 하지 않는 경우이고, 이행불능은 채무의 성립 후에 채무자의 귀책사유로 이행을 할 수 없게 된 경우를 말한다. 불완전이행은 채무자가 채권자에게 채무의 이행으로서 급부를 하였으나, 채무자 측의 귀책사유로 그 급부가 불완전한 경우이다.

2. 채무불이행의 효과

전자거래에 있어서 채무불이행의 효과는 민법과 상법의 규정에 의한다. 따라서 이행지체의 경우에는 채권자는 강제집행이나 담보권의 행사를 통하여 이행을 강제하고 지연배상을 청구하거나, 계약을 해제하여 전보배상을 청구할 수 있다(민법 389조, 390조, 395조, 544조, 548조). 채무자의 귀책사유로 이행불능이 된 경우에도 채권자는 계약을 해제하고 전보배상을 청구할 수 있으며(민법 제546조, 제390조), 채무자의 책임없는 사유로 이행불능이 된 경우에도 대상(代償)이 있다면 대상청구권의 행사가 가능하다.

불완전이행의 경우에는 이행지체에 따른 손해배상과 함께 완전이행을 청구하거나 또는 불완전급부를 완전하게 하는 추완방법이 있으면 추완청구권을 행사할 수 있으며, 그래도 급부가 완전하게 이행되지 않으면 계약을 해제할 수 있다. 완전이행이 불가능한 경우에는 계약을 해제하고 전보배상을 청구할 수 있다.

매도인의 채무불이행으로 매수인이 계약을 해제하는 경우에는 일반적으로 인도받은 급부의 원상회복의무를 부담하나, 전자적 이행에 있어서도 이러한 원상회복의무를 부담하는지 문제된다. 전자적 이행에 있어서는 매도인이 가령 하자 있는 컴퓨터 프로그램을 전송하고, 매수인이 불완전이행을 이유로 계약을 해제한 경우, 하자 있는 프로그램 그 자체가 기술적 또는 경제적 가치를 갖는 것이 아니라면 쓸모도 없을 것이므로 이를 전송받은 매수인은 삭제 또는 폐기하는 것이 보통일 것이다. 따라서 이러한 프로그램의 원상회복은 별다른 의미가 없으므로, 급부의 성질상 원상회복의무도 없다고 보는 것이 타당하다.

3. 채권자지체

채권자지체는 채무의 이행에 있어서 채권자의 협력이 필요한 경우에 채무자가 채무의 내용에 좇아 이행의 제공을 하였으나 채권자가 수령을 거부하거나 그 귀책사유로 수령할 수 없게 된 상태를 말한다(민법 400조). 이 경우에 채무자는 채권자지체로 생긴 손해의 배상을 청구할 수 있으며, 채권자가 수령할 수 있는 때에는 상당한 기간을 정하여 수령을 최고하고 그래도 수령하지 않는 때에는 계약을 해제할 수 있다.

전자거래의 이행에 있어서도 급부의 이행에 매수인의 협력이 요구되는 경우에 매수인이 수령을 거부하거나 수령할 수 없는 때 또는 매수인 측의 귀책사유로 매도인이 이행을 할 수 없는 때, 가령 급부의 이행이 매수인의 지배 아래에 있는 컴퓨터를 통하여 이루어져야 하는 경우에 매수인이 컴퓨터의 안전성의 확보에 필요한 보호조치를 강구하지 않아 급부를 이행할 수 없는 때에는 채권자지체가 된다.

매수인의 수령지체 중에는 매도인의 주의의무가 경감되어 매도인은 자신에게 고의 또는 중대한 과실이 없으면 채무불이행으로 인한 책임이 없으며, 매수인의 책임있는 사유로 이행할 수 없거나 또는 당사자 쌍방에 책임없는 사유로 이행할 수 없게 된 때에는 매도인은 매수인의 이행을 청구할 수 있다(민법 538조 1항). 매수인의 수령지체로 목적물의 보관 또는 이행의 비용이 증가된 때에는 매도인은 그 비용증가액의 상환도 청구할 수 있다.

4. 기업간 전자상거래에 의한 상사매매의 특칙

상인 사이에 전자상거래를 통해 물건을 매매하는 경우에 매수인이 매매목적물의 수령을 거절하거나 수령할 수 없는 때, 매매목적물에 하자 또는 수량부족이 있는 때, 매수인이 목적물의 하자 또는 수량부족을 이유로 계약을 해제한 때에는 매도인의 목적물 공탁·경매권, 매수인의 목적물검사 및 하자통지의무, 매수인의 목적물 보관·공탁의무, 확정기매매의 해제의제 등 상법의 상사매매에 관한 특칙(상법 67~71조)이 적용된다.

5. 채무불이행으로 인한 손해배상책임

1) 개 설

전자거래의 당사자가 채무를 이행하지 않거나 이행할 수 없는 경우 또는 불완전 이행을 한 경우에 그 채무불이행 책임은 민법의 일반원칙에 의한다. 현행 민법은 채무불이행에 관하여 과실책임주의를 원칙으로 하므로, 전자거래에 있어서도 급부의 목적인 재화나 용역의 이행에 관하여 매도인이 채무불이행 상태에 놓인 때에는 민법의 일반원칙에 따라 손해배상책임을 부담하며, 손해배상의 범위도 민법의 규정에 의한다.

다만, 전자상거래등에서의소비자보호에관한법률은 선지급식 통신판매의 경우 이행불능 시 손해배상의 범위에 관한 특별규정을 두고 있다. 또 정보통신망을 통하여 전자적 방법으로 제공되는 전자적 급부에 있어서 정보통신망의 고장 또는 컴퓨터 바이러스 유입 등으로 채무불이행 상태에 놓인 경우에 매도인이 그 책임을 부담하는지 문제된다.

2) 거래 당사자의 책임

(1) 원 칙

민법상 채무자의 채무불이행으로 인한 손해배상액은 통상의 손해를 그 한도로 한다(민법 393조 1항). 통상의 손해는 특별한 사정이 없는 한 그 종류의 채무불이행이 있으면 사회 일반의 관념에 따라 통상적으로 발생되는 범위의 손해이다. 특별한 사정으로 인한 손해는 이행이 지체됨으로써 발생한 기회손실이나 경제적 이득의 상실 등이다. 이러한 손해는 매도인이 매수인의 특별한 사정을 알았거나 알 수 있었을 때 그 배상을 청구할 수 있다(민법 393조 2항).

다만 전자거래에 있어서 당사자는 대면하지 않고 전자적 방법으로 계약을 체결하고 이행을 하는 경우에는 매도인이 매수인의 특별한 사정을 아는 경우는 극히 드물 것이다. 물론 매수인이 매도인에게 계약 체결 시에 특별한 사정을 알리고 주의를 환기시켰다면 이를 입증하여 그 책임을 추궁할 수 있을 것이나, 이러한 사전 고지가 없는 경우에는 현실적으로 특별한 사정으로 인한 손해의 배상책임을 추궁하는 것이 사실상 곤란할 것이다.

(2) 통신판매의 특칙

전자상거래등에서의소비자보호에관한법률은 선지급식 통신판매의 이행불능에 관한 특별규정을 두고 있다. 즉 매수인이 미리 매도인에게 매매대금을 지급하는 지급 선지급식 통신판매에 있어서 통신판매업자가 청약을 받은 재화나 용역을 공급하기 곤란하다는 것을 알았을 때에는 지체 없이 그 사유를 소비자에게 알리고, 소비자가 그 대금을 지급한 날부터 3영업일 이내에 환급하거나 환급에 필요한 조치를 하여야 하는데(동법 15조 2항), 이때 통신판매업자가 소비자에게 재화 등의 대금 환급을 지연한 때에는 그 지연기간에 대하여 연 100분의 40 이내의 범위에서 대통령령으로 정하는 이율(연 100분의 24)을 곱하여 산정한 지연배상금을 지급하여야 한다(동법 15조 4항, 18조 2항, 동법시행령 21조의2). 따라서 전자거래가 이 선지급식 통신판매에 해당하는 경우에는 이 규정에 의하여 손해배상책임을 정하게 된다.

또 동법은 소비자의 귀책사유로 인하여 판매에 관한 계약이 해제된 경우 통신판매업자가 소비자에게 청구하는 손해배상액을 제한하고 있다. 즉 통신판매에 있어서 소비자에게 책임있는 사유로 인하여 재화 등의 판매에 관한 계약이 해제된 경우 통신판매업자가 소비자에게 청구하는 손해배상액은 i) 공급받은 재화 등이 반환된 경우에는 반환된 재화 등의 통상 사용료액 또는 그 사용에 의하여 통상 얻어지는 이익에 상당하는 금액과 반환된 판매가액에서 그 반환 당시의 가액을 공제한 금액 중에서 큰 금액, ii) 공급받은 재화 등이 반환되지 아니한 경우에는 그 판매가액에 상당하는 금액에 대금미납에 따른 지연배상금을 더한 금액을 초과할 수 없다(전자상거래등에서의소비자보호에관한법률 19조 1항).

(3) 컴퓨터 바이러스 유입 등의 경우

급부이행의 목적이 컴퓨터 프로그램 등 전자적 급부인 경우에 그 급부의 목적물이 가령 바이러스에 감염돼 매수인의 컴퓨터 기능이 훼손된 때에는 그 복구비 등도 손해배상의 범위에 포함되는지 문제된다. 매도인은 전자적 이행을 할 때 완전한 급부를 하여야 하며, 급부의 목적을 전송하기 전에 컴퓨터 바이러스의 감염 여부를 철저하게 검사하여 이상이 없을 때 전송하여야 할 주의의무가 있다. 따라서 매도인이 이 주의의무를 게을리하여 발생한 통상적인 손해에 대해서는 당연히 배상책임을 져야 할 것이나, 가령 컴퓨터 바이러스로 인하여 중요한 계약을 체결하지 못해 발생한 손해 등은 특별한 사정으로 인한 손해로서 앞서 본 바와 같이 그 배상책임을 추궁하기가 현실적으로 곤란할 것이다.

3) 정보통신망 운영자의 책임

전자거래에 있어서 채무자의 채무불이행이 정보통신망의 장애나 불안정에 기인하는 경우에는 누가 그 책임을 부담해야 하는가가 문제된다. 거래당사자에 대한 관계에 있어서 정보통신망 운영자는 그 정보통신망을 이용하는 당사자에게 거래가 원활하게 이루어질 수 있도록 설비를 제공하는 보조자의 지위에 있다. 따라서 정보통신망 운영자는 당사자가 계약을 체결하는 단계에서는 체약보조자로, 당사자가 채무를 이행하는 단계에서는 이행보조자의 지위에 있으며, 그 과실로 인한 책임은 당사자 본인에게 귀속하게 된다.

전자계약의 체결단계에서는 체약 당사자는 동일한 정보통신망을 통하여 청약과 승낙의 의사표시를 하게 된다. 이 경우에는 정보통신망 운영자는 당사자 쌍방을 보조하므로 상대방의 체약보조자인 정보통신망 운영자는 동시에 자신의 체약보조자가 된다. 따라서 상대방이 자신에게 전송한 의사표시가 전송과정에서 통신망의 장애 등으로 멸실되거나 지연돼 손해를 입게 된 경우에는 상대방의 계약체결상의 책임을 추궁할 수 없게 된다.

그러나 계약의 이행과정에서 매도인이 정보통신망 운영자의 정보통신망을 이용하여 급부를 제공하는 경우에 정보통신망의 장애 내지 불안정으로 계약내용에 따른 이행이 되지 않는 수가 있다. 이 경우에는 정보통신망 운영자는 매도인의 급부이행을 보조하는 매도인의 이행보조자의 지위에 있으므로, 그 과실로 인한 정보통신망의 장애로 급부가 이행되지 않은 때에는 매도인은 매수인에 대하여 이행보조자의 과실에 따른 채무불이행 책임을 부담하게 된다. 물론 이 경우에 매도인이 별도로 정보통신망 운영자의 책임을 추궁할 수 있음은 후술하는 바와 같다.

4) 사이버몰 운영자의 책임

(1) 사이버몰 운영자의 법적 지위

매도인이 사이버몰의 사이버점포주인 경우에는 그 사이버점포를 관리하는 사이버몰 운영자도 매도인의 채무불이행에 대하여 책임을 부담하는지 문제된다. 사이버점포는 i) 사이버점포주가 호스팅서비스 제공자와 웹사이트이용계약을 체결하여 단독으로 사이버점포를 개설하여 거래를 하는 경우와 ii) 호스팅서비스 제공자로부터 서버의 일부 공간을 임대하여 사이버몰을 개설·운영하는 사이버몰 운영자와 사이버몰의 사이버점포를 임차하여 거래를 하는 경우로 구분할 수 있다.

전자의 경우는 사이버점포주가 호스팅서비스 제공자와 웹사이트이용계약을 체결하여 사이버 점포를 개설하며, 이 때 사이버점포주는 호스팅서비스 제공자의 서버의 일부 공간을 임대하거나 또는 단순히 호스팅서비스를 받는 웹사이트의 이용계약관계에 있으므로 사이버점포주의 채무불이행에 대하여 호스팅서비스 제공자는 아무런 책임이 없다.

후자의 경우에는 사이버몰 운영자는 호스팅서비스 제공자로부터 서버의 일부공간을 임대하여 사이버몰을 개설하고, 사이버점포주에 대해서는 그 사이버몰의 일부공간을 임대하여 사용하게 한다. 따라서 사이버몰 운영자와 사이버점포주는 전자점포 임대차계약관계에 있으며, 사이버몰 운영자는 사이버점포의 단순한 임대인에 불과하므로, 사이버점포주의 채무불이행에 대하여 사이버몰 운영자는 책임을 지지 않는 것이 원칙이다.

다만, 전자상거래를 하는 사이버몰의 운영자는 소비자가 사이버점포주의 신원 등을 쉽게 알 수 있도록 그 상호 및 대표자 성명, 영업소가 있는 곳의 주소, 소비자의 불만을 처리할 수 있는 곳의 주소, 전화번호와 전자우편주소, 사업자등록번호, 사이버몰의 이용약관, 호스팅서비스 제공자의 상호 등을 사이버몰의 초기 화면에 표시하여야 한다(전자상거래소비자보호법 10조 1항). 사이버몰에 입점해 있는 사이버점포주와 거래하는 일반 소비자들을 보호하기 위하여 사이버몰 운영자에게 사이버점포주에 관한 사항을 사이버몰의 초기화면에 표시하도록 의무화한 것이다.

따라서 사이버몰의 운영자가 이러한 의무를 다하지 않아 사이버점포주와 거래한 소비자에게 손해가 발생한 경우에는 사이버몰 운영자도 그 책임이 있다. 물론 이 책임은 사이버점포주의 채무불이행에 따른 책임이 아니라, 사이버몰의 초기화면에 이러한 사항을 표시하지 않은데 따른 책임이며, 그 손해액은 표시의무 위반과 상당인과관계 있는 손해에 한한다.

(2) 명의대여자로서의 책임

사이버몰 운영자는 사이버몰에 입점한 사이버점포를 이용하는 고객에 대하여 원칙적으로 책임을 지지는 않지만, 그 사이버점포가 사이버몰에 의하여 직접 경영되는 것으로 오신시키는 외관을 작출 경우에는 명의대여자로서의 책임을 질 수 있다.

즉, 사이버몰 운영자가 사이버 점포주에 대하여 자기의 상호나 성명을 사용하여 영업할 것을 허락하여 사이버 점포주가 이를 사용하여 영업을 하고, 이로 인해 매수인이 사이버점포를 사이버몰 운영자의 영업으로 오신하여 거래한 경우에는 사이버몰 운영자는 그 매수인에 대하여 상법 제24조의 명의대여자로서 사이버점포주와 연대책임을 부담한다.

사이버몰 운영자가 이러한 책임을 지기 위해서는 그 상호 등의 사용을 사이버점포주에게 허락하여야 하는데, 이 때 허락은 명시적인 허락뿐만 아니라 묵시적 허락도 포함한다. 따라서 사이버점포주가 사이버몰 운영자와 동일하거나 유사한 상호나 성명을 사용하여 전자적 방법으로 영업을 하고, 이 사실을 사이버몰 운영자가 알면서 장기간 묵인하고,[16] 이로 인하여 매수인이 그 사이버점포를 사이버몰 운영자의 점포로 오신한 경우에는 상법 제24조에 따라 사이버몰 운영자는 사이버점포주의 채무불이행에 대하여 연대책임이 있다.

[참고 판례] 대법원 2012.12.4. 2010마817 결정

운동용품 제조회사인 A사는 우리나라에서 자신의 상표를 등록하고, 국내에 자회사를 설립한 후 이 상표에 관한 국내 전용실시권을 설정받아 영업활동을 하고 있으며, B사는 판매자에게 전자거래시스템을 제공하고 그 대가로 서비스 이용료를 받는 이른바 '오픈마켓(Open Market)'의 형태로 인터넷 쇼핑몰을 운영하고 있다. 그런데 A사는 이 쇼핑몰에서 자신의 상표를 위조한 상품들이 판매되자 B사를 상대로, B사는 A사의 상표를 위조한 상품이 판매되도록 하거나 전시되도록 하여서는 안 되고, A사로부터 위조품 통보를 받은 경우에는 판매자의 신원에 관한 정보를 A사에 제공하여야 한다는 등의 내용이 포함된 상표권침해금지가처분 신청을 하였다. 이 사건에 대하여 대법원은 다음과 같이 판시하였다.

"온라인 쇼핑몰 운영자가 판매자로서 직접 소비자들에게 상품을 판매하는 형태가 아니

16) 최준선, 「상법총칙 · 상행위(제7판)」(삼영사, 2011), 153면; 이철송, 「상법총칙 · 상행위(제6판)」(박영사, 2007), 172면.

라, 판매자와 구매자 사이에 거래가 이루어질 수 있는 전자거래 시스템을 제공하고 그 대가로 판매자로부터 서비스이용료를 받을 뿐 판매자와 구매자 사이의 구체적 거래에는 관여하지 않는 이른바 오픈마켓(Open Market)에서는, 운영자가 제공한 인터넷 게시공간에 타인의 상표권을 침해하는 상품판매정보가 게시되고 그 전자거래시스템을 통하여 판매자와 구매자 사이에 이러한 상품에 대한 거래가 이루어진다 하더라도, 그러한 사정만으로 곧바로 운영자에게 상표권 침해 게시물에 대한 불법행위책임을 지울 수는 없다.

다만 상표권 침해 게시물이 게시된 목적, 내용, 게시기간과 방법, 그로 인한 피해의 정도, 게시자와 피해자의 관계, 삭제 요구의 유무 등 게시에 관련한 쌍방의 대응태도, 관련 인터넷 기술의 발전 수준, 기술적 수단의 도입에 따른 경제적 비용 등에 비추어 볼 때, ① 오픈마켓 운영자가 제공하는 인터넷 게시공간에 게시된 상표권 침해 게시물의 불법성이 명백하고, ② 오픈마켓 운영자가 위와 같은 게시물로 인하여 상표권을 침해당한 피해자로부터 구체적·개별적인 게시물의 삭제 및 차단 요구를 받거나, 피해자로부터 직접적인 요구를 받지 않았다 하더라도 그 게시물이 게시된 사정을 구체적으로 인식하였거나 그 게시물의 존재를 인식할 수 있었음이 외관상 명백히 드러나고, ③ 나아가 기술적, 경제적으로 그 게시물에 대한 관리·통제가 가능한 경우에는, 오픈마켓 운영자에게 그 게시물을 삭제하고 향후 해당 판매자가 위 인터넷 게시공간에서 해당 상품을 판매할 수 없도록 하는 등의 적절한 조치를 취할 것이 요구되며(대법원 2009. 4.16. 선고 2008다53812 전원합의체 판결 참조), 오픈마켓 운영자가 이를 게을리 하여 게시자의 상표권 침해를 용이하게 하였을 때에는 위 게시물을 직접 게시한 자의 행위에 대하여 부작위에 의한 방조자로서 공동불법행위책임을 지지만, 이러한 경우에도 오픈마켓 운영자에게 요구되는 조치의무에, 타인의 상표권을 침해하는 것으로 의심되는 게시물을 게시한 판매자의 신원정보 및 판매정보를 오픈마켓 운영자가 임의로 상표권자에게 제공할 의무까지 포함된다고 할 것은 아니다."

Chapter 07 # 인터넷주소

제1절 서론

사람이 그 생활의 근거지를 주소로 하며, 또 자신의 전화번호를 통해 전화를 사용하는 것과 같이, 수많은 통신망이 연결되어 있는 인터넷 공간에서도 그 사용자의 컴퓨터 등 정보처리시스템의 주소가 있어야 한다. 인터넷 공간에서 사용되는 이 정보처리시스템의 주소를 특히 인터넷주소라고 한다. 이 인터넷주소는 개인의 주소나 회사의 본점소재지 등과 같이 인터넷을 통한 정보통신의 도달점이 되며, 이용자의 동일성을 식별하는 기준이 된다.

인터넷주소는 인터넷 프로토콜(protocol) 주소와 도메인(domain)이름으로 구분되나, 도메인이름은 인터넷 프로토콜 주소를 사람이 기억하기 쉽도록 하기 위한 것이다. 그리하여 도메인이름은 그 호스트의 이름과 주소의 기능을 수행하며, 각 정보처리시스템마다 이러한 도메인이름을 가지는 결과, 이 도메인이름을 통하여 세계 어느 국가에 있는 정보처리시스템과의 통신도 가능하게 된다.

그런데 종래 도메인이름에 개인이나 기업이 그 상호나 상표를 사용하는 경우가 많았으며, 또 도메인이름이 널리 알려지는 경우에는 그 자체 사회적 명성과 신용의 표적이 된다. 그리하여 타인의 저명 상호나 상표를 자신의 도메인이름으로 선점하여 사용하는 경우에는 상호권 또는 상표권 등의 침해에 관한 분쟁이 발생하게 된다. 여기서 인터넷 주소의 사용에 대하여 공공이익의 증진 차원에서 국가적 규제와 관리가 요구된다.

그리하여 우리나라에서는 2004년에 '인터넷주소자원에 관한 법률'을 제정하여, 인터넷 프로토콜주소와 도메인이름 등의 등록과 사용, 인터넷주소자원의 개발·이용의 촉진을 위한 국가의 책무, 인터넷주소자원의 관리체계 구축 등에 관하여 규정하고 있다. 이 법은 대한민국에서 할당되는 인터넷 프로토콜 주소와 대한민국에서 등록·보유 또는 사용되는 도메인이름 등의 인터넷주소자원에 대하여 적용된다.

제2절 인터넷주소의 개념

제1. 의의

인터넷주소는 인터넷에서 국제표준방식 또는 국가표준방식에 의하여 일정한 통신규약에 따라 특정 정보시스템을 식별하여 접근할 수 있도록 하는 숫자·문자·부호 또는 이들의 조합으로 구성되는 정보체계를 말한다. 인터넷주소에는 인터넷 프로토콜주소와 도메인이름, 그 밖에 대통령령으로 정하는 것 등이 있다.

인터넷 프로토콜 주소는 인터넷에서 컴퓨터 및 정보통신설비가 상대방 컴퓨터 등과 서로 인식하고 통신할 수 있도록 만들어진 것을 말한다. 인터넷 프로토콜 주소는 숫자를 닷으로 구분하여 4 단계로 표시되며(예; 234.345.578.89 등), 세계 각국에서 중복되지 않도록 사용되고 있다. 이 인터넷 프로토콜 주소를 사용하기 위해서는 인터넷주소관리기관으로부터 그 할당을 받아야 한다(인터넷주소자원에관한법률 10조 1항).

도메인이름은 인터넷 프로토콜 주소를 사람이 기억하기 쉽도록 하기 위하여 만들어진 것이다. 즉 숫자와 닷으로 표시되는 인터넷 프로토콜 주소는 사람이 식별하거나 기억하는 것이 쉽지 않다. 따라서 이를 쉽게 기억할 수 있도록 영문 등의 문자와 숫자, 기호 또는 이들의 결합으로 표시한 것이 도메인이름이다. 개인이나 단체가 도메인이름을 사용하기 위해서는 인터넷주소관리기관 등에 등록을 하여야 한다(인터넷주소자원에관한법률 10조 2항).

제2. 도메인이름의 분류

도메인은 일반최상위도메인(gTLD : general Top Level Domain)과 국가코드최상위도메인(ccTLD : country code Top Level Domain)로 구분된다. 일반최상위도

메인은 com, org, net 등이며, 국가코드최상위도메인은 세계 각국을 두 자리 영문 약자로 표현한 것으로서 kr, uk, jp 등이 그 대표적인 예이다.

이러한 도메인이름 중 com, org, net 등의 일반최상위도메인의 등록과 관리는 미국의 국제정보망센터(InterNIC)에서 관장하며, 국가도메인의 등록과 관리는 당해 국가의 정보망센터(NIC; Network Information Center)가 있는 경우에는 당해 국가 NIC가 관장하나, 해당 국가 NIC가 없는 경우에는 미국의 InterNIC가 그 관리를 대행하고 있다.

우리나라의 ccTLD인 kr을 사용하는 인터넷주소의 할당·등록 등과 관련된 업무는 「정보통신망 이용촉진 및 정보보호 등에 관한 법률」 제52조에 따른 한국인터넷진흥원과 이 진흥원으로부터 인터넷주소관리업무를 위탁받은 인터넷주소관리기관이 수행한다.

제3절 인터넷주소자원에 관한 정책

제1. 인터넷주소자원에 관한 국가의 책무

국가는 인터넷주소자원의 개발과 이용을 촉진하고 인터넷주소가 공정하고 적절하게 사용될 수 있도록 노력하여야 한다(인터넷주소자원에관한법률 3조 1항). 인터넷주소자원은 인터넷주소 및 인터넷주소의 사용에 필요한 정보·설비·기술 등의 자원을 말한다. 국가는 인터넷주소자원 관련 정책이 투명하고 민주적으로 수립·시행되도록 노력하여야 한다(인터넷주소자원에관한법률 3조 2항).

제2. 방송통신위원회의 기본계획 수립·시행

방송통신위원회는 인터넷주소자원의 개발과 이용촉진 및 관리에 관한 기본계획을 수립·시행하여야 한다(인터넷주소자원에관한법률 5조 1항). 이 기본계획에는 인터넷주소자원의 개발·이용촉진 및 관리를 위한 기본목표, 인터넷주소자원의 현황과 수급에 관한 사항, 인터넷주소자원의 개발과 표준화에 관한 사항, 인터넷주소의 사용자 보호와 분쟁해결에 관한 사항, 인터넷주소자원과 관련한 국가·지방자치단체 및 민간의 협력에 관한 사항, 인터넷주소자원과 관련된 국제협력에 관한 사항, 인터넷주소자원의 개발과 이용촉진 및 관리를 위한 재원의 조달 및 운용에 관한 사항, 그 밖에 인터넷주소자원의 개발과 이용촉진 및 관리에 관한 사항이 포함되어야 한다(인터넷주소자원에관한법률 5조 2항). 기본계획의 수립과 시행 등에 필요한 사항은 대통령령으로 정한다(인터넷주소자원에관한법률 5조 4항).

또한 방송통신위원회는 인터넷주소자원의 지속적 개발과 표준화를 위하여 필요한 시책을 수립·시행하고(인터넷주소자원에관한법률 7조 1항), 인터넷을 안정적으로 운영하고 인터넷주소자원을 확충하기 위하여 다른 국가나 국제기구와의 상호협력을 위한 시책을 수립·시행하여야 한다(인터넷주소자원에관한법률 8조 1항). 방송통신위원회는 인터넷주소자원에 관한 민간부문의 인터넷주소자원의 연구개발과 표준화사업 및 국제협력활동을 지원할 수 있다(인터넷주소자원에관한법률 7조 2항, 8조 2항).

제3. 인터넷주소정책심의위원회의 심의

방송통신위원회의 인터넷주소자원에 관한 기본계획의 수립에는 인터넷주소정책심의위원회의 심의를 거쳐야 한다(인터넷주소자원에관한법률 5조 3항). 인터넷주소정책심의위원회는 방송통신위원회에 소속하여 인터넷주소자원에 관한 정책 등을 심의하는 기구로서(인터넷주소자원에관한법률 6조 1항), 위원장을 포함한 10명 이내의 위원으로 구성하고, 위원장은 위원 중에서 호선한다(인터넷주소자원에관한법률 6조 3항). 이 심의위원회는 인터넷주소자원에 관한 기본계획의 수립·시행에 관한 사항, 인터넷주소관리기관 업무위탁의 승인에 관한 사항, 인터넷주소관리준칙의 승인에 관한 사항, 인터넷주소와 관련된 분쟁의 해결을 위한 주요 정책에 관한 사항, 인터넷주소자원과 관련된 주요 국제협력에 관한 사항 등을 심의한다(인터넷주소자원에관한법률 6조 2항).

제4절 인터넷주소의 사용 및 관리

제1. 개설

인터넷 프로토콜 주소를 사용하기 위해서는 인터넷주소관리기관으로부터 이를 할당받아야 하며(인터넷주소자원에관한법률 10조 1항), 도메인이름 등을 사용하기 위해서는 인터넷주소관리기관 등에 이를 등록하여야 한다(인터넷주소자원에관한법률 11조 1항). 따라서 인터넷 프로토콜 주소나 도메인이름 등을 사용하려는 자는 먼저 인터넷주소관리기관 등에 신청하여 그 할당을 받거나 등록을 하여야 한다.

제2. 인터넷 프로토콜 주소의 할당

1. 할당 신청

인터넷 프로토콜 주소의 할당을 받으려는 자는 인터넷주소관리기관에 한국인터넷진흥원이 정하는 인터넷 프로토콜 주소 할당신청서를 정보통신망을 이용하여 제출하여야 한다(인터넷주소자원에관한법률시행령 11조의2 1항). 이 때 인터넷주소관리기관은 신청서 기재사항의 확인을 위하여 필요하면 네트워크 구성 현황, 할당받으려는 인터넷 프로토콜 주소의 사용 계획, 기존에 할당받은 인터넷 프로토콜 주소의 사용현황 내역에 관한 정보 등을 신청인에게 요청할 수 있다(인터넷주소자원에관한법률시행령 11조의2, 2항).

2. 인터넷 프로토콜 주소의 할당기준과 방법

인터넷주소관리기관이 인터넷 프로토콜 주소를 할당할 때에는 인터넷 접속 서비스 제공 여부, 할당받으려는 인터넷 프로토콜 주소의 사용계획 및 신청 수량의 적정성, 이미 할당받은 인터넷 프로토콜 주소의 사용률을 기준으로 할당을 하여야 한다(인터넷주소자원에관한법률시행령 11조의3, 1항). 이들 사항에 관한 세부기준은 인터넷주소관리준칙으로 정한다. 인터넷주소관리기관이 인터넷 프로토콜 주소를 할당하는 경우에는 그 사실을 신청인에게 정보통신망을 이용하여 통보하고, 신청서 기재사항을 데이터베이스에 기록하여 관리하여야 한다.

제3. 도메인이름의 등록

1. 등록신청

도메인이름을 등록하려는 자는 한국인터넷진흥원이 정하는 도메인이름 등록신청서를 인터넷주소관리기관 등에 정보통신망을 이용하여 제출하여야 한다(인터넷주소자원에관한법률시행령시행령 11조의4 1항). 이 경우 인터넷주소관리기관 등은 필요 시 등록인에게 주민등록증 사본 또는 사업자등록증 사본의 제출 등 본인임을 확인할 수 있는 정보를 요구할 수 있으며, 본인확인정보가 거짓인 것으로 확인될 경우 그 도메인이름 등을 말소하여야 한다(인터넷주소자원에관한법률 11조 2항).

2. 등록기준 및 방법

인터넷주소관리기관 등이 도메인이름의 등록신청에 대하여 등록을 할 때에는 도메인이름에 관하여 국제표준에서 정하는 기술규격 적합 여부와 인터넷주소관리준칙에서 정하는 도메인이름의 종류별 등록자격 적합 여부를 기준으로 등록을 하여야 한다(인터넷주소자원에관한법률시행령 11조의5 1항). 인터넷주소관리기관 등이 도메인이름을 등록하는 경우에는 그 사실을 신청인에게 정보통신망을 이용하여 통보하고, 신청서 기재사항을 데이터베이스에 기록하여 관리하여야 한다(인터넷주소자원에관한법률시행령 11조의5 2항).

제4. 인터넷주소관리기관

인터넷주소관리기관은 인터넷주소의 할당·등록 등과 관련된 업무를 수행하는 「정보통신망 이용촉진 및 정보보호 등에 관한 법률」 제52조에 따른 한국인터넷진흥원과 한국인터넷진흥원으로부터 인터넷주소 관리업무를 위탁받은 법인 및 단체를 말한다.

인터넷주소관리기관은 인터넷주소의 관리에 관한 인터넷주소관리준칙을 작성하여 방송통신위원회의 승인을 받아야 한다(인터넷주소자원에관한법률 13조 1항). 인터넷주소관리준칙에는 인터넷주소의 할당 또는 등록업무에 관한 사항, 인터넷주소의 사용기준과 사용조건에 관한 사항, 인터넷주소 관련 정보와 시설의 보호에 관한 사항, 인터넷주소의 사용정지·사용폐지 또는 등록말소에 관한 사항, 인터넷주소관리기관의 업무를 위탁한 경우에는 인터넷주소 데이터베이스의 인계·인수에 필요한 사항, 인터넷주소의 할당 또는 등록수수료에 관한 사항, 인터넷주소관리대행자의 선정·관리 및 감독 등에 관한 사항, 그 밖에 인터넷주소의 관리에 필요한 사항이 포함되어야 한다. 방송통신위원회의 승인을 받은 인터넷주소관리준칙을 변경하는 경우에는 방송통신위원회의 승인을 받아야 한다(인터넷주소자원에관한법률 13조 1항). 인터넷주소관리기관은 인터넷주소관리준칙을 성실히 따라야 한다.

인터넷주소관리기관은 인터넷주소의 할당 또는 등록에 관한 업무의 일부를 대행하게 하기 위하여 인터넷주소관리대행자를 선정할 수 있다(인터넷주소자원에관한법률 14조 1항).

인터넷주소관리기관과 인터넷주소관리대행자는 인터넷주소 사용자의 개인정보를 보호하여야 한다. 이 개인정보보호에 관하여는 「정보통신망 이용촉진 및 정보보호 등에 관한 법률」의 개인정보 보호에 관한 규정을 준용한다(인터넷주소자원에관한법률 15조 2항).

제5절 부정한 목적의 도메인이름 등록·사용 등 금지

제1. 개설

누구든지 정당한 권원이 있는 자의 도메인이름 등의 등록을 방해하거나 정당한 권원이 있는 자로부터 부당한 이득을 얻는 등 부정한 목적으로 도메인이름 등을 등록·보유 또는 사용하여서는 아니 된다(인터넷주소자원에관한법률 12조 1항). 이를 위반하여 도메인이름 등을 등록·보유 또는 사용한 자가 있으면 정당한 권원이 있는 자는 법원에 그 도메인이름 등의 등록말소 또는 등록이전을 청구할 수 있다(인터넷주소자원에관한법률 12조 2항).

제2. 도메인이름의 법적 성질

타인의 상호나 상표를 활용한 도메인이름의 등록·보유 또는 사용이 상호권자나 상표권자의 권리를 침해하는가 여부에 관하여 도메인이름의 법적 성질이 무엇인가에 관하여 종래 논의가 있었다.

이에 관하여 도메인이름은 개인의 주소나 전화번호와 같은 역할을 하는 전자주소라는 설, 도메인이름은 상표가 가지는 모든 가치를 포함하고 상표와 동일한 기능을 수행하므로 상표에 해당하며, 따라서 그 보호도 상표법에 의하여야 한다는 상표설, 도메인이름은 영업표에 해당한다는 영업표설 등이 그 대표적인 학설이다.

생각건대 도메인이름은 형식적으로는 전자주소이나 실질적으로는 전자주소 이상의 사회적·경제적 기능을 수행하고 있으며, 이를 단순한 전자주소로만 보는 경우에는 정당한 권원이 없는 자가 타인의 상호나 상표 등을 도메인이름으로 등록하여 사용해도 무방하다는 결과가 된다는 점에서 타당하지 않다.

상표설도 도메인이름을 상표로 볼 수 있는가에 관하여 문제가 있다. 주지하다시피 상표는 상품을 생산·가공 또는 판매하는 것을 업으로 영위하는 자가 자기의 업무에 관련된 상품을 타인의 상품과 식별되도록 하기 위하여 사용하는 기호·문자·도형 등인데(상표법 2조 1항 1호), 도메인이름은 이처럼 상품을 식별되도록 하기 위한 것으로 보기는 곤란하기 때문이다. 물론 상표를 도메인이름에 사용할 수도 있으나, 그렇다고 하여 도메인이름을 상표와 동일시하는 것은 타당하지 않다. 또 상인이 사용하는 도메인이름을 상표로 본다면, 상인이 아닌 개인이나 단체가 사용하는 도메인이름도 상표로 보아야 하는지도 의문이다.

영업표설도 상표설과 같은 문제점을 안고 있다. 영업표는 영업을 하는 상인이 자기의 영업을 다른 영업자의 영업과 식별되도록 하기 위하여 사용하는 것인데, 도메인이름을 이러한 영업표로 보는 것은 타당하지 않다. 또 영업을 하지 않는 일반 개인이나 단체의 도메인이름도 영업표로 보려는 것은 상표설의 경우와 같이 타당하지 않다.

그럼에도 불구하고 종래 도메인이름을 상표나 영업표로 보려고 했던 까닭은 타인의 상표나 상호를 도메인이름으로 사용하여 정당한 권리자의 권리를 침해하는 경우에 이를 규제할 수 있는 법적 근거가 없었기 때문이다. 그러나 우리나라에서도 「인터넷주소자원에 관한 법률」에서 도메인이름에 관한 사용자의 권리를 명문으로 규정하고, 상표나 서비스표와 같이 부정한 목적에 의한 등록·보유 또는 사용을 금지하고 있다. 따라서 도메인이름은 정당한 권원이 없는 자가 부정한 목적으로 그 등록·보유하거나, 또는 사용하는 것이 금지되는 것으로서, 인터넷 환경에서 보호되는 일종의 특수한 재산권으로 보는 것이 타당하다.

제3. 등록 · 보유 · 사용 여부의 판단 기준

인터넷주소의 사용이 국내에 등록된 타인의 상표나 서비스표 등 「상표법」에서 보호되는 표장에 대한 권리를 침해하는 경우이거나, 국내에 널리 인식된 타인의 상품이나 영업과 혼동을 일으키게 하는 경우, 또는 국내에서 저명한 타인의 성명 · 명칭 · 표장 또는 상호 등에 대한 식별력이나 명성을 손상하는 경우에는 그 등록 · 보유 또는 사용이 금지된다(인터넷주소자원에관한법률 18조의2 1항).

또 인터넷주소의 등록 · 보유 또는 사용이 정당한 권원이 있는 자의 인터넷주소의 등록 또는 사용을 방해하거나 성명 · 명칭 · 표장 또는 상호 등에 대하여 정당한 권한이 있는 자에게 판매 · 대여하려는 등 부당한 이득을 얻으려는 목적으로 행하여진 경우에도 그 등록 · 보유 또는 사용이 금지된다(인터넷주소자원에관한법률 18조의2 2항).

다만, 인터넷주소가 그 등록 · 보유 또는 사용을 하는 자에게 정당한 권원이 있는 성명, 명칭, 표장 또는 상호와 동일하거나 그 밖에 인터넷주소의 등록이나 사용에 정당한 권리나 이익을 가지고 있는 경우에는 그 등록 · 보유 또는 사용이 가능하다(인터넷주소자원에관한법률 18조의2 3항).

제6절 인터넷주소에 관한 분쟁의 조정

제1. 개설

인터넷주소의 등록 · 보유 또는 사용과 관련된 분쟁이 있는 경우에 분쟁 당사자는 법원에 소송을 제기하거나 중재법에 따른 중재신청을 할 수도 있으나, 이 밖에 인터넷주소분쟁조정위원회에 조정을 신청할 수 있다. 인터넷주소분쟁조정위원회는 인터넷주소의 등록과 사용에 관한 분쟁을 조정하는 기구로서 방송통신위원회 산하에 설치되어 있다. 인터넷주소분쟁조정위원회의 조정안을 당사자가 수락한 경우에는 당사자 간에 조정안과 동일한 내용의 합의가 성립된 것으로 본다. 인터넷주소분쟁조정위원회의 조정절차와 조정위원의 제척 · 기피 · 회피, 조정의 효력, 조정의 거부 및 중지, 조정비용 등에 관하여는 「인터넷주소자원에 관한 법률」에서 규정하고 있다.

제2. 인터넷주소분쟁조정위원회

인터넷주소분쟁조정위원회는 인터넷주소의 등록과 사용에 관한 분쟁을 조정하기 위하여 설치된 조정기구로서, 위원장 1명을 포함한 30명 이내의 위원으로 구성한다(인터넷주소자원에관한법률 16조 2항). 위원은 일정한 자격요건을 갖춘 사람 중에서 방송통신위원회 위원장이 임명하거나 위촉하며, 위원장은 위원 중에서 방송통신위원회 위원장이 임명한다(인터넷주소자원에관한법률 16조 3,5항). 위원의 임기는 3년이다(인터넷주소자원에관한법률 16조 4항).

인터넷주소분쟁조정청구사건에 관하여 위원 또는 그 배우자나 배우자였던 사람이 해당 사건의 당사자가 되거나 그 사건에 관하여 공동 권리자 또는 의무자의 관계에 있는 경우, 위원이 해당 사건의 당사자와 친족이거나 친족이었던 경우 등 일정한 경우에는 해당 분쟁조정청구사건의 심의·의결에서 제척(除斥)된다(인터넷주소자원에관한법률 17조 1항). 또 조정당사자는 위원에게 공정한 심의·의결을 기대하기 어려운 사정이 있는 경우에는 분쟁조정위원회에 기피신청을 할 수 있으며, 위원도 이러한 사유에 해당하는 경우에는 스스로 그 사건의 심의·의결에서 회피할 수 있다(인터넷주소자원에관한법률 17조 2,3항).

제3. 조정신청

인터넷주소의 등록·보유 또는 사용과 관련된 분쟁의 조정을 원하는 자는 인터넷주소분쟁조정위원회에 조정을 신청할 수 있다(인터넷주소자원에관한법률 18조 1항). 이 조정신청이 있는 경우 인터넷주소분쟁조정위원회는 인터넷주소의 등록인인 피신청인에게 사실을 통지하고, 피신청인은 통지를 받은 날부터 14일 이내에 답변서 및 관련자료를 인터넷주소분쟁조정위원회에 제출하여야 한다. 다만, 피신청인이 불가피한 사유가 있어 답변서 등의 제출의 연기를 요청하는 경우에는 1회에 한하여 제출기한을 연장할 수 있다(인터넷주소자원에관한법률 18조 2항).

제4. 조정의 거부 또는 중지

인터넷주소분쟁조정위원회는 분쟁의 성질상 당해 분쟁조정위원회에서 조정하는 것이 적합하지 아니하다고 인정하거나 부정한 목적으로 신청되었다고 인정하는 경우에는 그 조정을 거부할 수 있다. 이 경우 조정 거부 사유 등을 신청인에게 통보하여야 한다(인터넷주소자원에관한법률 21조 1항). 또한 인터넷주소분쟁조정위원회는 신청된 조정사건에 대한 처리절차가 진행되는 동안 한쪽 당사자가 소송을 제기한 경우에는 그 조정을 중지하고 그 사실을 다른 당사자에게 통보하여야 한다(인터넷주소자원에관한법률 21조 2항).

제5. 조정절차

인터넷주소분쟁조정위원회는 답변서 제출기한 경과 후 7일 이내에 1명 또는 3명의 위원으로 조정부(調停部)를 구성하고, 조정부 구성 후 14일 이내에 그 사건을 심리하여 조정안을 작성하여야 한다(인터넷주소자원에관한법률 18조 4항). 다만, 부득이한 사정이 있는 경우에는 그 기간을 연장하고, 그 사실을 당사자에게 통보하여야 한다(인터넷주소자원에관한법률 18조 4,5항).

인터넷주소분쟁조정위원회는 분쟁사건에 대한 심리에 있어서 피신청인이 제출한 답변서 등을 기초로 하여야 하나, 피신청인이 답변서 제출기한 내에 답변서 등을 제출하지 아니하면 피신청인의 답변 없이 심리를 진행할 수 있다(인터넷주소자원에관한법률 18조 3항).

인터넷주소분쟁조정위원회는 분쟁조정을 위하여 필요한 자료의 제공을 분쟁 당사자 또는 인터넷주소관리기관 등에 요청할 수 있으며, 필요하다고 인정하면 분쟁 당사자 또는 참고인으로 하여금 인터넷주소분쟁조정위원회에 출석하게 하여 그 의견을 들을 수 있다(인터넷주소자원에관한법률 19조 2항).

제6. 조정결정의 판단기준

인터넷주소분쟁조정위원회 조정부는 피신청인이 등록한 인터넷주소의 사용이 국내에 등록된 신청인의 상표, 서비스표 등 상표법에서 보호되는 표장에 대한 권리를 침해하는 경우, 피신청인의 인터넷주소의 사용이 국내에 널리 인식된 신청인의 상품이나 영업과 혼동을 일으키게 하는 경우, 피신청인의 인터넷주소의 사용이 국내에서 저명한 신청인의 성명, 명칭, 표장 또는 상호 등에 대한 식별력이나 명성을 손상하는 경우 중 어느 하나에 해당하는 때에는 피신청인의 인터넷주소를 신청인에게 이전하도록 하거나 말소하는 조정결정을 할 수 있다(인터넷주소자원에관한법률 18조의2 1항).

또한 피신청인의 인터넷주소의 등록·보유 또는 사용이 정당한 권원이 있는 자의 인터넷주소의 등록 또는 사용을 방해하거나 성명, 명칭, 표장 또는 상호 등에 대하여 정당한 권한이 있는 자에게 판매·대여하려는 등 부당한 이득을 얻으려는 목적으로 행하여진 경우에도 조정부는 피신청인의 인터넷주소를 신청인에게 이전하도록 하거나 말소하는 조정결정을 할 수 있다(인터넷주소자원에관한법률 18조의2 2항).

다만, 피신청인의 인터넷주소가 피신청인이 정당한 권원을 가지고 있는 성명, 명칭, 표장 또는 상호와 동일하거나 그 밖에 피신청인이 인터넷주소의 등록이나 사용에 정당한 권리나 이익을 가지고 있는 경우에는 조정부는 신청인의 신청을 기각할 수 있다(인터넷주소자원에관한법률 18조의2 3항).

제7. 조정의 효력

인터넷주소분쟁조정위원회가 조정신청 분쟁사건에 대하여 조정안을 작성하였으면 지체 없이 조정안을 당사자에게 통지하여야 한다(인터넷주소자원에관한법률 20조 1항). 분쟁당사자가 인터넷주소분쟁조정위원회로부터 통지받은 조정안을 수락한 경우에는 당사자 간에 조정안과 동일한 내용의 합의가 성립된 것으로 본다(인터넷주소자원에관한법률 20조 4항).

조정안을 송달받은 피신청인이 명시적으로 조정안을 수락하지 않더라도 그 송달받은 날부터 15일 이내에 관할 법원에 해당 인터넷주소에 관한 소를 제기하였다는 증명서나 당사자 합의에 따라 중재법에 따른 중재를 신청하였다는 증명서를 제출하지 아니하면 인터넷주소분쟁조정위원회의 조정을 수락한 것으로 보며, 신청인은 인터넷주소분쟁조정위원회에 그 조정내용의 실행을 신청할 수 있다(인터넷주소자원에관한법률 20조 2항).

신청인이 인터넷주소분쟁조정위원회에 조정내용의 실행을 신청한 경우 인터넷주소분쟁조정위원회는 인터넷주소관리기관 등에 그 조정내용의 실행을 요청하고 인터넷주소관리기관 등은 이를 지체 없이 시행하여야 한다(인터넷주소자원에관한법률 20조 3항).

제8. 조정비용

인터넷주소분쟁조정위원회는 분쟁의 조정을 신청한 자에게 대통령령으로 정하는 바에 따라 조정비용을 부담하게 할 수 있다(인터넷주소자원에관한법률 22조).

Chapter 08 전자지급결제

제1절 서설

정보통신기술의 발전과 인터넷 및 컴퓨터의 보급으로 전자적 방법에 의한 지급수단이 비약적으로 발전해 왔다. 전자상거래의 대금지급결제를 위하여 또는 전자금융거래의 수단으로서 다양한 전자지급제도가 발달하여 일상생활에서 이용되고 있다. 신용카드, 전자화폐, 선불전자지급수단, 직불전자지급수단, 인터넷 뱅킹 등을 통한 전자자금이체 등은 물론 전자채권과 전자어음, 전자외상매출채권 등 각종 전자지급수단이 개발되어 서비스를 제공하고 있으며, 지급결제의 안전성과 확실성을 확보하기 위한 보안기술의 발전과 표준화를 위한 노력이 지속적으로 경주되어 왔다. 그 결과 개인과 기업의 일상생활에서 각종 전자적 지급수단을 사용하는 비중이 나날이 증가되고 있으며, 그 이용에 관한 법률관계를 합리적으로 규율하기 위한 입법으로서 여신전문금융업법의 개정과 전자금융거래법의 제정 등 관련 입법도 정비되어 그 발행에서부터 지급결제 및 환급 등에 이르기까지 제기되는 제반 법적 문제를 규율하고 있다.

제2절 신용카드

제1. 의의

신용카드란 신용카드업자가 발행한 것으로서 이를 제시함으로써 반복하여 신용카드 가맹점에서 대금을 결제할 수 있는 증표를 말한다(여신전문금융업법 2조 2호). 즉 신용카드 회원이 카드의 발행자인 신용카드업자와 회원가입계약을 체결하여 카드를 발급받은 후 신용카드 가맹점에서 재화를 구매하거나 용역을 제공받은 후 그 대금 지급을 위하여 카드번호 등의 정보를 가맹점에 제공하고, 가맹점은 이를 신용카드업자에 제시하여 그 대금의 지급을 받고, 신용카드업자는 회원으로부터 그 대가의 지급을 받는 후불의 지급결제수단이다.

제2. 신용카드의 법적 성질

신용카드는 신용카드업자가 발행하여 회원에게 교부하는 것이나, 그 자체가 일정한 재산적 가치가 있는 권리를 표창하는 것이 아니므로 유가증권이라 할 수 없다. 신용카드는 회원이 신용카드업자가 가맹점계약을 체결한 가맹점에서 재화 등을 공급받는 경우에 그 구매 대금을 신용카드업자가 지급하는 회원의 자격이 있음을 증명하는 증서라 할 것이므로 증거증권이라 할 수 있다.

이 신용카드에 의한 대금 결제에 있어서 신용카드 회원이 가맹점에서 구입한 재화나 용역의 대금을 신용카드업자가 지급하고, 회원으로부터 그 대금의 지급을 받는 결제 구조의 법적 성질에 관하여 학설은 채권양도설, 채무인수설, 절충설 등으로 나뉘어 있다.

채권양도설은 가맹점이 회원에 대해 가지는 대금지급채권을 신용카드업자에게 양도하고, 신용카드업자는 가맹점으로부터 양도받은 대금채권을 그 회원으로부터 변제받는 것으로서, 이 때 개개의 채권양도에 관하여 회원은 신용카드발행계약에서 신용카드업자에게 포괄적인 승낙을 하기 때문에 별도의 대항요건을 갖출 필요가 없다고 한다.[1)]

채무인수설은 신용카드 회원이 재화 등의 구입 시 가맹점에 부담하는 채무를 신용카드업자가 인수하여 그 대금을 지급하고, 회원에게 구상하는 것이라고 본다. 이 채무인수설은 신용카드업자가 회원의 채무를 인수할 때 가맹점에 대한 회원의 채무가 병존하는가 아니면 소멸하는 것으로 보는가에 따라 병존적 채무인수설[2)]과 면책

1) 고형석, 「소비자보호법」(세창출판사, 2008), 381면.

적 채무인수설[3])로 나뉜다.

절충설은 신용카드거래에 있어서 회원과 신용카드업자 사이에는 신용카드회원규약에 따른 채무인수이며, 신용카드업자와 가맹점 사이에는 가맹점계약에 따른 채권의 양도라고 본다.[4])

생각건대 채권양도설은 신용카드업자와 가맹점의 관계를 중심으로 한 것이며, 채무인수설은 신용카드업자와 회원의 관계를 중시한 것이다. 신용카드 거래에서는 신용카드업자와 가맹점 사이에는 가맹점계약관계에 있으며, 신용카드업자와 회원 사이에는 회원계약관계가 있다. 따라서 신용카드업자는 이들 계약관계에서 회원이 가맹점에서 공급받은 재화 등의 대금에 관하여 회원에 대해서는 그 대금지급채무를 인수하고, 가맹점에 대해서는 소정의 보수를 받고 그 대금지급채권을 양도받는 것으로 볼 수 있다. 이러한 관점에서 신용카드 거래는 가맹점과의 채권양수와 회원과의 채무인수가 혼합되어 있는 특수한 법률관계로 보아야 한다. 이렇게 보는 것이 회원이 가맹점에 대하여 가지는 항변권을 신용카드업자에게 주장할 수 있고, 또 신용카드업자가 파산 등으로 대금을 가맹점에 지급하지 못하는 경우에 가맹점이 회원에게 그 대금채권을 행사할 수 있는 것을 무리 없이 설명할 수 있다.

제3. 신용카드의 이용관계

신용카드의 이용관계는 신용카드업자와 신용카드 회원 및 신용카드 가맹점의 3당사자로 구성된다. 신용카드업자는 신용카드 회원에게 신용카드를 발급하고, 신용카드 회원은 가맹점에서 물건을 구입하거나 용역의 제공을 받은 후 그 대금을 카드로 지급하게 된다.

신용카드업자는 신용카드업의 허가를 받거나 등록을 하여 신용카드 이용과 관련된 대금의 결제와 신용카드의 발행 및 관리 또는 신용카드 가맹점의 모집 및 관리를 업무로 하는 자를 말한다. 신용카드업은 금융위원회의 허가를 받은 여신전문회사 또는 금융위원회에 등록한 은행법상의 은행 등에 한하여 할 수 있다(여신전문금융업

2) 김대규, "신용카드 사용에 따른 손실부담 고찰", 「기업법연구」 제3집, 1998, 234면.
3) 강위두, "신용카드거래의 법구조", 「법학연구」 제30권 1호, 1988, 196면.
4) 정찬형, "신용카드거래와 대금채무자의 항변", 「상사법연구」 제6집, 1988, 111면.

법 3조 1항). 신용카드업자는 주식회사로서 자본금이 200억 원 이상이어야 하며(여신전문금융업법 5조 1항), 신용카드 회원에 대한 자금의 융통, 직불카드의 발행 및 대금의 결제, 선불카드의 발행·판매 및 대금의 결제에 따른 부대업무를 할 수 있다(여신전문금융업법 13조 1항).

신용카드업자가 신용카드를 발급하기 위해서는 신용카드 회원의 발급신청이 있어야 한다. 신용카드업자는 신용카드 회원으로부터 발급신청을 받아야만 신용카드나 직불카드를 발급할 수 있다(여신전문금융업법 14조 1항). 다만, 이미 발급한 신용카드나 직불카드를 갱신하거나 대체 발급하는 것에 대하여 그 동의를 받은 경우에는 그 발급신청이 없어도 발급할 수 있다. 신용카드의 발급신청이 있는 경우에는 본인의 신청여부와 신용카드 한도액의 개인신용 한도의 범위 초과 여부 등을 확인하여야 한다(여신전문금융업법 14조 2항).

신용카드업자는 신용카드 가맹점과 가맹점계약을 체결하여야 한다. 신용카드업자와 신용카드 가맹점은 가맹점계약으로 가맹점 수수료 등 거래조건을 정하며, 이를 합리적으로 유지하여야 한다. 신용카드업자는 신용카드 가맹점을 모집하는 경우에는 신용카드 가맹점을 경영하려는 자의 사업장을 방문하여 영업 여부 등을 확인하여야 한다(여신전문금융업법 16조의2). 신용카드업자는 신용카드 가맹점과의 가맹점 수수료율을 정함에 있어서 공정하고 합리적으로 정하여야 하며 부당하게 가맹점 수수료율을 차별하여서는 아니 된다(여신전문금융업법 18조의3).

제4. 신용카드에 의한 지급결제방식

1. 일반적인 방식

구매자가 신용카드로 대금을 결제할 경우 판매자에게 카드번호 등의 신용카드 정보를 메일 또는 전화로 전송하고, 판매자는 이를 신용카드사에 제출하여 거래 승인을 받는 방식이다. 그러나 이 경우 정보 유출 또는 지급거절 등의 우려가 있다.

2. 암호화 결제방식

인터넷의 개방 네트워크에서 신용카드에 의한 전자결제를 안전하게 하도록 하기 위하여 구매자가 재화 또는 용역을 구입할 때 자신의 신용카드 정보를 판매자에게 제공하면 판매자는 지급결제중계기관(Payment Gateway)에 그 승인요청을 하고, 지급결제중계기관은 다시 신용카드사에 이를 제출하여 거래승인을 요청하며, 신용카드사는 그 거래승인 요청에 대해 지급결제중계기관을 거쳐 판매자에게 거래승인을 함으로써 지급결제가 이루어지는 시스템이다. Cyber Cash사의 홈페이지에서 Cyber Cash Wallet을 다운받아 설치하여 이용하는 방법과 비자 및 마스터 카드에서 개발한 전자지급 프로토콜 SET(Secure Electronic Transaction)을 이용하는 방법 등이 그 대표적인 예이다.

국내에서는 비씨카드사, 국민카드사, 엘지카드사, 삼성카드사, 마스터카드사 등 5개 Acquirer에 의해 설립된 (주)한국사이버결제(KCP)가 Payment Gateway의 역할을 수행하고 있다. 구매자가 인터넷 상점에서 상품 또는 용역을 구입한 후 자신의 결제 관련 개인정보를 판매자에게 제공하면 판매자는 KCP에게 결제승인요청을 하고, KCP는 다시 신용카드사에 그 승인을 요청하며, 신용카드사는 KCP에 거래승인 응답을 하고, KCP는 다시 판매자에게 거래승인 응답을 하며, 구매자는 신용카드사가 판매자에게 지급한 대금에 해당하는 금액을 사후에 신용카드사에 결제하는 구조이다. 이와 함께 KCP는 신용카드VAN 서비스도 하는데, 이것은 구매자가 신용카드로 결제할 때 그 신용카드 한도 및 잔액을 조회한 후 결제를 승인함으로써 신용카드에 의한 지급의 확실성을 담보하는 기능을 한다.

3. 신용카드번호등록 결제방식

신용카드번호등록 결제방식은 신용카드를 소지하고 있는 구매자가 중앙등록기관에 자신의 신용카드번호를 등록하고 계정을 발급받으며, 구매자는 판매자와의 거래 시에 신용카드번호 대신 계정번호만을 송신하여 대금결제가 이루어지는 방식이다. 이 등록 결제방식의 대표적인 예가 신용카드를 기반으로 한 First Virtual Holdings의 전자결제시스템이다. 이 시스템에 의한 서비스는 1995년 10월부터 First Virtual Holding사에 의하여 제공되고 있다.

이 시스템은 구매자가 자신의 신용카드번호를 퍼스트 버츄얼사의 컴퓨터시스템에 등록하여 저장하고 회원번호인 Virtual PIN(Personal Identification Number)을 발급받은 후, 재화 등을 구입할 때에는 이 번호를 판매자에게 송신한다. 판매자는 구매자에게 재화 등을 공급하고 퍼스트버츄얼 중앙서버에 대금지급요구 메시지를 보낸다. 퍼스트버츄얼사 중앙서버는 구매자에게 구매 확인 메일을 보내고, 구매자의 구매확인 메시지가 있으면 신용카드업자에 카드거래 승인을 요청한다.

퍼스트버츄얼사로부터 카드거래 승인 요청을 받은 신용카드업자는 카드거래 승인을 함과 동시에 퍼스트버츄얼사에 신용카드 거래승인 내역을 통지하고, 퍼스트버츄얼사는 구매자의 물품거래확인서와 신용카드 거래승인 내역을 판매자에게 전송하며, 신용카드사는 구매자에게 카드거래 내역을 통지한다. 이 시스템에서는 구매자에게 확인메일을 보내므로 버추얼핀이 유출되거나 도난당하더라도 지급의 안전성을 도모할 수 있다.

4. 안전결제(ISP)

안전결제는 신용카드 인증 및 지불방식으로 안전결제(ISP) 비밀번호만으로 신용카드에 의한 대금지급의 안전성을 도모하는 결제방식이다. 이 안전결제는 금융감독원이 권고한 공개키기반(PKI)의 전자인증서 방식을 채택하므로 별도의 프로그램 다운로드나 설치가 요구되지 않으며, 신용카드번호와 유효기간의 입력 없이 ISP비밀번호만 입력하면 거래가 완료된다.

제5. 지급의 효력발생시기

지급인이 가맹점에서 신용카드로 대금을 결제하는 경우에 그 지급의 효력은 거래지시된 금액의 정보가 가맹점의 계좌가 개설되어 있는 금융기관 또는 전자금융업자의 전자적 장치에 입력이 끝난 때 생긴다(전자금융거래법 13조 4호).

제6. 신용카드의 부정사용에 따른 책임

1. 신용카드업자의 책임

1) 신용카드의 분실, 도난 등의 경우

신용카드 회원이 분실하거나 도난당한 신용카드를 제3자가 사용한 경우에 신용카드업자는 신용카드 회원으로부터 카드의 분실·도난 등의 통지를 받은 때부터 그 카드의 사용에 따른 책임을 진다(여신전문금융업법 16조 1항).[5]

이 통지 전에 생긴 신용카드의 사용에 대하여는 신용카드업자는 통지를 받은 날부터 60일 전까지의 기간에 사용된 금액에 대해서만 책임을 진다(여신전문금융업법 16조 2항, 동법시행령 6조의9). 그러나 이 기간 동안에 제3자가 사용한 금액에 대하여도 사전에 신용카드업자가 신용카드의 분실·도난 등에 대하여 그 책임의 전부 또는 일부를 신용카드 회원이 지도록 할 수 있다는 취지의 계약[6]을 체결한 경우에는 그 신용카드 회원에 대하여 그 계약내용에 따른 책임을 지도록 할 수 있다(여신전문금융업법 16조 3항 본문).

또 신용카드의 비밀번호를 이용하는 신용카드 거래에 있어서는 도난·분실 기타의 사고로 신용카드 회원에게 손해가 발생하더라도 거래 시 입력된 비밀번호와 신용카드업자에 신고된 비밀번호가 같음을 확인하고 조작된 내용대로 거래가 처리된 경우 신용카드업자는 신용카드개인회원표준약관에 의하여 책임을 지지 않는다(신용카드개인회원표준약관 22조).

물론 이들 경우에도 저항할 수 없는 폭력이나 자기 또는 친족의 생명·신체에 대한 위해 때문에 비밀번호를 누설한 경우 등 신용카드 회원의 고의 또는 과실이 없는 경우에는 신용카드 회원에게 책임을 지울 수 없다(여신전문금융업법 16조 3항 단서, 신용카드개인회원표준약관 22조).

2) 신용카드의 위조·변조 등의 경우

위조되거나 변조된 신용카드의 사용, 해킹·전산장애·내부자정보유출 등 부정한 방법으로 얻은 신용카드 정보를 이용한 신용카드의 사용, 다른 사람의 명의를 도용하여 발급받은 신용카드의 사용으로 생기는 손해에 대해서는 신용카드업자가 책임을 진다(여신전문금융업법 16조 5항).

---

5) 신용카드업자가 신용카드 회원으로부터 카드의 분실·도난 등의 통지를 받은 경우에는 즉시 통지의 접수자, 접수번호, 그 밖에 접수사실을 확인할 수 있는 사항을 그 통지인에게 알려야 한다(여신전문금융업법 16조 4항).

6) 이 계약은 서면으로 한 경우에만 효력이 있으며, 신용카드 회원의 중대한 과실은 계약서에 적혀 있는 것만 해당한다(여신전문금융업법 16조 7항).

이 경우 신용카드업자와 신용카드 회원 사이에 이러한 신용카드의 사용에 대하여 그 신용카드 회원의 고의 또는 중대한 과실이 증명되면 그 책임의 전부 또는 일부를 신용카드 회원이 지도록 할 수 있다는 취지의 계약이 있는 때에는 신용카드업자는 그 신용카드 회원이 그 계약내용에 따른 책임을 지도록 할 수 있다(여신전문금융업법 16조 6항). 이 계약은 서면으로 한 경우에만 효력이 있으며, 신용카드 회원의 고의 또는 중대한 과실은 비밀번호를 고의 또는 중대한 과실로 누설하거나 신용카드를 타인에게 양도 또는 담보의 목적으로 제공하는 경우이다(여신전문금융업법시행령 6조의10).

2. 가맹점에 대한 책임 전가 제한

신용카드업자는 분실하거나 도난당한 신용카드를 사용한 거래, 위조되거나 변조된 신용카드를 사용한 거래, 해킹·전산장애·내부자정보유출 등 부정한 방법으로 얻은 신용카드 정보를 이용하여 신용카드를 사용한 거래, 다른 사람의 명의를 도용하여 발급받은 신용카드를 사용한 거래에 따른 손실을 신용카드 가맹점이 부담하도록 할 수 없다(여신전문금융업법 17조 1항 본문).

그러나 신용카드업자가 그 거래에 대한 당해 신용카드 가맹점의 고의 또는 중대한 과실을 증명하면 그 손실의 전부 또는 일부를 신용카드 가맹점이 부담하도록 할 수 있다는 취지의 계약을 신용카드 가맹점과 체결한 경우에는 신용카드 가맹점으로 하여금 그 손실을 부담하게 할 수 있다(여신전문금융업법 17조 1항 단서). 이 계약은 서면으로 한 경우에만 효력이 있으며, 신용카드 가맹점의 중대한 과실은 계약서에 적혀 있는 사항만 해당한다(여신전문금융업법 17조 2항).

3. 보험 등의 가입

신용카드업자는 신용카드의 부정사용 등에 따른 책임을 이행하기 위하여 보험이나 공제에 가입하거나 준비금을 적립하는 등 필요한 조치를 하여야 한다(여신전문금융업법 16조 8항).

제3절 전자화폐

제1. 의의

전자화폐는 이용자가 미리 발행자에게 대가를 지급하고 IC카드나 컴퓨터 등에 전자적 정보로 가치를 저장하고 재화 또는 용역을 구매할 때 사용할 수 있는 전자적 지급수단이다.

전자화폐는 이전 가능한 금전적 가치가 전자적 방법으로 저장되어 발행된 증표 또는 그 증표에 관한 정보로서 다음의 다섯 가지 요건을 갖추어야 한다. 즉 전자화폐라 하기 위해서는 i) 2개 이상의 광역지방자치단체 및 500개 이상의 가맹점에서 이용되고, ii) 발행인 외의 제3자로부터 재화 또는 용역의 구입 대가를 지급하는데 사용할 수 있어야 하며, iii) 구입할 수 있는 재화 또는 용역의 범위가 5개 업종 이상이어야 하며, iv) 현금 또는 예금과 동일한 가치로 교환되어 발행되어야 하며, v) 발행자에 의하여 현금 또는 예금으로의 교환이 보장되는 것이어야 한다(전자금융거래법 2조 15호).

제2. 전자화폐의 법적 성질

전자화폐는 후술하는 바와 같이 발행자에게 대가를 지급하여 발행받은 후 물건구입 또는 역무 이용 시 그 대가의 지급수단으로 이용하며, 그 보유자는 후일 전자화폐 발행자로부터 이를 현금 또는 예금으로 교환받는다는 점에서 그 법적 성질이 문제된다.

이에 관하여 전자화폐는 사전에 일정한 대가를 지급한 후에 취득하여 대금결제에 사용한다는 점에서 선불카드와 유사한 것이라고 보는 견해,[7] 자유화폐로 보는 견해[8], 통화형 전자화폐는 자유화폐에 유사하나 예금형 전자화폐는 그 보유자가 전자화폐를 제시하면 그에 상응하는 통화를 지급하려는 발행자의 지급약속으로서 일종의 채권이라고 보는 견해[9] 등이 있다.

---

7) 김은기, "전자화폐의 법적 문제", 상사법연구 제16집 제2호(1997), 90면.
8) 森田宏樹, "電子マネーの法的構成(4)", NBL No.622(1997), 34-35면.

사실 전자화폐는 그 자체에 저장되어 있는 화폐가치를 대금의 지급 결제에 사용한다는 점에서 한 계좌에서 다른 계좌로 전자적 방법으로 자금을 이전하는 전자자금이체와 다르다. 전자화폐는 발행자에게 대가를 지급하여 취득한다는 점에서 신용카드나 직불카드와 다르고 선불카드에 유사하나, 선불카드와는 그 범용성에서 차이가 있다. 따라서 전자화폐가 단순히 선불카드에 유사하다고 하는 것만으로는 그 법적 성질을 밝히는데 충분하지 않다.

또 전자화폐에 저장되는 통화가치는 강제통용력이 있는 통화를 전제로 하며, 현금 또는 예금과 동일한 가치로 교환되어 발행되고, 동일한 가치로 현금이나 예금으로의 교환이 보장된다는 점에서 자유화폐라 보는 것도 타당하지 않다. 전자화폐의 발행대가는 통화형 전자화폐든 예금형 전자화폐든 모두 일차적으로 전자화폐 발행자에게 귀속되는데, 그 발행대가의 보유형태가 예금인가 그렇지 않은가에 따라 그 법적 성질을 달리 보는 것도 부자연스럽다.

생각건대 전자화폐는 일정한 금전적 가치를 저장하고 물건 구입 등의 대금 지급수단으로 이용된다는 점에서 현금과 같이 이용할 수 있는 금전지급수단이나, 그 발행 및 양도에 증표의 소지를 요하며 전자화폐발행자로부터 현금 또는 예금으로의 교환이 보장된다는 점에서 완전유가증권으로서의 성질을 가진 지급결제수단이라고 보는 것이 타당하다.

제3. 전자화폐의 종류

1. 카드형 전자화폐와 네트워크형 전자화폐

카드형 전자화폐는 카드에 전자적 방법으로 일정한 금전적 가치를 저장하고, 가맹점에서 물품을 구입하거나 서비스를 이용한 후 그 대금의 지급에 사용하는 전자화폐이다. 카드형 전자화폐는 카드에 전자적 방법으로 일정한 금전적 가치가 저장된다는 점에서 전자지갑(electronic purse)이라고도 한다.

카드형 전자화폐는 가치가 저장되는 곳이 카드에 부착되어 있는 자기띠인가 또는 카드에 내장되어 있는 집적회로(IC: Integrated Circuit)인가에 따라 자기띠형 전자

9) 정경영, 「전자금융거래와 법」(박영사, 2007), 519면.

화폐와 IC카드형 전자화폐로 구분된다. 또 대금을 결제하는 방법에 따라 카드를 단말기 등에 삽입하여 화폐가치를 이전시키는 삽입식 전자화폐와 단말기에 가까이 접근하면 화폐가치가 이전되는 접촉식 전자화폐로 구분되기도 한다.

네트워크형 전자화폐는 은행이 발행하는 일정한 금전적 가치의 전자화폐를 자신의 컴퓨터에 옮겨두고 그것을 인터넷 상의 거래 결제에 사용하거나 타인의 컴퓨터에 송금하는 전자결제시스템이다. 즉 고객이 자신의 컴퓨터(PC)에 전자화폐 S/W를 설치한 후 자신의 거래은행 계좌에서 필요한 현금에 해당하는 전자화폐를 이전받아 자신의 컴퓨터에 다운받아 저장하고, 인터넷에서 재화 또는 용역을 구매한 후 자기 컴퓨터에서 그 대금에 해당하는 전자화폐를 판매자에게 전송한다. 판매자는 자신에게 전송된 전자화폐를 자신의 컴퓨터에 저장하여 사용하거나, 또는 그 정보를 은행에 전송하여 자신의 계좌로 그 금액을 입금하게 한다.

2. 계좌형 전자화폐와 비계좌형 전자화폐

계좌형 전자화폐는 전자화폐가 그 전자화폐 보유자의 실명 예금계좌와 연결되어 있으며, 전자화폐의 거래기록이 그 예금계좌가 있는 은행의 주컴퓨터 등에 의하여 유지·관리되는 전자화폐이다. 비계좌형 전자화폐는 전자화폐가 전자화폐 보유자의 예금계좌와 연결되어 있지 않으며, 거래일시와 지급금액도 전자화폐 보유자의 카드나 컴퓨터에만 기록되고, 전자화폐 발행자의 주컴퓨터에는 나타나지 않는 전자화폐이다. K-Cash는 고객의 실명계좌에서 가치 이전을 하는 계좌형 전자화폐에 속한다.

3. 온라인 전자화폐와 오프라인 전자화폐

온라인 전자화폐는 전자화폐의 발행·양도·담보 제공에 전자화폐 발행자의 중앙전산시스템을 경유하여야 하는 전자화폐이며, 그렇지 않은 전자화폐가 오프라인 전자화폐이다. 온라인 전자화폐는 가치이전에 있어서도 이 중앙전산시스템을 경유하여야 하나, 오프라인 전자화폐는 중앙전산시스템을 거치지 않고 충전을 하여 사용할 수 있다. 현행법은 전자화폐가 원칙적으로 전자화폐 발행자의 중앙전산시스템을 경유하도록 하나, 발행권면 최고한도가 5만 원 이하의 전자화폐에 대해서는 중앙전산시스템을 경유하지 않아도 된다(전자금융거래법시행령 11조 2항).

4. 개방형 전자화폐와 폐쇄형 전자화폐

개방형 전자화폐는 전자화폐 보유자가 전자화폐에 저장된 가치를 다른 전자화폐 보유자에게 자유로이 이전할 수 있는 전자화폐이다. 폐쇄형 전자화폐는 전자화폐 가치가 전자화폐 발행자에서 전자화폐 보유자에게, 전자화폐 보유자에서 가맹점으로, 가맹점에서 전자화폐 발행자에게 일방적인 이전만 가능할 뿐이고, 전자화폐 보유자 상호간에는 그 화폐 가치를 이전할 수 없는 전자화폐이다. Mondex 전자화폐는 개방형 전자화폐이나, K-Cash는 폐쇄형 전자화폐이다.

5. 통화형 전자화폐와 예금형 전자화폐

통화형 전자화폐는 전자화폐의 발행 시에 그 발행의 대가로 전자화폐 발행자에게 지급된 대가가 발행자 소유의 자금으로 되는 것이고, 예금형 전자화폐는 전자화폐의 발행대금이 전자화폐 발행자의 계좌에 보관되어 후일 전자화폐의 상환자금으로 되는 것을 일컫는다.

제4. 전자화폐의 거래구조

전자화폐의 거래구조는 전자화폐의 종류에 따라 차이가 있으나, 일반적으로 발행, 가치저장, 가치이전, 교환의 4 단계로 구분할 수 있다.[10)]

---

10) 카드형 전자화폐는 1990년에 웨스트민스터은행이 IC카드에 화폐가치를 저장해 사용할 수 있도록 개발한 영국의 몬덱스 카드가 대표적이다. 국내에서는 K-CASH, 한국스마트카드의 T-money 등이 사용되고 있다. K-CASH(Korea Cash)는 1998년 금융결제원과 국내 21개 은행 및 7개 카드사가 참여하여 국내 기술로 개발한 IC카드형 전자화폐이다. 발급기관은 금융결제원이며, 시스템 운영사는 ㈜ MYbi로 2000년 7월 시범사업 실시 후 전국 다수 지역에서 상용 서비스를 시작하였다. K-Cash는 고객의 실명계좌에서 가치 이전을 하며, 대학 학생증, 군부대 신분증, 공무원증, 신용/체크카드 등에 탑재·발급되어 교통카드·현금카드·신용/직불카드 기능을 한다. 카드에는 공인인증서가 저장되어 있으며, 인터넷 쇼핑과 모바일뱅킹 등에 이용된다. 충전금액은 최대 50만원이나, 일부 은행의 경우 200만원까지 충전이 가능하다. 신용카드처럼 사전 승인을 받지 않으며, 잔돈 소지의 필요가 없고, 화폐가치는 CD 또는 ATM기 등을 통해 재충전하여 사용한다.

전자화폐의 발행은 금융기관 등 전자화폐 발행자가 이용자의 신청에 따라 하며, 카드형 전자화폐의 경우 집적회로(IC: Integrated Circuit) 등이 내장된 전자화폐 증표에 일정한 전자정보를 입력하여 교부하고, 네트워크형 전자화폐의 경우 전자화폐 S/W를 전자화폐 신청인의 컴퓨터에 설치하게 한다. 발행대가는 현금이나 신용카드 등으로 지급되기도 하나, 신청인의 예금계좌에서 이체 지급되기도 한다.

전자화폐의 가치저장은 전자화폐에 화폐가치를 충전하는 것으로서 카드형 전자화폐의 경우 지정 은행 계좌에 있는 예금 중 필요한 금액 또는 현금을 ATM기 등을 통하여 카드에 이체하여 저장한다. 네트워크형 전자화폐의 경우는 정보통신망을 통해 전자화폐 보유자의 예금계좌에 있는 자금 중 필요한 금액을 그 보유자의 컴퓨터에 설치된 전자화폐 소프트웨어로 이체하여 저장한다.

전자화폐의 가치이전은 카드형 전자화폐의 경우 전자화폐 보유자가 가맹점에서 물품을 구입하거나 또는 서비스를 이용하면 가맹점에서 그 지급금액을 입력하고 단말기에 카드를 접촉하면 전자화폐에 저장되어 있는 화폐가치가 그 지급금액만큼 가맹점으로 이전하고, 전자화폐의 화폐가치는 그 만큼 차감되는 형태로 이루어진다. 네트워크형 전자화폐는 전자화폐 보유자가 컴퓨터와 정보통신망을 통해 가맹점 등에게 그 전자화폐를 이전하게 된다.

전자화폐의 교환은 전자화폐 보유자나 전자화폐로 지급결제를 받은 가맹점의 요구에 따라 전자화폐 발행자는 전자화폐에 저장되어 있는 화폐가치를 현금 또는 예금으로 교환하여 지급한다. 이러한 교환은 은행 창구 또는 ATM기 등을 통해 이루어지며, 통상적으로 금융기관 간의 정산결제제도에 의한다.

제5. 전자화폐의 발행

1. 전자화폐 발행자

전자화폐의 발행 및 관리는 은행법에 의한 은행, 체신관서, 신용카드사업자, 새마을금고연합회 등의 금융기관과 금융위원회의 허가를 받은 금융업자에 한하여 허용된다(전자금융거래법 28조 1항). 금융업자가 전자화폐의 발행에 관하여 금융위원회의 허가를 받기 위해서는 주식회사로서 50억 원 이상의 자본금을 보유하여야 하며(전자금융거래법 30조 1항), 이용자의 보호와 업무 수행에 충분한 전문인력과 전산설비 등 물적 시설을 갖추고, 대통령령이 정하는 재무건전성 기준을 충족하여야 하며, 주요 출자자가 충분한 출자능력과 건전한 재무상태 및 사회적 신용을 갖추고 있어야 한다(전자금융거래법 31조 1항).

전자화폐 발행자는 전자화폐 거래가 안전하게 처리될 수 있도록 선량한 관리자로서의 주의를 다하여야 하며(전자금융거래법 21조 1항), 전자화폐의 전자적 전송이나 처리를 위한 인력, 시설, 전자적 장치 등의 정보기술부문 및 전자금융업무에 관하여 금융위원회가 정하는 기준을 준수하여야 하고(전자금융거래법 21조 2항), 전자금융업무 및 정보기술부문 보안을 총괄하여 책임질 정보보호 최고책임자를 지정하여야 한다(전자금융거래법 21조의2 1항).

2. 전자화폐의 발행절차

전자화폐의 발행은 전자화폐 발행자와 이용자 간의 전자화폐발행계약에 의한다. 전자화폐 발행자가 이용자와 전자화폐발행계약을 체결함에 있어서 약관을 명시하여야 하고, 이용자의 요청이 있는 경우에는 금융위원회가 정하는 방법에 따라 그 약관의 사본을 교부하고 약관의 내용을 설명하여야 한다(전자금융거래법 24조 1항).[11] 전자화폐 발행자가 이에 위반하여 계약을 체결한 때에는 당해 약관의 내용을 계약의 내용으로 주장할 수 없다(전자금융거래법 24조 2항).

전자화폐 발행자는 이용자의 신청이나 본인의 확인이 없는 때에도 전자화폐를 발행할 수 있으며, 전자화폐를 발행하는 때에는 전자식 카드나 이에 준하는 전자적 정보와 비밀번호 등의 접근매체를 선정하여 발급하여야 한다(전자금융거래법 6조 2항). 전

11) 금융기관 또는 전자금융업자가 전자금융거래에 관한 약관을 제정하거나 변경하고자 하는 경우에는 미리 금융위원회에 보고하여야 한다(전자금융거래법 25조 1항 본문). 다만, 이용자의 권익이나 의무에 불리한 영향이 없는 경우로서 금융위원회가 정하는 경우에는 약관의 제정 또는 변경 후 10일 이내에 금융위원회에 보고할 수 있다(전자금융거래법 25조 1항 단서). 또 금융위원회는 건전한 전자금융거래질서를 유지하기 위하여 필요한 경우에는 금융기관 또는 전자금융업자에게 약관의 변경을 권고할 수 있다(전자금융거래법 25조 2항). 금융기관 또는 전자금융업자는 약관을 변경하는 때에는 변경되는 약관의 시행일 1월 전에 금융위원회가 정하는 방법에 따라 이를 게시하고 이용자에게 알려야 한다. 다만 법령의 개정으로 인하여 긴급하게 약관을 변경하는 때에는 금융위원회가 정하는 방법에 따라 이를 즉시 게시하고 이용자에게 알려야 한다(전자금융거래법 24조 3항 단서).

자화폐 발행자는 전자화폐의 접근매체에 식별번호를 부여하고, 발행권면 최고한도가 5만원 이하인 전자화폐를 제외하고는 그 식별번호와 이용자의 실지 명의(주민등록표 또는 사업자등록증상의 명의) 또는 예금계좌를 연결하여 관리하여야 한다(전자금융거래법 16조 1항).

전자화폐의 발행권면 최고한도는 금융위원회가 정한다(전자금융거래법 23조). 현재 전자화폐의 발행권면 최고한도는 200만 원이다(동법시행령 13조 1항). 전자화폐 발행자가 전자화폐를 발행하는 경우에는 발행권면 최고한도가 5만 원 이하의 전자화폐를 제외하고는, 전자화폐 발행자의 중앙전산시스템을 경유하여야 하며, 전자화폐의 발행일시와 금액, 전자화폐의 발행신청인, 전자화폐 접근매체의 식별번호, 그 밖에 전자화폐의 발행에 관한 사항을 기록·관리하여야 한다(전자금융거래법시행령 11조 2항).

전자화폐 발행자는 전자화폐 보유자가 전자화폐를 사용할 수 있도록 발행된 전자화폐의 보관 및 사용 등에 필요한 조치를 하여야 한다(전자금융거래법 16조 3항).

제6. 전자화폐에 의한 지급

전자화폐 보유자가 재화를 구입하거나 용역을 제공받은 때에는 수취인과의 합의에 따라 그 대금을 전자화폐로 지급할 수 있다. 전자화폐 보유자가 전자화폐로 대금을 지급한 때에는 그 대금 지급 채무는 변제된 것으로 본다(전자금융거래법 17조). 즉 전자화폐 자체에 금전적 화폐가치가 저장되어 있고, 그 지급은 당사자의 합의에 의하며, 지급에 의하여 화폐가치가 상대방에게 이전되므로, 전자화폐에 의한 지급은 금전의 지급에 갈음하는 이행으로 간주되는 것이다.

이 때 전자화폐에 의한 대금 지급의 효력은 거래 지시된 금액의 정보가 수취인이 지정한 전자적 장치에 도달한 때 생긴다(전자금융거래법 13조 2호). 여기서 수취인이 지정한 전자적 장치라 함은 전자화폐에 의하여 거래지시된 금액 정보가 입력될 전자적 장치로서 수취인이 지정한 것을 말하는데, 특히 수취인이 금융기관의 계좌를 지정한 경우에는 그 계좌가 개설되어 있는 금융기관의 전자적 장치가 이에 해당된다.

전자화폐로 대금을 결제한 후 그 지급의 효력이 발생하기 전에는 이를 철회할 수 있다고 보아야 한다. 따라서 전자화폐 보유자가 전자화폐로 대금을 지급한 후에도 거래 지시된 금액의 정보가 수취인이 지정한 전자적 장치에 도달되기 전까지는 그 거래지시를 철회할 수 있다(전자금융거래법 14조 1항). 다만 전자화폐로 결제를 하는 경우 거래의 성질상 전자화폐 발행자가 거래의 완료 여부를 즉시 확인할 수 없으므로 이용자의 거래지시 철회를 약관에 의하여 제한하는 경우가 있다. 거래지시의 철회는 이용자가 이용한 해당 전자적 장치를 통하거나 또는 전자화폐 발행자가 정하는 절차에 따라 하여야 한다.

전자화폐로 대금이 지급된 매매계약 등의 원인관계가 부존재·무효·취소 등의 하자로 소멸된 경우에 전자화폐 보유자가 지급된 전자화폐의 반환을 청구할 수 있는지 문제된다. 전자화폐의 지급결제에 의하여 화폐가치는 상대방에게 이전되고, 전자화폐에 의한 지급은 금전의 지급에 갈음하는 이행이므로, 그 원인관계가 무효·취소되더라도 전자화폐 발행자에 대한 전자화폐의 반환 청구는 허용되지 않으며, 상대방에 대하여 부당이득 반환청구만 가능하다.

제7. 거래내용의 확인 및 오류의 정정

전자화폐 발행자는 전자화폐 보유자가 그 거래내용을 전자적 장치, 전자화폐 발행자와 전자화폐 보유자 사이에 미리 약정한 전자적 장치가 있는 경우에는 그 전자적 장치를 통하여 확인할 수 있도록 하여야 한다(전자금융거래법 7조 1항). 또 전자화폐 보유자는 전자화폐 발행자에게 거래내용을 서면(전자문서는 제외)으로 제공할 것을 요청할 수 있으며, 전자화폐 발행자는 그 요청을 받은 날부터 2주 이내에 거래내용에 관한 서면을 교부하여야 한다(전자금융거래법 7조 2항). 전자화폐 보유자가 확인하거나 거래내용에 관한 서면을 요구할 수 있는 거래내용의 대상기간, 종류 및 범위 등은 대통령령으로 정한다(전자금융거래법 7조 3항).

전자화폐 보유자는 전자화폐 거래에 오류가 있음을 안 때에는 전자화폐 발행자에게 그 정정을 요구할 수 있다(전자금융거래법 8조 1항). 전자화폐 발행자가 그 오류의 정정요구를 받은 때에는 이를 즉시 조사하여 처리한 후 정정요구를 받은 날부터 2주 이내에 오류의 원인과 처리 결과를 전자화폐 보유자에게 알려야 한다(전자금융거래법 8조 2항). 전자화폐 발행자가 스스로 전자화폐 거래에 오류가 있음을 안 때에는 이를 즉시 조사하여 처리한 후 오류가 있음을 안 날부터 2주 이내에 오류의 원인과 처리 결과를 문서로, 이용자의 주소가 분명하지 않거나 그 요청이 있는 때에는 전화 또는 전자우편으로 이용자에게 알려야 한다(전자금융거래법 8조 3항, 동법시행령 7조의2).

제8. 전자화폐의 양도

전자화폐 보유자는 전자화폐를 타인에게 양도하거나 담보로 제공할 수 있다(전자금융거래법 18조 1항). 그러나 전자화폐를 타인에게 양도하거나 담보로 제공하기 위해서는 사전에 발행자와의 약정이 있어야 하며, 그 양도 또는 담보 제공은 반드시 발행자의 중앙전산시스템을 경유하여야 한다. 다만, 전자화폐의 발행권면 최고한도가 5만 원 이하인 때에는 발행자의 중앙전산시스템을 경유하지 않아도 무방하다(전자금융거래법 18조 2항).

전자화폐를 양도하거나 또는 담보로 제공하는 경우에는 그 접근매체를 양도하거나 양수하는 행위, 대가를 주고 접근매체를 대여 받거나 대가를 받고 접근매체를 대여하는 행위, 접근매체를 질권의 목적으로 하는 행위도 허용된다(전자금융거래법 6조 3항 단서).

제9. 전자화폐의 환급

전자화폐 발행자는 전자화폐 보유자의 요청에 따라 전자화폐를 현금 또는 예금으로 교환할 의무를 부담한다(전자금융거래법 16조 4항). 전자화폐 보유자가 전자화폐를 현금 또는 예금으로 교환하여 줄 것을 요청하는 경우에는 전자화폐 발행자는 전자화폐를 발행하는 모든 장소에서 그 교환에 응하여야 하나, 발행권면 최고한도가 5만 원 이하인 전자화폐에 대해서는 그 이용자에게 별도로 정하여 알린 교환장소에서만 교환에 응할 수 있다(전자금융거래법시행령 11조 3항).

전자화폐의 교환에 있어서 전자화폐 발행자는 교환 요구 금액 전부를 즉시 현금으로 지급하거나 전자화폐 보유자의 예금계좌로 지급하여야 한다(전자금융거래법시행령 11조 4항). 전자화폐 발행자가 전자화폐를 현금 또는 예금과 교환하는 경우에는 발행권면 최고한도가 5만 원 이하인 전자화폐를 제외하고는, 그 전자화폐 발행자의 중앙전산시스템을 경유하여야 하며, 전자화폐의 교환 일시와 금액, 전자화폐의 교환신청인, 전자화폐 접근매체의 식별번호, 그 밖에 전자화폐의 교환에 관한 사항을 기록·관리하여야 한다(전자금융거래법시행령 11조 2항).

제10. 전자화폐의 부정사용에 관한 책임

1. 전자화폐의 위조와 변조 등의 경우

1) 전자화폐 발행자의 책임

전자화폐 발행자는 접근매체의 위조나 변조로 발생한 사고, 계약체결 또는 거래지시의 전자적 전송이나 처리과정에서 발생한 사고로 인하여 전자화폐 보유자에게 손해가 생긴 경우에는 그 손해를 배상할 책임을 진다(전자금융거래법 제9조 1항). 계약체결 또는 거래지시의 전자적 전송이나 처리과정에서 발생한 사고라 함은 해킹, 전산장애, 내부자정보유출 등 부정한 방법에 의한 경우를 말한다(여신전문금융업법 16조 5항 2호, 17조 1항 3호).

물론 이러한 전자적 전송이나 처리과정에서 발생한 사고가 해커에 의하여 또는 전기통신사업자 등의 귀책사유로 인한 경우에 해커나 전기통신사업자 등이 손해배상책임을 부담해야 하나, 전자화폐 보유자가 그 귀책사유를 입증하여 손해배상을 청구하는 것이 현실적으로 곤란하므로 법은 전자화폐 보유자에 대해서는 우선 전자화폐 발행자가 손해배상책임을 부담하도록 하고, 그 책임을 이행한 전자화폐 발행자가 이들에게 구상을 하도록 한 것이다.

전자화폐 발행자는 이 책임을 이행하기 위하여 금융위원회가 정하는 기준에 따라 보험 또는 공제에 가입하거나 준비금을 적립하는 등 필요한 조치를 하여야 한다(전자금융거래법 제9조 4항).

2) 전자화폐 보유자의 책임

접근매체의 위조나 변조로 발생한 사고, 계약체결 또는 거래지시의 전자적 전송이나 처리과정에서 발생한 사고로 인하여 전자화폐 보유자에게 손해가 발생한 경우에, 전자화폐 발행자가 그 사고 발생에 전자화폐 보유자의 고의나 중대한 과실이 있는 손해에 대해 그 책임의 전부 또는 일부를 이용자의 부담으로 할 수 있다는 취지의 약정을 전자화폐 보유자와 미리 체결한 경우에는 그 손해의 전부 또는 일부를 전자화폐 보유자가 부담하게 할 수 있다(전자금융거래법 제9조 2항 1호).

이 경우 전자화폐 보유자의 고의나 중대한 과실은 제3자가 권한없이 전자화폐 보유자의 접근매체를 이용하여 전자금융거래를 할 수 있음을 알았거나 쉽게 알 수 있었음에도 불구하고 그 정보를 누설하거나 노출 또는 방치한 경우로서 약관에 기재된 것에 한한다(전자금융거래법 제9조 3항, 동법시행령 제8조). 전자직불카드 등의 다른 전자지급수단의 경우 접근매체를 제3자에게 대여하거나 그 사용을 위임한 경우 또는 양도나 담보의 목적으로 제공한 경우에도 고의 또는 중대한 과실이 되나, 전자화폐는 후술하는 선불전자지급수단과 함께 그 양도나 담보 제공이 허용되므로(전자금융거래법 18조 1항), 이를 타인에게 양도하거나 담보로 제공하더라도 고의나 중대한 과실로 인정되지 아니한다.

그러나 법인(소기업은 제외)이 전자화폐를 보유하는 경우에는 접근매체의 위조나 변조, 계약체결 또는 거래지시의 전자적 전송이나 처리과정에서 발생한 사고로 그 법인이 손해를 입더라도 전자화폐 발행자가 사고의 방지를 위하여 보안절차를 수립하고 이를 철저히 준수하는 등 합리적으로 요구되는 충분한 주의의무를 다한 때에는 전자화폐 보유 법인으로 하여금 그 책임의 전부 또는 일부를 부담하게 할 수 있다(전자금융거래법 제9조 2항 2호).

2. 접근매체의 분실과 도난의 경우

전자화폐 보유자가 카드나 비밀번호 등의 접근매체를 분실하거나 도난당한 경우에 전자화폐 보유자가 전자화폐 발행자에게 접근매체의 분실이나 도난 등의 통지를 한 때에는 전자화폐 발행자는 그 통지를 받은 때부터 제3자가 이를 사용함으로 인하여 전자화폐 보유자에게 발생한 손해를 배상할 책임을 진다(전자금융거래법 제10조 1항 본문).

그러나 전자화폐 발행자와 그 보유자 사이에 전자화폐의 분실 또는 도난 등으로 발생하는 손해에 관하여 분실 또는 도난의 통지를 하기 전에 저장된 금액의 손해에 대한 책임을 전자화폐 보유자의 부담으로 할 수 있다는 취지의 약정이 미리 체결된 경우에는, 다른 법령에 전자화폐 보유자에게 유리한 규정이 있는 경우를 제외하고는, 그 보유자가 손해를 부담하여야 한다(전자금융거래법 제10조 1항 단서, 동법시행령 제9조).

전자화폐를 도난당하거나 분실하여 그 습득자가 부정하게 사용한 경우에 그 손실은 원칙적으로 전자화폐를 분실하거나 도난당한 자가 부담해야 할 것이나, 전자금융거래법은 전자화폐 보유자의 이익을 보호하기 위하여 분실 또는 도난 등의 통지의 전후에 따라 그 손실의 부담을 달리하도록 하고 있는 것이다.

제4절 선불전자지급수단

제1. 의의

선불전자지급수단은 이전 가능한 금전적 가치가 전자적 방법으로 저장되어 발행된 전자화폐 이외의 증표 또는 그 증표에 관한 정보로서, i) 발행인(모회사 또는 자회사, 지주회사 또는 자회사, 금융지주회사 또는 자회사 포함) 외의 제3자로부터 재화 또는 용역을 구입하고 그 대가를 지급하는데 사용되어야 하며, ii) 구입할 수 있는 재화 또는 용역의 범위가 2개 업종[12]이상이어야 한다(전자금융거래법 2조 14호, 동법 시행령 3조).[13] 이 밖에 전자화폐는 발행자에 의하여 현금 또는 예금으로의 교환이 보장되는 것이어야 하나, 선불전자지급수단은 사전에 환급약정이 있는 경우에 그 보유자의 청구에 따라 잔액의 환급이 가능하다.

제2. 선불전자지급수단의 발행

1. 발행자

선불전자지급수단의 발행 및 관리업무를 행하기 위해서는 은행법에 따른 은행과 신용카드업자 등 대통령령이 정하는 금융기관을 제외하고는 자본금이 20억 원 이상인 상법상의 회사로서 금융위원회에 등록하여야 한다(전자금융거래법 28조 2항, 30조 2항, 동법시행령 17조 1항 3호). 다만, 선불전자지급수단을 발행하는 자로서 특정한 건물 안의 가맹점 등 대통령령이 정하는 기준에 해당하는 가맹점에서만 사용되는 경우, 총발행잔액이 30억 원 이하인 경우, 이용자가 미리 직접 대가를 지불하지 아니한 선불전자지급수단으로서 이용자에게 저장된 금전적 가치에 대한 책임을 이행하기 위하여 상환보증보험 등에 가입한 경우에는 금융위원회에 등록하지 않더라도 무방하다

---

12) 여기서 말하는 업종은 통계법에 따라 통계청장이 고시하는 한국표준산업분류의 중분류상의 업종을 말한다.

13) 선불카드는 신용카드업자가 대금을 미리 받고 이에 해당하는 금액을 전자적 또는 자기적 방법으로 기록하여 발행한 증표로서 선불카드 소지자가 신용카드 가맹점에 제시하여 그 카드에 기록된 금액의 범위에서 결제할 수 있게 한 증표를 말한다.

(전자금융거래법 28조 3항).

선불전자지급수단의 발행자는 이용자의 보호와 업무 수행에 충분한 전문인력과 전산설비 등 물적 시설을 갖추고, 대통령령이 정하는 재무건전성 기준을 충족하여야 하며, 주요 출자자가 충분한 출자능력과 건전한 재무상태 및 사회적 신용을 갖추고 있어야 한다(전자금융거래법 31조 1항).

2. 발행절차

선불전자지급수단의 발행자는 그 보유자로부터 대가를 지급받고 선불전자지급수단을 발행한다. 선불전자지급수단의 발행자가 이용자와 선불전자지급수단의 발행계약을 체결함에 있어서 약관을 명시하여야 하고, 이용자의 요청이 있는 경우에는 금융위원회가 정하는 방법에 따라 그 약관의 사본을 교부하고 그 약관의 내용을 설명하여야 한다(전자금융거래법 24조 1항). 선불전자지급수단의 발행자가 이에 위반하여 계약을 체결한 때에는 당해 약관의 내용을 계약의 내용으로 주장할 수 없다(전자금융거래법 24조 2항).

선불전자지급수단의 발행에 있어서 발행자는 이용자의 신청이 있는 경우에 본인임을 확인한 후에 발급하여야 하나, 이용자의 신청이나 본인의 확인이 없는 때에도 발급할 수 있는데, 그 발급에 있어서 접근매체를 선정하여 발급하여야 한다(전자금융거래법 6조 2항).

선불전자지급수단의 발행권면 최고한도는 금융위원회가 정한다. 금융위원회는 대통령령이 정하는 바에 따라 선불전자지급수단의 발행자에게 발행권면 최고한도를 제한하거나 그 밖에 필요한 조치를 할 수 있다(전자금융거래법 23조). 현행 선불전자지급수단의 발행권면 최고한도는 50만 원이나, 실지명의로 발행된 선불전자지급수단의 발행권면 최고한도는 200만 원이다(동법시행령 13조 1항).

제3. 선불전자지급수단에 의한 지급

선불전자지급수단의 보유자가 재화를 구입하거나 용역을 제공받은 때에는 수취인과의 합의에 따라 그 대금을 선불전자지급수단으로 지급할 수 있다. 선불전자지급수단에 의한 지급의 법적 성질과 효력은 전자화폐의 경우와 같다. 따라서 선불전자지급수단 보유자가 자신이 보유하는 선불전자지급수단으로 대금을 지급한 경우 그 지급의 효력은 거래 지시된 금액의 정보가 수취인이 지정한 전자적 장치에 도달한 때 생긴다(전자금융거래법 13조 2호). 선불전자지급수단의 보유자가 그 선불전자지급수단으로 대금을 지급한 후에도 그 거래 지시된 금액의 정보가 수취인이 지정한 전자적 장치에 도달되기 전까지는 그 거래지시를 철회할 수 있으며(전자금융거래법 14조 1항), 철회의 방법도 전자화폐의 경우와 같다.

제4. 선불전자지급수단의 양도

선불전자지급수단 보유자는 발행자와의 약정에 따라 그 보유하는 선불전자지급수단을 타인에게 양도하거나 담보로 제공할 수 있다(전자금융거래법 18조 1항). 선불전자지급수단을 양도하거나 담보로 제공하는 경우에는 반드시 발행자의 중앙전산시스템을 경유하여야 하나, 실지명의가 확인되지 아니하는 선불전자지급수단은 발행자의 중앙전산시스템을 경유하지 않더라도 무방하다(전자금융거래법 18조 2항).

선불전자지급수단을 양도하거나 또는 담보로 제공하는 경우에는 접근매체를 양도하거나 양수하는 행위, 대가를 주고 접근매체를 대여 받거나 대가를 받고 접근매체를 대여하는 행위, 접근매체를 질권의 목적으로 하는 행위도 허용된다(전자금융거래법 6조 3항 단서).

제5. 선불전자지급수단의 환급

선불전자지급수단의 발행자는 선불전자지급수단 보유자가 선불전자지급수단에 기록된 잔액의 환급을 청구하는 경우에는 미리 약정한 바에 따라 환급하여야 한다(전자금융거래법 19조 1항). 선불전자지급수단의 발행자는 잔액의 환급과 관련된 약정을 약관에 기재하여야 하며(전자금융거래법 19조 2항 전문), 특히 천재지변 등의 사유로 가맹점이 재화 또는 용역을 제공하기 곤란하여 선불전자지급수단을 사용하지 못하게 된 경우, 선불전자지급수단의 결함으로 가맹점이 재화 또는 용역을 제공하지 못하는 경우, 선불전자지급수단에 기록된 잔액이 100분의 20 이상으로 정한 비율 이하인 경우 등에는 선불전자지급수단에 기록된 잔액의 전부를 지급한다는 내용을 약관에 포함시켜야 한다(전자금융거래법 19조 2항 후문).

제6. 선불전자지급수단의 부정사용 등에 관한 책임

선불전자지급수단의 위조나 변조, 접근매체의 분실과 도난 등으로 인한 손해에 관한 책임은 전자화폐의 경우와 같다(전자금융거래법 9조, 10조, 18조).

제5절 직불전자지급수단

제1. 의의

직불전자지급수단이라 함은 이용자와 가맹점간에 전자적 방법에 따라 금융기관의 계좌에서 자금을 이체하는 등의 방법으로 재화 또는 용역의 제공과 그 대가의 지급을 동시에 이행할 수 있도록 금융기관 또는 전자금융업자가 발행한 증표 또는 그 증표에 관한 정보를 말한다(전자금융거래법 2조 13호). 직불카드(Devit Card)가 그 대표적인 것이다.[14)]

제2. 직불전자지급수단의 발행

직불전자지급수단의 발행 및 관리업무는 은행법에 따른 은행과 신용카드업자 등 대통령령이 정하는 금융기관과 자본금이 20억 원 이상인 상법상의 회사로서 금융위

---

14) 직불카드란 직불카드회원과 신용카드가맹점 간에 전자적 또는 자기적 방법으로 금융거래계좌에 이체하는 등의 방법으로 결제가 이루어질 수 있도록 신용카드업자가 발행한 증표를 말한다(여신전문금융업법 2조 6호). 직불카드 소지인이 물품 또는 용역의 구입 대금을 결제할 때 그 금액이 자신의 계좌에서 바로 상대방의 계좌로 직접 이체된다. 이 카드는 자신의 계좌가 개설된 은행에서 발급받을 수 있으며, 카드 소지인의 계좌에 남아 있는 잔고의 범위 내에서만 사용할 수 있다. 직불카드의 일종인 체크카드는 직불카드의 기능과 신용카드의 혜택을 결합한 것이다. 이 카드는 결제 방식이 통장에 있는 잔고의 한도 내에서 바로 계좌이체에 의한 결제가 가능하므로 계획적인 소비를 하게 함과 동시에 신용카드처럼 할인 및 포인트 적립 등의 혜택도 받게 된다.

원회에 등록한 금융업자에 한하여 허용된다(전자금융거래법 28조 2항, 30조 2항, 동법시행령 17조 1항 2호).

직불전자지급수단의 이용에 관하여 금융위원회는 전자지급수단의 특성을 감안하여 대통령령이 정하는 바에 따라 그 발행자에게 직불전자지급수단의 이용 한도를 제한하거나 그 밖에 필요한 조치를 할 수 있다(전자금융거래법 23조). 현재 직불전자지급수단의 이용한도는 1억 원의 범위에서 이용회수나 이용기간 등을 고려하여 금융위원회가 정해 고시하나, 직불전자지급수단의 발행자와 보유자 간에 별도의 계약으로 그 이용한도를 달리 정할 수 있다(동법시행령 13조 3,4항).

직불전자지급수단은 그 발행절차에 있어서 발행자가 접근매체를 선정하여 사용 및 관리하고 이용자의 신원, 권한 및 거래지시의 내용 등을 확인하여야 하며(전자금융거래법 6조 1항), 접근매체를 발급할 때에는 이용자의 신청이 있는 경우에 한하여 본인임을 확인한 후에 발급하여야 하며, 전자화폐나 선불전자지급수단과는 달리 이용자의 신청이나 본인의 확인이 없는 때에는 발급할 수 없다(전자금융거래법 6조 2항).

제3. 직불전자지급수단에 의한 지급의 효력

직불전자지급수단에 의하여 대금을 지급하는 경우에 그 지급의 효력은 거래지시된 금액의 정보가 수취인의 계좌가 개설되어 있는 금융기관 또는 전자금융업자의 전자적 장치에 입력이 끝난 때이다(전자금융거래법 13조 4호). 따라서 직불전자지급수단의 보유자가 그 직불전자지급수단으로 대금을 지급한 후에도 그 금액의 정보가 수취인의 계좌 개설 금융기관 또는 전자금융업자의 전자적 장치에 입력이 끝나기 전까지는 그 거래지시를 철회할 수 있다(전자금융거래법 14조 1항).

제4. 직불전자지급수단의 양도제한 등

직불전자지급수단은 전자화폐나 선불전자지급수단과는 달리 접근매체를 양도하거나 양수하는 행위, 대가를 주고 접근매체를 대여받거나 대가를 받고 접근매체를 대여하는 행위, 접근매체를 질권의 목적으로 하는 행위, 이러한 행위를 알선하는 행위 등이 금지되며(전자금융거래법 6조 3항), 현금으로의 교환이나 환급이 인정되지 아니한다.

제5. 직불전자지급수단의 부정사용에 따른 책임

직불전자지급수단의 접근매체의 위조나 변조로 발생한 사고, 거래지시의 전자적 전송이나 처리과정에서 발생한 사고, 접근매체의 분실이나 도난 등의 사고로 인하여 직불전자지급수단의 보유자에게 발생한 손해에 대한 책임은 금융기관 또는 전자금융업자가 부담한다. 다만, 직불전자지급수단의 보유자가 그 접근매체를 제3자에게 대여하거나 그 사용을 위임한 경우 또는 양도나 담보의 목적으로 제공한 경우에는, 전자화폐나 선불전자지급수단의 경우와는 달리 그 보유자의 고의나 중대한 과실로 의제되어 그 보유자가 손해의 전부 또는 일부를 부담하게 된다(전자금융거래법 9조 2항 1호).

또 직불전자지급수단의 보유자가 접근매체를 분실하거나 도난당한 경우에 금융기관 또는 전자금융업자는 그 접근매체의 분실이나 도난 등의 통지를 받은 때에는 그 때부터 제3자가 그 접근매체를 사용함으로 인하여 보유자에게 발생한 손해를 배상할 책임이 있다. 그러나 그 분실 또는 도난의 통지를 하기 전에 저장된 금액에 대한 손해에 관하여 그 책임을 보유자의 부담으로 할 수 있다는 취지의 약정이 발행자와 보유자 간에 미리 체결된 경우에도, 전자화폐나 선불전자지급수단의 경우와는 달리 그 손해에 대하여는 발행자가 책임을 진다(전자금융거래법 10조 1항, 동법시행령 9조).

제6절 전자자금이체

제1. 의의

전자자금이체(Electronic Funds Transfer)는 지급인과 수취인 사이에 자금을 지급할 목적으로 금융기관 또는 전자금융업자에 개설된 계좌(금융기관 연결 계좌)에서 다른 계좌로 전자적 장치에 의하여 자금을 이체하는 것을 말한다(전자금융거래법 제2조 12호). 일반적으로 자금이체는 자금 수수 당사자 사이에 현금을 이동하지 않고 장부상의 기장에 의하여 자금을 타인에게 이전하는 방식인데, 전자자금이체는 이를 전자적 장치에 의하여 하는 것이다. 여기서 전자적 장치라 함은 전자금융거래정보를 전자적 방법으로 전송하거나 처리하는데 이용되는 장치로서 현금자동지급기·자동입출금기·지급용단말기·컴퓨터·전화기 기타 전자적 방법으로 정보를 전송하거나 처리하는 장치를 말한다.

전자자금이체업무를 하기 위해서는 은행법에 따른 은행과 신용카드업자 등 대통령령이 정하는 금융기관 이외에는 자본금이 30억 원 이상인 상법상의 회사로서 금융위원회에 등록을 하여야 한다(전자금융거래법 28조 2항, 30조 2항, 동법 시행령 17조 1항 1호).

전자자금이체는 자금이체를 지시하는 자가 누구인가에 따라 지급인의 지급이체와 수취인의 추심이체로 구분된다.

제2. 전자자금이체의 종류

1. 지급이체

지급이체는 지급인의 전자적 장치를 통한 지급지시에 따라 은행이 지급인의 출금계좌에서 자금을 출금하여 같은 은행 또는 다른 은행의 수취인 계좌에 입금하는 것을 말한다. 이를 계좌이체 또는 대변이체(credit transfer)라고도 한다. 인터넷뱅킹을 통한 일반 예금자의 계좌이체, 은행 사이에 대량의 이체를 행하는 Fed Wire, Bank Wire, SWIFT(Society for Worldwide Interbank Financial Telecommunication) 등이 있다. 일반 예금자들이 전자자금이체 시 이용하는 기기로는 ATM(Automated Teller Machine), Home [Electronic] Banking, 회사에 설치된 컴퓨터 터미널로 은행에 지급지시를 하는 Firm Banking 등이 있다.

2. 추심이체

추심이체는 수취인의 전자적 장치를 통한 추심지시에 따라 은행이 지급인의 출금계좌에서 자금을 출금하여 같은 은행 또는 다른 은행의 수취인 계좌에 입금하는 것을 말한다. 추심지시 또는 차변이체(debit transfer)라고도 한다. 추심이체는 보통 수취인이 지급인의 동의를 받은 후 자금이체청구서를 자기 거래은행에 송부함으로써 개시되며, 수취인의 거래은행은 자동어음교환소(ACH)를 통하여 지급은행으로부터 금전의 이체를 받는다.

제3. 추심이체에 대한 지급인의 출금동의

전자자금이체는 지급인의 계좌에서 수취인의 계좌로 자금이 이체되며, 특히 추심이체는 수취인의 지시에 따라 지급인의 계좌에서 수취인의 계좌로 자금이 지급되므로 지급인의 동의를 얻지 않으면 안 된다. 따라서 금융기관 또는 전자금융업자가 추심이체를 실행하기 위해서는 대통령령이 정하는 바에 따라 사전에 지급인으로부터 출금에 대한 동의를 얻어야 한다(전자금융거래법 제15조 1항).

지급인으로부터 출금에 대한 동의를 얻는 방법은 금융기관 또는 전자금융업자가 지급인으로부터 서면이나 공인전자서명이 있는 전자문서 또는 녹취 등에 의하거나, 수취인이 지급인으로부터 서면 또는 녹취 등의 방법으로 출금 동의를 받아 금융기관 또는 전자금융업자에게 전달하거나 전자적 방법으로 출금의 동의 내역을 전송하는 방법에 의한다(전자금융거래법시행령 10조).

지급인의 출금동의는 자금이체가 완료되기 전에는 철회할 수 있다. 즉 추심이체에 있어서 지급인은 자기 계좌의 원장에 수취인의 거래지시에 따른 출금기록이 끝나기 전까지 금융기관 또는 전자금융업자에게 동의의 철회를 요청할 수 있다(전자금융거래법 제15조 2항). 다만 이 동의의 철회시기에 관하여 대량으로 처리하는 거래 또는 예약에 따른 거래 등의 경우에는 금융기관 또는 전자금융업자는 미리 지급인과 정한 약정에 따라 그 철회시기를 달리 정할 수 있다(전자금융거래법 제15조 3항). 금융기관 또는 전자금융업자는 이 동의의 철회방법 및 절차와 약정에 관한 사항을 약관에 기재하여야 한다(전자금융거래법 제15조 4항).

제4. 전자자금이체의 이용 한도 제한

전자자금이체는 금융위원회에 의하여 일정한 한도 내에서 제한된다. 금융위원회는 대통령령이 정하는 바에 따라 금융기관 또는 전자금융업자에게 전자자금이체의 이용한도 제한이나 그 밖에 필요한 조치를 할 수 있다(전자금융거래법 23조). 현재 전자자금이체의 이용한도는 100억 원의 범위에서 전자자금이체의 방법, 이용횟수나 이용기간 등을 고려하여 금융위원회가 정하여 고시하나, 금융기관 또는 전자금융업자와 지급인 사이에 별도의 계약이 있는 경우에는 그 이용한도를 달리 정할 수 있다(동법시행령 13조 2항).

제5. 전자자금이체에 의한 지급의 효력발생시기

전자자금이체에 의하여 지급인이 금전을 지급하는 경우에는 그 지급의 효력은 거래 지시된 금액의 입금정보가 수취인의 계좌가 개설되어 있는 금융기관 또는 전자금융업자의 계좌의 원장에 기록된 때 생긴다(전자금융거래법 제13조 1호). 따라서 전자자금이체에 의하여 지급한 후에도 그 거래 지시된 금액의 입금정보가 수취인의 계좌가 개설되어 있는 금융기관 또는 전자금융업자의 계좌의 원장에 기록되기 전까지는 그 거래지시를 철회할 수 있다(전자금융거래법 14조 1항). 다만, 대량으로 처리하는 거래 또는 예약에 의한 지급이체 및 추심이체는 이체일 전 영업일까지 거래지시를 철회할 수 있다. 철회는 이체 시 이용한 해당 전자적 장치를 통하거나 또는 해당 금융기관이 정하는 절차에 따라 하여야 한다.

제6. 전자자금이체에 관한 책임

전자자금이체에 있어서 접근매체의 위조나 변조로 발생한 사고, 거래지시의 전자적 전송이나 처리과정에서 발생한 사고로 인하여 지급인에게 발생한 손해에 대한 책임은 직불전자지급수단의 경우와 같다. 지급인이 그 접근매체를 제3자에게 대여하거나 그 사용을 위임한 경우 또는 양도나 담보의 목적으로 제공한 경우에는, 전자화폐나 선불전자지급수단의 경우와는 달리 지급자의 고의나 중대한 과실로 의제되어 지급인이 그 손해의 전부 또는 일부를 부담하는 것도 직불전자지급수단의 경우와 같다(전자금융거래법 제9조 2항 1호).

또 접근매체가 분실되거나 도난당한 경우에는 금융기관 또는 전자금융업자가 지급인으로부터 접근매체의 분실·도난 등의 통지를 받은 때에는 그 때부터 제3자가 그 접근매체를 사용하여 지급인에게 발생한 손해에 대해서는 전자화폐나 선불전자지급수단의 경우와 같이 금융기관 등이 배상책임을 진다. 이에 관하여 금융기관 등과 지급인 사이에 분실 또는 도난의 통지를 받기 전에 저장된 금액에 대한 손해에 대하여 그 책임을 이용자의 부담으로 할 수 있다는 취지의 약정이 있더라도, 그 손실에 대한 책임은 직불전자지급수단의 경우와 같이 금융기관 등이 부담한다(전자금융거래법 10조 1항, 동법시행령 9조).

제7절 전자채권

제1. 서설

전자채권은 넓은 의미에서는 금전채권을 전자적 방법에 의하여 전자화한 것으로서 전자채권관리기관에 등록하여 권리를 이전하거나 행사할 수 있도록 한 전자적 지급결제수단이다. 현행법상 전자채권으로는 전자금융거래법상의 전자채권, 전자어음, 전자외상매출채권, 전자보증채권 등이 있다. 이들 전자채권은 각각 그 법적 구조에 있어서 다소 차이가 있으나, 일반적으로 발행에 있어서 채권의 주요 정보를 전자채권관리기관에 등록하고, 이를 기초로 권리의 이전 또는 행사가 이루어진다는 점에서 대체로 유사하다. 전자채권은 채권자가 채권의 존부를 용이하게 확인하고, 채권 관리의 노력과 비용을 절약하면서 권리를 신속하게 행사할 수 있게 하는 특징을 가지고 있다.

제2. 협의의 전자채권

1. 의의

전자채권은 협의로는 공인전자서명이 있는 전자문서에 기재된 채권자의 금전채권으로서 채무자가 채권자를 지정하고, 채권의 전자문서에 채무의 내용이 기재되어 있어야 하며, 금융기관을 거쳐 전자채권관리기관에 등록되고, 채무자가 송신하고 채권자가 수신한 것이라야 한다(전자금융거래법 2조 16호). 이 전자채권은 민법상의 지명채권을 전자화한 것으로서 채무자가 채권자와 채권 금액·지급기일·이자 등 채권의 내용을 전자문서에 기재하여 전자채권관리기관에 등록함으로써 권리가 발생하게 되며, 전자적 방법으로 양도할 수 있다.

2. 전자채권의 등록

전자채권은 채무자가 채권자를 지정하여 전자채권관리기관에 등록한다. 채무자가 전자채권을 등록하기 위해서는 미리 금융기관과 전자채권의 발행 및 채무의 이행을 위한 계좌개설약정을 체결하고(전자금융거래법시행령 16조 1항), 금융기관을 거쳐 전자채권의 등록을 신청하여야 한다.

전자채권의 등록을 신청 받은 전자채권관리기관은 그 전자채권의 발행 내역의 이상 유무를 확인하고, 이상이 없으면 전자채권등록원장에 등록한 후 이를 채권자에게 통지하여야 한다(동법시행령 16조 2항). 전자채권관리기관이 전자채권을 전자채권등록원장에 등록하는 경우에는 전자채권의 채권번호와 종류(보증채권인지 무보증채권인지 여부), 채권자 및 채무자와 그 거래 금융기관에 관한 사항, 전자채권의 발행일 및 변제기, 전자채권의 발행한도 및 발행금액, 그 밖에 전자채권의 등록에 필요한 사항을 기재하여야 한다(동법시행령 16조 3항).

3. 전자채권의 양도

전자채권의 양도는 당사자 간에 채권 양도의 합의에 의하며, 양도인의 채권양도의 통지 또는 채무자의 승낙이 전자서명법상의 공인전자서명을 한 전자문서에 의하여 이루어지고, 이 통지 또는 승낙이 기재된 전자문서가 전자채권관리기관에 등록된 때에는 민법 제450조 제1항에 따른 지명채권 양도의 대항요건을 갖춘 것으로 본다(전자금융거래법 20조 1항).

또 이 채권양도의 통지 또는 승낙이 이러한 요건을 갖추고, 통지 또는 승낙이 기재된 전자문서에 전자서명법에 의한 시점확인이 있는 때에는 민법 제450조 제2항의 확정일자 있는 증서에 의한 통지 또는 승낙과 동일한 대항요건을 갖춘 것으로 본다(전자금융거래법 20조 2항).

4. 선의취득과 인적항변 허용 여부

전자금융거래법상의 전자채권은 전자적 방법에 의하여 전자채권관리기관에 등록된 지명채권이므로 그 양도는 민법상 지명채권양도 방법을 전자적 방법으로 할 수 있게 한 것일 뿐, 그 양도에는 지명채권양도의 효력만 있다. 따라서 이 전자채권은 선의취득의 대상이 되지 않으며, 제3자에게 양도된 후에는 인적항변의 절단도 인정되지 않는다.

5. 전자채권의 지급결제

채무자가 전자채권을 등록하기 위해서는 미리 금융기관과 전자채권의 발행 및 채무의 이행을 위한 결제계좌를 개설하므로, 채무의 변제는 채무자가 이 결제계좌에 입금을 하는 방법으로 이루어진다. 즉 전자채권의 변제기가 되면 전자채권관리기관이 채무자에게 그 채무가 변제기에 있음을 통지하고, 이 통지를 받은 채무자가 결제계좌에 채권대금을 입금하면, 그 입금내역이 전자채권관리기관을 통하여 채권자의 거래 금융기관에 전송되어 채권자의 계좌로 입금되는데, 이 입금에 의하여 지급결제가 완료된다.

6. 전자채권관리기관

전자채권관리기관이 전자채권의 등록 및 관리업무를 행하기 위해서는 금융위원회에 등록하여야 한다(전자금융거래법 29조 1항). 전자채권관리기관은 등록된 전자채권에 대하여 전자채권의 변제기와 관련된 사항의 채무자에 대한 통지, 전자채권의 변제 내역 및 미변제 내역, 전자채권의 양도 내역, 금융기관 간 전자채권 관련 결제 내역, 전자채권 관련 거래의 정지에 관한 사항 등을 관리하여야 한다(동법시행령 20조 4항).

전자채권관리기관은 전자채권의 등록 및 관리의 안전성과 신뢰성을 확보할 수 있도록 전자적 전송이나 처리를 위한 인력, 시설, 전자적 장치 등의 정보기술부문 등에 관하여 금융위원회가 정하는 기준을 준수하여야 하며, 전자채권 등록 및 관리가 안전하게 처리될 수 있도록 선량한 관리자의 주의를 다하여야 한다(전자금융거래법 29조 2항, 21조, 22조).

제3. 전자어음

1. 의의

전자어음은 전자문서로 작성되고 전자어음관리기관에 등록된 약속어음을 말한다(전자어음법 2조 2호). 전자문서는 정보처리시스템에 의하여 전자적 형태로 작성, 송신·수신 또는 저장된 정보를 가리킨다(전자어음법 2조 1호, 전자거래기본법 2조 1호). 전자어음은 약속어음에 한하여 허용되며(전자어음법 1조), 전자어음관리기관에 등록한 것이어야 한다. 전자어음관리기관은 전자어음거래에 관한 전자적 기록을 관리하는 중앙기관으로서 전자어음의 무결성이나 신뢰성을 담보함으로써 전자어음거래의 안전을 확보할 수 있다.

전자어음은 종이 어음에 비하여 어음 발행 비용이 절감되고, 발행 및 배서가 전자적 방식으로 이루어지므로 위조 및 변조가 방지되며, 도난 또는 분실의 위험이 적다. 뿐만 아니라 전자어음은 백지 발행이나 백지 배서가 허용되지 않으므로 권리관계가 명백하고, 거래의 내역이 드러나 어음거래의 투명성이 확보되는 이점이 있다.[15)]

2. 전자어음의 법적 성질

유가증권을 전자화하는 방식에는 전자등록방식과 전자증권방식이 있다. 전자등록방식은 중앙관리기관에 그 권리의 주체와 내용을 전자적 방법으로 등록하고, 권리의 양도나 질권의 설정은 그 등록한 기재의 변경에 의하는 방식이다. 전자증권방식은 증권상의 권리를 전자문서의 형태로 표시하고, 그 양도나 질권 설정도 전자문서에 의하는 방식이다.

전자어음은 전자문서로 작성되고 배서와 지급제시 등이 전자문서에 의하며, 전자어음을 등록하는 전자어음관리기관은 전자어음의 생성과 그 이전 등에 필요한 전자적 정보를 관리하며, 전자어음상의 권리행사가 가능하도록 하는 기술적인 지원을 하는데 지나지 않는다. 전자어음법이 전자어음을 전자어음관리기관에 등록하도록 한 것은 전자어음의 안전성과 신뢰성을 담보하기 위한 것이며, 그 등록이 전자어음상의 권리 내용과 그 양도의 본질적인 속성이라고 볼 수 없으므로, 현행법상의 전자어음은 전자증권방식이라 할 수 있다.

전자어음의 법적 성질이 유가증권인지 아니면 하나의 가치권에 속하는지 견해가 나누어져 있다. 그러나 전자어음은 어음상의 권리가 표창되어 있는 증서가 종이 증

---

15) 전자어음의발행및유통에관한법률은 주식회사의외부감사에관한법률에 의한 외부감사의 대상인 회사에 대하여 약속어음 발행시 전자어음의 발행을 의무화하고 있다. 즉 직전 사업연도 말의 자산총액이 100억 원 이상인 주식회사나 주권상장법인 또는 직전 사업연도 말 부채총액이 70억원 이상이고 자산총액이 70억원 이상인 주식회사 등이 약속어음을 발행하고자 할 때에는 종이어음 대신 반드시 전자어음을 발행하여야 한다(전자어음법 6조의2).

서가 아니라 전자문서인데, 전자문서는 전자거래기본법에 의하여 종이 문서와 동일한 효력이 있다. 또 전자어음에 하는 어음행위자의 공인전자서명은 전자서명법상 법령에 의한 기명날인과 동일한 효력이 있으며, 특히 전자어음법은 전자어음에 관하여 이 법에서 정한 것 외에는 어음법에서 정하는 바에 따르도록 하고 있다. 따라서 전자어음을 종이문서를 증서로 하는 어음과는 다른 별개의 것으로 보는 것은 타당하지 않으므로, 전자어음도 유가증권이라고 보아야 한다..

3. 전자어음의 발행

전자어음을 발행하려는 자는 전자어음을 전자어음관리기관에 등록하고(전자어음법 5조 1항, 6조 1항), 지급금융기관을 제3자방으로 하기로 하는 당좌예금계약을 지급금융기관과 체결하여야 하며(동법시행령 5조 1항), 전자어음을 수령할 자도, 이미 등록한 경우를 제외하고, 전자어음관리기관에 수취인등록을 하여야 한다(동법시행령 6조 1항).

발행인이 전자어음을 발행하는 때에는 전자어음의 전자문서에 어음법에서 정한 약속어음의 어음요건과 전자어음의 지급금융기관, 전자어음의 동일성을 표시하는 정보 및 사업자고유정보를 기재하여야 하며, 공인전자서명을 하여야 한다. 발행인이 전자어음에 공인전자서명을 한 때에는 어음법 소정의 기명날인 또는 서명을 한 것으로 보며(전자어음법 6조 3항), 발행인이 타인에게 전자어음을 송신하고 그 타인이 이를 수신한 때에 전자어음을 발행한 것으로 본다(전자어음법 6조 4항).

4. 전자어음의 배서와 보증

전자어음에 배서를 하는 경우에는 전자어음에 배서의 뜻을 기재한 배서전자문서를 첨부하고 공인전자서명을 하여야 한다(전자어음법 7조 1항, 6조 3항). 배서인이 전자어음에 공인전자서명을 한 때에는 어음법 소정의 기명날인 또는 서명을 한 것으로 보며, 배서인이 타인에게 전자어음과 배서전자문서를 송신하고 그 타인이 이를 수신한 때에는 배서 및 교부를 한 것으로 본다(전자어음법 7조 3,6항). 전자어음을 피배서인이 다시 배서하는 경우에는 이전에 작성된 배서전자문서를 전자어음에 전부 첨부하고 배서를 해야 한다(전자어음법 7조 4항). 전자어음의 배서 횟수는 총 20회를 초과할 수 없다(전자어음법 7조 5항).

전자어음에 보증을 하는 경우에는 그 보증을 하는 자는 보증의 뜻을 기재한 전자문서를 그 전자어음에 첨부하여야 한다(전자어음법 8조 1항). 보증의 전자문서에는 공인전자서명을 하여야 하며, 보증인이 보증의 공인전자서명을 한 경우에는 어음법 소정의 기명날인 또는 서명을 한 것으로 보며, 보증인이 소지인에게 전자어음을 송신하고 그 소지인이 이를 수신한 때에 전자어음을 보증을 한 것으로 본다(전자어음법 8조 2항, 6조 3,4항).

5. 전자어음의 지급

전자어음의 지급을 받기 위해서는 소지인이 전자어음의 지급제시를 하여야 한다. 전자어음의 소지인이 전자어음 및 전자어음의 배서에 관한 전자문서를 첨부하여 지급청구의 뜻이 기재된 전자문서를 지급금융기관에 송신하고 그 금융기관이 수신한 때에는 지급을 위한 제시를 한 것으로 본다(전자어음법 9조 1항 본문). 다만, 전자어음관리기관에 대한 전자어음의 제시는 지급을 위한 제시와 같은 효력이 있으며 전자어음관리기관이 운영하는 정보처리조직에 의하여 전자어음의 만기일 이전에 자동으로 지급제시가 되도록 할 수 있다(전자어음법 9조 1항 단서).

소지인이 전자어음의 지급제시를 하는 경우에는 지급청구의 뜻이 기재된 전자문서에 어음금을 수령할 금융기관의 계좌를 기재하여야 한다(전자어음법 9조 3항). 지급 제시를 받은 금융기관이 어음금을 지급할 때에는 전자어음관리기관에서 운영하는 정보처리조직에 의하여 지급이 완료된 경우를 제외하고는 전자어음관리기관에 지급사실을 통지하여야 한다(전자어음법 9조 4항).

제4. 전자외상매출채권

1. 전자외상매출채권의 의의

전자외상매출채권은 매수인이 물품을 외상으로 구매한 후 그 매도인이 가지는 외상매출채권을 자기 거래은행(발행은행)을 통해 중앙채권관리기관(금융결제원)의 전자채권원장에 등록시키는 방법으로 발행한 전자식 채권이다. 전자외상매출채권은 기업 간의 물품 매매 거래에서 발생하는 매매 대금을 지급하기 위한 전자지급결제수단으로서, 매수인이 매도인을 채권자로 지정하여 그 매도인에게 발행하고, 매도인은 자신의 거래은행(보관은행)을 통해 이 채권을 만기에 추심하거나, 또는 만기 전에 이를 보관은행에 담보로 제공하고 대출을 받아 현금화하게 된다.

전자외상매출채권은 대금 지급의 확실성을 도모하기 위한 어음 대체 결제수단이다. 이 전자외상매출채권은 채권의 존재가 전자적 형태로만 인식되며, 기업간 상거래의 지급결제수단이라는 점에서 전자어음제도와 유사하다. 그러나 전자외상매출채권은 양도가 금지되어 어음에서와 같은 연쇄부도의 가능성이 차단되어 있다는 점에서 전자어음과는 다른 특징이 있다.

전자외상매출채권은 그 발행은행이 매도인에 대하여 보증책임을 부담하는가에 따라 보증전자채권과 무보증전자채권으로 구분된다. 보증전자채권은 발행은행이 만기의 지급을 보증한 것으로서 매수인이 만기에 지급을 하지 못하는 경우에 발행은행이 지급책임을 부담하며, 무보증전자채권은 발행은행이 이러한 보증책임을 부담하지 않는다.

2. 전자외상매출채권의 법적 성질

전자외상매출채권의 법적 성질에 관하여 지명채권으로 보는 입장과 유가증권으로 보는 입장이 있을 수 있다. 그러나 전자외상매출채권의 성립에는 그 원인관계가 영향을 미치며, 전자문서는 단순히 채권의 존재에 관한 증거수단에 불과하고, 전자문서에 게재된 사항에 관하여 문언대로의 효력이 인정되지 않는다. 또 채권의 양도가 원칙적으로 금지되며, 소송상 채권의 발생 및 양도 등에 대한 입증책임을 채권자가 부담하여야 하므로, 전자외상매출채권은 지명채권이며, 선의취득이나 인적항변의 절단 또는 선의지급 등이 인정되지 않는다.

3. 전자외상매출채권의 발행

매수인이 전자외상매출채권을 발행하고자 하는 때에는 매수인과 매도인이 각각 자기의 거래은행에 전자채권의 이용을 위한 약정을 체결하고 계좌를 개설하여야 하며, 매수인의 거래은행은 매수인에 관한 사항과 그 약정 내용을 채권관리기관인 금융결제원의 전자채권원장에 등록한다.

매수인이 매도인과 물품매매 또는 서비스이용계약을 체결하고 매도인이 계약을 이행하면, 매수인은 공인인증서로 전자서명을 한 전자문서에 의하여 자기 거래은행에 전자채권 발행의 신청을 한다. 이 발행 신청의 전자문서에는 발행자인 매수인과 매도인에 관한 사항, 발행일, 금액, 만기일, 발행은행과 보관은행 등을 기재하여야 한다.

매수인으로부터 전자채권의 발행 신청을 받은 매수인의 거래은행은 이 신청에 따라 금융결제원에 전자채권 발행 등록을 하며, 금융결제원은 그 발행에 관한 사항을 전자채권원장에 등록하고, 그 등록결과를 매수인과 매도인의 거래은행에 통지한다. 금융결제원으로부터 통지를 받은 매도인의 거래은행은 그 통지내용을 매도인에게 전송하며, 이로써 매도인은 이 전자외상매출채권을 보유하여 만기에 변제를 받거나 담보대출을 받을 수 있게 된다.

4. 양도의 제한

전자외상매출채권은 양도가 제한된다. 다만 매도인이 만기 전에 매매대금을 회수하고자 하는 경우에는 자기의 거래은행(보관은행)에서 이 전자외상매출채권를 담보로 하는 대출을 받을 수 있는데, 이 담보대출을 받기 위하여 전자외상매출채권을 자기 거래운행에 양도하는 경우를 제외하고는, 이를 타인에게 양도하지 못한다.

5. 담보대출

전자외상매출채권의 채권자인 매도인은 만기일 전에 자금이 필요한 경우에는 자기 거래은행인 보관은행에 이 전자채권을 담보로 하는 담보대출을 신청할 수 있다. 이 때 매도인이 담보대출을 받기 위해서는 보관은행에 그 전자외상매출채권을 양도하여야 하는데, 그 양도 방법은 전자금융거래법 20조에서 정하는 전자채권의 양도 방법에 의한다.

6. 지급

전자외상매출채권의 만기는 발행일로부터 180일 이내이어야 하며, 금융결제원의 전자채권원장에 등록된다. 만기일에 매수인의 결제계좌에 전자외상매출채권의 발행 금액이 있거나 매수인이 그 금액을 입금하면 매수인의 거래은행은 이를 금융결제원에 통지한다. 이 통지를 받은 금융결제원은 그 입금사실 등을 전자채권원장에 등록한 후 매도인의 거래은행에 통지한다. 금융결제원으로부터 이 통지를 받은 매도인의 거래은행은 매수인의 결제계좌에 있는 발행금액을 매도인의 계좌로, 담보대출을 한 때에는 자신의 계좌로 입금하는데, 이로써 지급결제가 이루어진다.

제8절 결제대금예치제도

제1. 의의

결제대금예치제도는 소비자가 구매의 안전을 위하여 재화 또는 용역을 공급받을 때까지 대통령령으로 정하는 제3자에게 그 재화 등의 결제대금을 예치하고 통신판매업자로부터 재화 등의 공급을 받은 후 그 대금을 통신판매업자에게 지급하는 제도이다(전자상거래등에서의소비자보호에관한법률 13조 2항 10호, 동법시행령 28조의3).

이 결제대금예치제도는 현행법상 선지급식 통신판매에서 적용된다. 비대면의 통신판매에서는 소비자가 재화 또는 용역을 구입하는 경우에 신용카드로 결제하거나 후지급식으로 하는 경우를 제외하고는 청약과 동시에 대금을 지급하는 것이 보통이다. 그러나 종래 통신판매업자가 재화 등을 배송하지 않거나 또는 소비자가 청약을 철회하여도 그 대금을 환급하지 않아 소비자가 피해를 입는 사례가 많았다. 이 제도는 이러한 소비자의 피해를 방지하기 위하여 제3자를 통해 대금결제를 할 수 있게 한 것으로 2005년 개정법에 의하여 도입되었다.

제2. 적용범위

결제대금예치제도는 전자상거래등에서의소비자보호에관한법률에 의하여 선지급식 통신판매에 적용되므로, 전자상거래에도 적용되는지 문제된다. 학설은 긍정설과 부정설로 나뉘어 있다. 생각건대 통신판매는 우편·전기통신 그 밖에 재화 또는 용역의 판매에 관한 정보를 제공하고 소비자의 청약에 의하여 재화 또는 용역을 판매하는 것을 말한다(전자상거래등에서의소비자보호에관한법률 2조2호). 따라서 사이버몰과 같이 재화 등에 관한 정보를 그 청약에 앞서 불특정 다수의 소비자에게 제공하고, 소비자의 청약을 받아 판매하는 경우에는 이 통신판매에 해당하므로 이 제도가 적용된다고 보는 것이 타당하다.

그러나 사업자가 상행위를 목적으로 구입하는 거래(사업자라 하더라도 사실상 소비자와 같은 지위에서 다른 소비자와 같은 거래조건으로 거래하는 경우는 제외), 통신판매업자가 통신판매업자 아닌 자 사이에 하는 통신판매중개, 투자매매업자·투자중개업자가 하는 증권거래에는 이 제도가 적용되지 아니한다(전자상거래등에서의소비자보호에관한법률 3조 1,3,4항).

또 통신판매업자와 소비자 간의 거래라도 소비자가 1회 결제하는 구매금액이 5만원 미만인 거래, 신용카드로 재화 등의 대금을 지급하는 거래, 정보통신망으로 전송되거나 제3자가 배송을 확인할 수 없는 재화 등을 구매하는 거래, 일정기간에 걸쳐 분할되어 공급되는 재화 등을 구매하는 거래, 다른 법률에 따라 소비자의 구매안전이 충분히 갖추어진 경우 또는 결제대금예치가 필요하지 아니하거나 곤란하다고 공정거래위원회가 정하여 고시하는 거래 등에도 이 제도는 적용되지 않는다(전자상거래등에서의소비자보호에관한법률 24조 3항).

제3. 결제대금예치업자

1. 자격요건

결제대금예치업무는 은행법에 따른 은행 그 밖에 대통령령이 정하는 금융기관과 일정한 자격요건을 갖춘 금융업자에 한하여 허용된다. 금융기관 이외의 금융업자가 결제자금예치업무를 하기 위해서는 전자금융거래법에 따라 금융위원회에 등록하여야 하며, 소비자피해보상보험계약 또는 채무지급보증계약을 체결하고, 금융기관 또는 체신관서에 결제대금의 예치만을 위한 계좌로 개설·통보한 계좌에 소비자의 결제대금을 예치하여야 한다(전자상거래등에서의소비자보호에관한법률 13조 2항 10호, 동법시행령 19조의2 1항).

또 이 금융업자가 체결하여야 하는 소비자피해보상보험계약이나 채무지급보증계약은 다음의 요건을 모두 갖추어야 한다(전자상거래등에서의소비자보호에관한법률시행령 19조의2 3항). 즉 i) 사업자가 결제대금 환급 사유 발생 시 소비자에 대한 대금환급을 하지 않거나 할 수 없게 됨에 따른 피해를 보상하는 것을 그 내용으로 하고, ii) 피보험자 또는 수혜자는 결제대금을 예치한 소비자로 하여야 하며, iii) 소비자피해보상보험 등의 계약금액은 소비자가 예치한 결제대금 잔고의 100분의 10 이상이어야 한다(계약금액의 변경이 필요한 경우에는 보험계약을 지체 없이 조정하되, 계약금액을 수시로 변경하는 것이 곤란한 경우에는 매월 말일의 결제대금 잔고를 기준으로 보험계약을 조정해야 한다). 나아가 iv) 정당한 사유 없이 피해자의 범위나 보험자 또는 사업자의 책임을 한정하지 않아야 하며, v) 소비자가 쉽고 신속하게 피해보상을 받을 수 있도록 하고, 보상이 지연되는 경우에는 지연배상금이 지급되도록 하여야 하며, vi) 정당한 사유 없이 소비자의 의사표시 방법을 제한하거나 소비자에게 과도한 입증책임을 부과하지 않아야 하며, vii) 그 밖에 소비자에게 예상하기 어려운 위험이나 손해를 줄 우려가 있거나 부당하게 불리한 약정을 두지 않아야 한다. 소비자가 예치한 결제자금의 지급 또는 환급을 담보하고, 그 불이행시 소비자에게 발생할 수 있는 피해를 신속하게 보상하도록 하기 위한 것이다.

2. 법적 지위

결제대금예치업자는 소비자로부터 결제대금을 수령하여 보관하면서 소비자가 통신판매업자로부터 재화 등의 공급을 받은 후에 그 대금을 통신판매업자에게 지급하므로, 그 법적 지위가 문제된다. 결제대금예치업자가 통신판매업자에게 지급하는 결제대금은 소비자와 통신판매업자 간의 재화 또는 용역의 공급에 따른 대금의 지급이므로 그 법적 지위가 소비자의 대금지급의무를 이행하는 소비자의 이행보조자인가, 아니면 통신판매업자의 대금수령을 보조하는 통신판매업자의 대금수령보조자인가 하는 것이다.

생각건대 결제대금예치업자는 독립된 금융기관 내지 금융업자로서 후술하는 바와 같이 통신판매업자와 결제대금예치계약을 체결하고 그 위임에 따라 결제대금예치업무를 수행한다. 소비자는 그 선택에 따라 결제대금예치제도를 이용하며, 공급받은 재화 등의 대금을 결제대금예치업자에게 예치한 경우에는 통신판매업자에게 그 대금지급의무를 이행한 것으로 보아야 한다. 따라서 결제대금예치업자는 통신판매업자의 대금수령 보조자의 지위에 있다고 보는 것이 타당하다.

제4. 결제대금예치의 법률관계

1. 결제대금예치계약

통신판매업자가 선지급식 통신판매를 할 때 소비자가 결제대금예치제도의 이용을 선택한 경우에는 통신판매업자는 소비자가 결제대금예치를 이용할 수 있도록 하여야 한다(전자상거래등에서의소비자보호에관한법률 24조 2항). 이를 위해서는 통신판매업자는 먼저 결제대금예치업자와 결제대금예치계약을 체결하여야 한다.

이 결제대금예치계약에서 결제대금예치업자와 통신판매업자는 결제대금의 예치에 관한 약정을 하고, 결제대금예치업자의 보수, 소비자가 재화 등을 공급받은 사실을 결제대금예치업자에게 통보해야 할 기간, 소비자의 통보를 받은 후 통신판매업자에게 대금을 지급해야 할 기간, 결제대금예치계약의 존속기간 및 해지사유 등에 관하여 정한다.

이 결제대금예치계약은 결제대금예치업자가 통신판매업자의 대금수령사무를 처리하는 것을 목적으로 하므로 그 법적 성질은 민법의 위임계약이다. 따라서 결제대금예치업자는 통신판매업자의 수임인으로서 결제대금의 수령 및 지급에 관하여 선량한 관리자의 주의의무를 부담하며, 그 법률관계에 대해서는 별다른 규정이 없는 한 민법의 위임계약에 관한 규정이 적용된다.

2. 소비자의 통보와 통신판매업자에 대한 대금지급

통신판매업자와 결제대금예치업자 사이에 이 결제대금예치계약이 있고 소비자가 결제대금예치의 이용을 선택한 경우에는 소비자가 통신판매업자에게 청약을 함과 동시에 그 대금을 결제대금예치업자에게 지급하고, 결제대금예치업자는 소비자가 그 재화 등을 통신판매업자로부터 공급받은 후에 통신판매업자에게 대금을 지급하게 된다.

결제대금예치업자가 통신판매업자에게 결제대금을 지급하기 위해서는 소비자가 재화 등을 공급받은 사실을 알아야 하므로, 결제대금예치업자는 소비자에게 재화 등을 공급받은 사실을 그 공급받은 날부터 3 영업일(거래당사자가 3 영업일보다 긴 기간으로 정한 경우에는 그 기간) 이내에 통보하여 주도록 요청할 수 있다(동법시행령 제28조의3 1호). 결제대금예치업자는 이 때 그 기간이 지나도록 소비자가 통보하지 아니한 때에는 통신판매업자에게 결제대금을 지급할 수 있다는 사실을 소비자에게 고지하여야 한다(동법시행령 제28조의3 2호).

결제대금예치업자는 이 기간 내에 소비자의 통보가 있으면 그 통보를 받은 후에 통신판매업자에게 결제대금을 지급하여야 한다. 그러나 소비자가 이 고지를 받고도 재화 등을 공급받은 사실을 그 기간 내에 통보하지 아니한 때에는 결제대금을 바로 통신판매업자에게 지급할 수 있다(동법시행령 제28조의3 3호). 결제대금예치업자가 사전에 소비자에게 이 고지를 하지 아니한 경우에는 그 사실을 소비자에게 고지한 후 3 영업일(3 영업일보다 긴 기간을 정한 경우에는 그 기간)이 지난 때 통신판매업자에게 결제대금을 지급할 수 있다(동법시행령 제28조의3 3호).

3. 대금의 환급

결제대금예치업자가 통신판매업자에게 결제대금을 지급하기 전에 소비자가 그 결제대금을 환급받을 사유가 발생한 경우에는 결제대금예치업자는 그 결제대금을 소비자에게 환급하여야 할 의무를 부담한다. 소비자가 결제대금을 환급받을 사유는 소비자가 그 대금을 결제대금예치업자에게 예치한 후 통신판매업자가 목적물인 재화 등을 공급할 수 없게 된 경우 또는 소비자가 청약철회권을 행사한 경우 등이다. 이러한 사유가 발생한 경우에 소비자로부터 결제대금을 예치받은 결제대금예치업자가 그 결제대금을 통신판매업자에게 지급하기 전에는 소비자로부터 지급받은 결제대금 전액을 소비자에게 환급하여야 한다.

결제대금의 환급사유가 발생한 경우에 결제대금예치업자가 이미 그 결제대금을 통신판매업자에게 지급한 후에도 결제대금예치업자는 그 결제대금을 소비자에게 환급해야 할 의무가 있다. 물론 이 경우 결제대금예치업자로부터 결제대금을 지급받은 통신판매업자가 결제대금을 소비자에게 환급하여야 하나, 통신판매업자가 소비자에게 환급하지 않는 경우에는 결제대금예치업자도 그 결제대금을 소비자에게 환급하여야 하는 것이다.

이 때 결제대금예치업자는 대금 환급과 관련한 의무의 이행에 있어서 소비자에게 통신판매업자와 연대하여 책임을 진다(전자상거래등에서의소비자보호에관한법률 18조 11항). 소비자의 대금환급청구권을 보호하기 위한 것이다. 결제대금을 지급받은 통신판매업자가 환급하지 않아 결제대금예치업자가 소비자에게 환급한 때에는 결제대금예치업자는 그 환급금에 관하여 통신판매업자에게 구상권을 가진다.

결제대금예치업자와 통신판매업자가 소비자에게 환급해야 할 금액은 소비자가 결제대금예치업자에게 결제대금으로 예탁한 금액 전액이며, 그 환급금액에서 결제대금예치업자의 수수료 또는 보수를 공제하여서는 안 된다.

4. 대금지급의 이행시기

결제대금예치제도에 의하여 재화 등의 구입대금을 지급하는 경우에 소비자는 통신판매업자에게 청약을 함과 동시에 그 대금을 결제대금예치업자에게 예치하고, 결제대금예치업자는 소비자가 재화 등을 통신판매업자로부터 공급받은 후에 그 결제대금을 통신판매업자에게 지급하는데, 이 경우 대금지급의 이행시기가 언제인지 문제된다. 즉 재화 등의 구입대금의 지급시기가 결제대금을 소비자가 결제대금예치업자에게 예치하는 때인가, 아니면 결제대금예치업자가 그 결제대금을 통신판매업자에게 실제 지급하는 때인가 하는 것이다.

이에 관해서는 결제대금예치업자의 지위를 어떻게 보느냐에 따라 차이가 있다. 결제대금예치업자를 소비자의 이행보조자라고 본다면, 그 대금의 지급시기도 결제대금예치업자가 그 결제대금을 통신판매업자에게 실제 지급하는 때로 보게 된다. 그러나 전술한 바와 같이 결제대금예치업자는 통신판매업자의 대금 수령 보조자의 지위에 있으므로 소비자가 청약과 동시에 그 결제대금을 결제대금예치업자에게 예치하는 경우에는 그 예치 시에, 청약을 하기 전에 예치하고 그 결제대금이 청약 당시에도 예치되어 있는 경우에는 그 청약 시에 대금 지급을 이행한 것으로 보아야 할 것이다.

Chapter 09 개인정보의 보호

제1절 서설

현대사회에서는 정보통신기술의 발전으로 개인정보가 침해되는 사례가 많다. 종래 특정 개인의 정보가 제3자에 의하여 무단으로 사용되거나 공개됨으로써 그 정보주체에게 예상하지 못한 정신적 또는 물질적 피해가 발생되는 일이 빈번하였다. 이러한 개인정보 침해를 방지하고, 개인정보 침해 시 그 피해를 구제하는 절차를 마련할 필요가 컸다.

이러한 개인정보의 보호에 관하여 정보통신서비스 제공자의 이용자 개인정보 보호에 관하여는 '정보통신망 이용촉진 및 정보보호 등에 관한 법률'에서 규정하고, 금융분야의 개인정보 보호에 관하여는 '신용정보의 이용 및 보호에 관한 법률'[1]에서 규정하였다. 그 이외의 일반 개인정보에 대해서는 특히 공공부문의 개인정보 보호에 관한 '공공기관의 개인정보 보호에 관한 법률'이 있었으나, 그 밖의 민간부문에서의 일반 개인정보 보호에 관한 입법은 없었다. 그러나 공공부문 뿐만 아니라 민간부문에서도 공공부문에서와 같이 개인정보를 보호할 필요가 있으므로, 2011년에 이 '공공기관의 개인정보 보호에 관한 법률'의 폐지와 동시에 공공부문과 민간부문을 망라한 모든 영역에서의 개인정보 보호를 위한 '개인정보보호법'이 제정되어 시행됨으로써 개인정보 보호의 사각지대가 해소되었다.

여기서는 '정보통신망 이용촉진 및 정보보호 등에 관한 법률'을 중심으로 개인정

1) 이 법은 신용정보업을 건전하게 육성하고 신용정보의 효율적 이용과 체계적 관리를 도모하며 신용정보의 오용·남용으로부터 사생활의 비밀 등을 적절히 보호함으로써 건전한 신용질서를 확립하는 것을 목적으로 한다.

보 보호를 위한 법적 장치와 그 침해에 대한 구제수단을 중심으로 살펴본다.

제2절 개인정보의 개념

제1. 의의

개인정보란 일반적으로 단독으로 또는 다른 정보와 결합하여 특정 개인의 동일성을 식별할 수 있게 하는 일체의 정보라 정의할 수 있다. 이러한 개인정보에는 넓은 의미에서는 사자(死者)나 태아의 정보도 포함되나, 후술하는 바와 같이 개인정보는 개인의 프라이버시에 관한 기본권에 속하고, 이러한 기본권은 사자나 태아에게는 원칙적으로 인정되지 않으므로, 사자나 태아의 개인정보는 법적 보호의 대상인 개인정보에서 제외된다. 따라서 개인정보는 생존하는 개인의 인격주체성을 특징짓는 사항으로서 그 개인의 동일성을 식별할 수 있게 하는 일체의 정보라고 할 수 있다.[2)]

그리하여 현행법에서는 개인정보를 생존하는 개인, 즉 살아있는 자연인의 개인정보에 한정하고 있다. 현행 '정보통신망 이용촉진 및 정보보호 등에 관한 법률'과 '개인정보보호법'은 개인정보에 관하여 생존하는 개인에 관한 정보에 국한하고, 그 구체적인 범위에 관하여 성명・주민등록번호 등에 의하여 특정한 개인을 알아볼 수 있는 부호・문자・음성・음향 및 영상 등의 정보와 해당 정보만으로는 특정 개인을 알아볼 수 없어도 다른 정보와 쉽게 결합하여 알아볼 수 있는 정보로 규정하고 있다(정보통신망이용촉진및정보보호등에관한법률 2조 1항 6호, 개인정보보호법 2조 1호).

이러한 개인정보는 반드시 사적 영역에 속하는 정보에 국한하는 것은 아니며, 공적 생활에서 형성되었거나 이미 공개되어 있는 정보도 포함한다.[3)]

---

2) 헌재 2008.10.30, 2006헌마1401; "개인정보는 생존하는 개인의 신체, 신념, 사회적 지위, 신분 등과 같이 개인의 인격주체성을 특징짓는 사항으로서 그 개인의 동일성을 식별할 수 있게 하는 일체의 정보라고 정의할 수 있다."

3) 헌재 2005. 5. 26. 2004헌마190.

제2. 개인정보의 범위

개인정보는 반드시 생존하는 개인에 관한 정보에 한하므로, 사망한 자 또는 태아에 관한 정보와 법인 등 단체에 관한 정보는 개인정보에 속하지 아니한다. 정보의 내용에 있어서는 생존하는 개인에 관한 한 이름·주민번호·주소·전화번호·지문·외모 등의 일반정보 뿐만 아니라, 가족정보, 교육 및 훈련에 관한 정보, 병역(病歷)정보, 의료정보, 부동산정보, 소득·수익정보 등을 포함한다. 또 신용정보, 고용정보, 전과기록, 교통위반 기록, 구속 등의 기록, 노조·정당·종교단체 등의 가입여부, 흡연·음주량·취미활동·도박성향 등의 습관에 관한 정보도 이 개인정보에 속한다.

개인정보는 그 존재형태를 묻지 아니한다. 부호나 문자 또는 음성이나 음향으로 되어 있는 것은 물론, 폐쇄회로나 컴퓨터 등 송·수신 기능을 가진 전자적 장치에 의하여 입력·편집·저장되어 있거나 출력된 것을 포함한다. 특정 개인의 RFID[4)]에 의한 위치정보, 생체인식 관련 바이오정보, CCTV에 의한 화상정보 등이 그 대표적인 것이다.

또 개인정보는 하나의 개인에 관한 정보가 단독으로 존재하는가 아니면 수인에 관한 정보를 모아 만든 데이터베이스로 되어 있는가도 묻지 아니한다. 정보 주체가 자발적으로 공개한 개인정보가 데이터베이스로 만들어진 경우에 개인정보로서의 보호대상이 되는가에 관하여 논의의 여지가 있다. 그러나 공개된 정보라도 이것이 정보주체의 동의 없이 데이터베이스화되어 유통되는 경우에는 정보 주체의 통제 범위를 벗어나게 되어 개인정보 침해가 된다. 따라서 공개된 정보라도 데이터베이스 형태로 된 경우에는 개인정보로서 보호대상이 된다.

4) RFID는 Radio-Frequency Identification의 약어로 RFID Tag와 RFID 판독기(Reader)를 통해 특정 개인이나 식품, 동물, 사물 등 다양한 개체의 정보를 먼 거리에서 인식하고 관리할 수 있는 차세대 첨단 기술이다. RFID 태그는 IC칩 등 집적 회로 안에 정보를 기록하고 안테나를 통해 판독기에 송신하며, 판독기에서 이 정보를 읽을 수 있다. 이 기술은 이동통신망이나 인공위성 등과 정보시스템을 연계하여 사용된다.

제3. 개인정보의 법적 성질

개인정보는 헌법상 일반적 인격권이나 프라이버시에 관한 기본권으로서 프라이버시보호권과 사생활 비밀과 자유에 의하여 보장되며, 민법의 일반규정 등을 통하여 사법상 인격적 법익의 보장이라는 형태로 구체화된다.

이러한 개인정보에 관하여 개인정보의 주체는 자신에 관한 개인정보의 공개와 이용, 즉 자신에 관한 개인정보가 언제 누구에게 어느 범위까지 알려지고 또 이용되도록 할 것인지를 스스로 결정할 수 있는 개인정보자기결정권과 자신에 관한 정보를 타인이 수집·분석·처리하는 행위를 배제할 수 있는 개인정보자기통제권을 가지며, 이 권리는 헌법과 법률에 의하여 보호된다.[5)6)]

그리하여 '정보통신망 이용촉진 및 정보보호 등에 관한 법률'과 '개인정보보호법' 등은 이러한 개인정보 주체의 개인정보를 보호하기 위하여 정보통신서비스 제공자나 개인정보처리자 등에 대하여 개인정보 보호를 위한 각종 의무와 개인정보 주체의 각종 권리를 규정하고 있다.

---

5) 헌재 2005.7.21. 2003헌마282; "개인정보자기결정권은 자신에 관한 정보가 언제 누구에게 어느 범위까지 알려지고 또 이용되도록 할 것인지를 그 정보주체가 스스로 결정할 수 있는 권리로서, 헌법 제10조 제1문에서 도출되는 일반적 인격권 및 헌법 제17조의 사생활의 비밀과 자유에 의하여 보장된다."

6) [대법원 2011.9.2. 선고 2008다42430 전원합의체 판결; "헌법상의 기본권은 제1차적으로 개인의 자유로운 영역을 공권력의 침해로부터 보호하기 위한 방어적 권리이지만 다른 한편으로 헌법의 기본적인 결단인 객관적인 가치질서를 구체화한 것으로서, 사법을 포함한 모든 법 영역에 그 영향을 미치는 것이므로 사인간의 법률관계도 헌법상의 기본권 규정에 적합하게 규율되어야 한다. 다만 기본권 규정은 그 성질상 사법관계에 직접 적용될 수 있는 예외적인 것을 제외하고는 사법상의 일반원칙을 규정한 민법 제2조, 제103조, 제750조, 제751조 등의 내용을 형성하고 그 해석 기준이 되어 간접적으로 사법관계에 효력을 미치게 된다. … 일반적 인격권이나 사생활의 비밀과 자유를 정하고 있는 헌법상 기본권 규정 역시 민법의 일반규정 등을 통하여 사법상 인격적 법익의 보장이라는 형태로 구체화될 것이다. 그러므로 정보주체의 동의 없이 그의 개인정보를 공개하는 것이 그 정보주체의 인격적 법익을 침해하는 것으로 평가할 수 있다면 위법성이 인정된다고 볼 것이다."

제3절 개인정보 보호의 필요성

제1. 개인정보의 침해

인터넷의 보급 및 확산으로 사업자들은 개인정보를 무분별하게 수집하고, 이를 누출하거나 타인에게 이전하여 영업활동에 이용되는 일이 많다. 뿐만 아니라 한 번에 수많은 사람들의 개인정보가 본인의 의사에 관계없이 순식간에 인터넷을 통해 국내외에 확산돼 피해자들에게 회복할 수 없는 물적·정신적 손해가 생기는 사례도 적지 않다.

개인정보의 침해는 그 원인에 있어서 내부적 요인으로서 개인정보관리책임자의 관리 부주의 또는 의도적 유출 등을 들 수 있다. 외부적 요인으로는 해커에 의한 개인정보 해킹, 제3자가 정보 검색 중 우연히 알게 된 개인정보의 유출 등이 있다. 개인정보의 이와 같은 침해는 명의 도용에 의한 인터넷 회원 가입, 대포폰 개설, 불법스팸, 보이스 피싱, 명예훼손, 개인정보 주체의 금전적 및 정신적 손해 등의 각종 피해를 초래하게 된다.

제2. 개인정보 침해에 따른 피해의 특성

개인정보 침해로 인한 피해는 일반 불법행위나 채무불이행의 경우에 비하여 여러 특성이 있다. 첫째 개인정보 침해로 인한 피해는 수많은 불특정 다수에게 발생한다. 사업자가 보유하는 개인정보는 수많은 사람들의 개인정보이며, 하나의 침해행위에 의하여 수많은 사람들의 개인정보가 동시에 유출되어 일시에 수많은 피해자가 발생하게 된다. 둘째, 개인정보 유출에 따른 피해는 개인정보 주체가 그 피해사실을 인식하기가 현실적으로 곤란하다. 내부정보관리자 또는 해커가 개인정보를 유출하더라도 그 유출사실이 공개되거나 이로 인하여 2차 피해가 발생한 후에 그 피해사실을 인식하게 되며, 이때는 손해가 막대한 규모로 확대되기 쉽다. 셋째 개인정보 침해는 국내에서는 물론 해외에서도 발생할 수 있다. 개인정보가 유출되어 국내외에서 불법으로 이용되는 경우에 개인정보 침해의 고의·과실, 개인정보 관리의 적정성 여부 등의 입증이 곤란하므로 개인정보 침해자에 대한 처벌 및 손해배상책임의 추궁이 현실적으로 곤란하다.

제4절 개인정보 보호의 내용

제1. 개인정보 보호에 관한 원칙

1. 수집 제한의 원칙

개인정보를 수집하는 경우에는 개인정보의 처리 목적을 명확하게 하여야 하고 그 목적에 필요한 범위에서 최소한의 개인정보만을 적법하고 정당하게 수집하여야 한다.7)

2. 정보 정확성의 원칙

개인정보는 그 정확성, 완전성 및 최신성이 보장되도록 하여야 하며, 개인정보의 주체가 자신의 정보가 어떤 구체적인 목적을 위하여 필요한지 여부를 명확하게 인식할 수 있어야 한다. 이를 규범명확성의 원칙이라고도 한다.

3. 이용제한의 원칙

개인정보는 그 처리 목적에 필요한 범위에서 적합하게 처리되어야 하며, 그 목적 외의 용도로 활용되어서는 안 된다. 이를 목적특정의 원칙 또는 목적구속의 원칙이라고도 한다.

4. 공개의 원칙

개인정보처리방침 등 개인정보의 처리에 관한 사항은 공개하여야 하며, 열람청구권 등 정보주체의 권리가 보장되어야 한다.

7) 헌재 2008.10.30, 2006헌마1401, 헌재 2005. 7. 21. 2003헌마282; 개인정보를 대상으로 한 조사·수집·보관·처리·이용 등의 행위는 모두 원칙적으로 개인정보자기결정권에 대한 제한에 해당한다.

5. 익명 처리의 원칙

개인정보는 그 익명처리가 가능한 경우에는 익명에 의하여 처리되어야 한다.

6. 본인 참가의 원칙

개인정보의 주체는 자신에 관한 정보에 대해서는 그 내용을 통보하도록 요구할 수 있으며, 또 이의를 제기하거나 그 정정을 청구할 수 있다.

제2. 개인정보의 수집 및 취급에 대한 제한

1. 이용자의 동의

정보통신서비스 제공자는 정보통신서비스 이용자의 개인정보를 이용하려고 수집하는 경우에는 개인정보의 수집·이용 목적, 수집하는 개인정보의 항목, 개인정보의 보유 및 이용 기간을 모두 이용자에게 알리고 동의를 받아야 한다(정보통신망이용촉진및정보보호등에관한법률 20조 1항). 정보통신서비스 제공자가 만 14세 미만의 아동으로부터 개인정보의 수집·이용·제공 등의 동의를 받으려면 그 법정대리인의 동의를 받아야 한다(정보통신망이용촉진및정보보호등에관한법률 31조 1항).

그러나 정보통신서비스의 제공에 관한 계약을 이행하기 위하여 필요한 개인정보로서 경제적·기술적인 사유로 통상적인 동의를 받는 것이 뚜렷하게 곤란한 경우나 정보통신서비스의 제공에 따른 요금정산을 위하여 필요한 경우, 그 밖에 법률에 특별한 규정이 있는 경우에는 정보통신서비스 제공자는 이용자의 동의 없이 그 개인정보를 수집·이용할 수 있다(정보통신망이용촉진및정보보호등에관한법률 20조 2항).

2. 최소한의 정보 수집

정보통신서비스 제공자는 이용자의 동의를 받거나 다른 법률에 따라 특별히 수집 대상 개인정보로 허용된 경우를 제외하고는 이용자의 사상, 신념, 과거의 병력(病歷) 등 개인의 권리·이익이나 사생활을 뚜렷하게 침해할 우려가 있는 개인정보를 수집하여서는 안 된다.

3. 주민등록번호의 수집 · 이용 제한

정보통신서비스 제공자는 원칙적으로 이용자의 주민등록번호를 수집 · 이용할 수 없다. 다만, 본인확인기관[8]으로 지정받은 경우, 법령에서 이용자의 주민등록번호 수집 · 이용을 허용하는 경우, 영업상 목적을 위하여 이용자의 주민등록번호 수집 · 이용이 불가피한 정보통신서비스 제공자로서 방송통신위원회가 고시하는 경우에는 주민등록번호를 수집 · 이용할 수 있다. 그러나 이 경우에도 이용자의 주민등록번호를 사용하지 아니하고 본인을 확인하는 대체수단을 제공하여야 한다.

제3. 개인정보 제공의 제한

1. 개인정보의 이용과 제공에 대한 이용자의 동의

정보통신서비스 제공자는 이용자의 개인정보를 제3자에게 제공하려면 개인정보를 제공받는 자, 그 개인정보 이용 목적과 보유 및 이용 기간, 제공하는 개인정보의 항목, 개인정보를 제공받는 자의 개인정보 등을 이용자에게 알리고 그 동의를 개인정보의 수집 · 이용에 대한 동의와 구분하여 받아야 한다(정보통신망이용촉진및정보보호등에관한법률 24조의2 1항).[9] 이용자가 이에 동의하지 아니하는 경우에 정보통신서비스 제공자는 이용자가 그 개인정보 제공에 동의하지 한다는 이유로 서비스 제공을 거부하여서는 안 된다(정보통신망이용촉진및정보보호등에관한법률 24조의2 3항).

2. 목적 외 사용 금지

정보통신서비스 제공자로부터 이용자의 개인정보를 제공받은 자는 그 이용자의 동의가 있거나 다른 법률에 특별한 규정이 있는 경우 외에는 개인정보를 다시 제3

---

8) 본인확인기관은 방송통신위원회에 의하여 본인확인업무의 안전성 확보를 위한 물리적 · 기술적 · 관리적 조치계획, 본인확인업무의 수행을 위한 기술적 · 재정적 능력, 본인확인업무 관련 설비규모의 적정성 등의 심사를 거쳐 본인확인업무를 안전하고 신뢰성 있게 수행할 능력이 있다고 인정되는 경우에 지정된다(정보통신망이용촉진및정보보호등에관한법률 23조의3 1항).

9) 정보통신서비스의 제공에 따른 요금정산을 위하여 필요하거나 법률에 특별한 규정이 있는 경우에는 이용자의 동의를 받지 않아도 이용자의 개인정보를 제3자에게 제공할 수 있다.

자에게 제공하거나 제공받은 목적 외의 용도로 이용하여서는 아니 된다(정보통신망이용촉진및정보보호등에관한법률 24조의2 2항).

제4. 개인정보 취급방침의 공개

정보통신서비스 제공자와 그로부터 이용자의 개인정보를 제공받은 자가 이용자의 개인정보를 취급하는 경우에는 개인정보 취급방침을 정하여 이용자가 언제든지 쉽게 확인할 수 있도록 인터넷 홈페이지의 첫 화면 또는 그 연결화면 등에 공개하여야 한다(정보통신망이용촉진및정보보호등에관한법률 27조의2 1항).

개인정보취급방침에는 개인정보의 수집·이용 목적, 수집하는 개인정보의 항목 및 수집방법, 개인정보를 제3자에게 제공하는 경우 제공하는 개인정보의 항목과 제공받는 자의 성명(또는 법인의 명칭) 및 제공받는 자의 이용 목적, 개인정보의 보유 및 이용 기간, 개인정보의 파기절차 및 파기방법, 개인정보 취급위탁 시 그 업무의 내용 및 수탁자, 이용자 및 법정대리인의 권리와 그 행사방법, 인터넷 접속정보파일 등 개인정보를 자동으로 수집하는 장치의 설치·운영 및 그 거부에 관한 사항, 개인정보관리책임자의 성명 또는 개인정보보호 업무 및 관련 고충사항을 처리하는 부서의 명칭과 그 전화번호 등 연락처가 모두 포함되어야 한다(정보통신망이용촉진및정보보호등에관한법률 27조의2 2항).

제5. 개인정보 안전성 확보

정보통신서비스 제공자나 그로부터 이용자의 개인정보를 제공받은 자는 개인정보가 분실, 도난, 누출 등이 되지 않도록 하여야 한다. 개인정보가 분실, 도난, 누출된 경우에 정보통신서비스 제공자 등이 그 사실을 안 때에는 지체 없이 누출 등이 된 개인정보 항목과 발생 시점, 이용자가 취할 수 있는 조치, 정보통신서비스 제공자 등의 대응 조치, 이용자가 상담 등을 접수할 수 있는 부서 및 연락처 등 모든 사항을 해당 이용자에게 알리고(이용자의 연락처를 알 수 없는 등 정당한 사유가 있는 경우에는 통지를 갈음하는 조치를 취할 수 있다), 방송통신위원회에 신고하여야 하며, 개인정보의 누출 등에 대한 대책을 마련하고 그 피해를 최소화할 수 있는 조치를 강구하여야 한다(정보통신망이용촉진및정보보호등에관한법률 27조의3 1,3항).

제6. 개인정보관리책임자의 지정

정보통신서비스 제공자나 그로부터 이용자의 개인정보를 제공받은 자는 이용자의 개인정보를 보호하고 개인정보와 관련한 이용자의 고충을 처리하기 위하여 개인정보관리책임자를 지정하여야 한다(정보통신망이용촉진및정보보호등에관한법률 27조 1항). 다만, 종업원 수나 정보통신망 이용자 수 등이 대통령령으로 정하는 기준에 해당하는 정보통신서비스제공자의 경우에는 개인정보관리책임자를 지정하지 아니할 수 있다. 이 경우에는 그 사업주 또는 대표자가 개인정보관리책임자가 된다(정보통신망이용촉진및정보보호등에관한법률 27조 2항). 개인정보관리책임자의 자격요건과 그 밖의 지정에 필요한 사항은 대통령령으로 정한다(정보통신망이용촉진및정보보호등에관한법률 27조 3항).

제7. 목적달성 후의 개인정보 파기

정보통신서비스 제공자나 그로부터 이용자의 개인정보를 제공받은 자는 동의를 받은 개인정보의 수집·이용의 목적을 달성한 경우, 동의를 받은 개인정보의 보유 및 이용 기간이 끝난 경우, 이용자의 동의를 받지 아니하고 수집·이용한 경우에는 그 개인정보의 보유 및 이용 기간이 끝난 경우, 사업을 폐업하는 경우, 다른 법률에 따라 개인정보를 보존해야 하는 경우를 제외하고는, 해당 개인정보를 지체 없이 파기하여야 한다(정보통신망이용촉진및정보보호등에관한법률 29조 1항).

또한 정보통신서비스 제공자 등은 정보통신서비스를 대통령령으로 정하는 기간 동안 이용하지 아니하는 이용자의 개인정보에 대해서는 개인정보의 파기 등 그 개인정보 보호에 필요한 조치를 취하여야 한다(정보통신망이용촉진및정보보호등에관한법률 29조 1항).

제8. 영업양수, 합병 등의 통지

정보통신서비스 제공자 등이 그 영업의 전부 또는 일부의 양도·합병 등으로 그 이용자의 개인정보를 타인에게 이전하는 경우에는 미리 개인정보를 이전하려는 사실, 개인정보를 이전받는 자의 성명(법인의 명칭) · 주소 · 전화번호 및 그 밖의 연락처, 이용자가 개인정보의 이전을 원하지 아니하는 경우 그 동의를 철회할 수 있는 방법과 절차 등을 인터넷 홈페이지에 게시하거나 전자우편 등으로 이용자에게 알려야 한다.

제9. 개인정보 주체의 권리

1. 동의철회권

이용자는 정보통신서비스 제공자 등에 대하여 언제든지 개인정보 수집 · 이용 · 제공 등의 동의를 철회할 수 있다(정보통신망이용촉진및정보보호등에관한법률 30조). 이용자가 그 동의를 철회하면 정보통신서비스 제공자 등은 지체 없이 그 수집된 개인정보를 파기하는 등 필요한 조치를 하여야 한다(정보통신망이용촉진및정보보호등에관한법률 30조 3항). 만 14세 미만의 아동의 개인정보 수집 · 이용 · 제공에 대한 동의의 철회는 그 법정대리인이 할 수 있다(정보통신망이용촉진및정보보호등에관한법률 31조 2항).

2. 열람 및 정정 등 청구권

정보통신서비스 이용자는 정보통신서비스 제공자 등에 대하여 그 정보통신서비스 제공자 등이 보유하는 자신의 개인정보, 자신의 개인정보를 이용하거나 제3자에게 제공한 현황, 자신이 개인정보 수집 · 이용 · 제공 등의 동의를 한 현황 등에 대한 열람이나 제공을 요구할 수 있다(정보통신망이용촉진및정보보호등에관한법률 30조 2항). 정보통신서비스 제공자등은 이 열람 또는 제공을 요구받으면 지체 없이 필요한 조치를 하여야 한다(정보통신망이용촉진및정보보호등에관한법률 30조 4항).

정보통신서비스 이용자는 정보통신서비스 제공자 등에 대하여 그 정보통신서비스 제공자 등이 보유하는 자신의 개인정보에 오류가 있는 경우에는 그 정정을 요구할 수 있다(정보통신망이용촉진및정보보호등에관한법률 30조 2항). 정보통신서비스 제공자 등이 오류의 정정을 요구받으면 지체 없이 그 오류를 정정하거나 정정하지 못하는 사유를 이용자에게 알리는 등 필요한 조치를 하여야 하고, 다른 법률에 따라 개인정보의 제공을 요청받은 경우를 제외하고는 그 필요한 조치를 할 때까지는 해당 개인정보를 이용하거나 제공하여서는 아니 된다(정보통신망이용촉진및정보보호등에관한법률 30조 5항).

3. 정보삭제 · 반박내용 게재 청구권

정보통신망을 통하여 일반에게 공개할 것을 목적으로 제공된 정보로 사생활 침해나 명예훼손 등 타인의 권리가 침해된 경우 그 침해를 받은 자는 해당 정보를 취급한 정보통신서비스 제공자에게 침해사실을 소명하여 그 정보의 삭제 또는 반박내용의 게재를 요청할 수 있다(정보통신망이용촉진및정보보호등에관한법률 44조의2 1항). 이 해당 정보의 삭제 등을 요청받으면 정보통신서비스 제공자는 지체 없이 삭제 · 임시조치 등의 필요한 조치를 하고 즉시 신청인 및 정보게재자에게 알려야 한다. 이 경우 정보통신서비스 제공자는 필요한 조치를 한 사실을 해당 게시판에 공시하는 등의 방법으로 이용자가 알 수 있도록 하여야 한다(정보통신망이용촉진및정보보호등에관한법률 44조의2 2항).

그러나 해당 정보의 삭제 요청에도 불구하고 권리의 침해 여부를 판단하기 어렵거나 이해당사자 간에 다툼이 예상되는 경우에는 정보통신서비스 제공자는 30일 이내의 기간 동안 해당 정보에 대한 접근을 임시적으로 차단하는 임시조치를 할 수 있다(정보통신망이용촉진및정보보호등에관한법률 44조의2 4항). 또한 정보통신서비스 제공자는 자신이 운영 · 관리하는 정보통신망에 유통되는 정보가 사생활 침해 또는 명예훼손 등 타인의 권리를 침해한다고 인정되면 임의로 임시조치를 할 수 있다(정보통신망이용촉진및정보보호등에관한법률 44조의3 1항). 임시조치에 관한 내용 · 절차 등은 미리 약관에 구체적으로 밝혀야 한다(정보통신망이용촉진및정보보호등에관한법률 44조의2 5항).

4. 권리침해 이용자 정보 제공 청구권

특정한 이용자에 의한 정보의 게재나 유통으로 사생활 침해 또는 명예훼손 등 권리를 침해당하였다고 주장하는 자는 민 · 형사상의 소를 제기하는 경우에는 침해사실을 소명하여 명예훼손분쟁조정부에 해당 정보통신서비스 제공자가 보유하고 있는 해당 이용자의 성명 · 주소 등 대통령령으로 정하는 최소한의 정보를 제공하도록 청구할 수 있다(정보통신망이용촉진및정보보호등에관한법률 44조의6 1항).

명예훼손분쟁조정부는 정보통신망을 통하여 유통되는 정보 중 사생활의 침해 또는 명예훼손 등 타인의 권리를 침해하는 정보와 관련된 분쟁의 조정업무를 효율적으로 수행하기 위하여 방송통신위원회 심의위원회에 의하여 구성되는 조정기관으로서 심의위원회의 위원장이 심의위원회의 동의를 받아 위촉한 5명 이하의 위원으로 구성된다(정보통신망이용촉진및정보보호등에관한법률 44조의10 1항).

명예훼손분쟁조정부는 해당 이용자의 정보제공 청구를 받으면 해당 이용자와 연락할 수 없는 등의 특별한 사정이 있는 경우 외에는 그 이용자의 의견을 들어 정보제공 여부를 결정하여야 한다(정보통신망이용촉진및정보보호등에관한법률 44조의6 2항). 해당 이용자의 정보를 제공받은 자는 해당 이용자의 정보를 민·형사상의 소를 제기하기 위한 목적 외의 목적으로 사용하여서는 안 된다(정보통신망이용촉진및정보보호등에관한법률 44조의6 3항).

5. 손해배상청구권

정보통신서비스 제공자 또는 그 대리인의 고의나 과실에 의한 법률위반행위로 재산상 또는 정신적 손해를 입은 정보통신서비스 이용자는 그 정보통신서비스 제공자 등에게 손해배상을 청구할 수 있다.10)

---

10) [서울중앙지법 2006.4.28. 선고 2005가단240057 판결] 컴퓨터 기술과 인터넷의 발전에 수반하여 해킹 등 타인의 정보를 불법적으로 수집하는 방법도 고도로 발달되어 있는 상황에서는 이 사건 사고로 인하여 원고들의 개인정보가 공개된 로그파일이 PC방 등에 있는 컴퓨터가 아닌 개인용 컴퓨터에 저장되었다 하더라도 원고들의 개인정보유출의 위험이 없다고 볼 수 없고, 피고 회사의 주장에 의하더라도 2005. 5. 16. 12:00경 이전에는 피고 회사는 이 사건 사고로 인한 피해예방조치를 취하지 않았을 뿐만 아니라, 이 사건 사고발생 사실도 제대로 알지 못하고 있었다는 것이고, 증거 각 기재 및 변론의 전취지에 의하면 피고 회사가 2005. 5. 16. 12:00 이후에 PC방 등에서 패치 작업을 한 이후에도 상당 기간 동안은 로그파일의 개인정보가 그대로 남아 있어서 개인정보 유출의 위험이 존재하였던 사실을 인정할 수 있으며, 또한 피고 회사의 주장대로 이 사건 사고로 인하여 유출된 원고들의 개인정보를 이용한 다른 사고가 확인된 바가 없다고 하더라도 원고들이 정신적 손해를 입지 않았다고는 말할 수 없…다. 나아가, 피고 회사가 원고들에게 배상해야 하는 손해배상의 범위에 관하여 보건대, 오늘날과 같이 컴퓨터 기술과 인터넷이 고도로 발달한 사회에서는 개인정보의 유출이 가져올 수 있는 피해가 심각하다는 점, 피고 회사와 같이 다수의 이용자들을 회원으로 가입시켜 게임서비스를 제공하고 그로 인하여 수익을 얻고 있는 업체에게는 그 사업과정에서 알게 되는 이용자들의 개인정보를 보호하기 위한 특별한 주의의무를 부담하도록 하는 것이 미래에 더 고도로 발달될 정보 사회에서의 개인의 비밀과 자유의 보호를 위해 바람직한 것으로 판단되는 점, 피고 회사는 이 사건 사고 이후에도 앞에서 본 바와 같이, 이 사건 게임 홈페이지에 이용자들에 대한 사과문을 게재하고, 유료 이용자들에게 1일간의 무료사용권을 제공하는 이외에는 이 사건 사고와 관련하여 이용자들에게 별다른 보상 조치를 취한 것이 없고, 이 사건 소송 과정에서도 피고 회사의 과실을 인정하지 않고 책임지려는 자세를 전혀 보이지 아니한 점,

정보통신서비스 제공자나 그 대리인이 고의나 과실에 의하여 정보통신서비스 이용자의 동의없이 개인정보의 유출 등 법률위반행위를 한 경우는 물론, 제3자의 고의 또는 과실에 의하여 정보통신서비스 이용자의 개인정보가 유출되어 정보통신서비스 이용자가 재산상 또는 정신적 손해를 입은 경우에도 정보통신서비스 제공자나 그 대리인의 과실이 있는 때에는 정보통신서비스 제공자가 손해배상책임을 진다. 정보통신서비스 제공자로서는 이용자의 개인정보가 제3자의 해킹 등으로 유출되지 않도록 당시의 기술수준에 비추어 개인정보의 분실·도난·누출 등을 방지하는데 필요한 제반 기술적 조치를 다하여야 하는데, 이러한 의무를 다하지 않아 해킹사고 등을 예방하지 못한데 그 과실이 있는 것이다.

이 때 정보통신서비스 제공자의 과실 여부는 법령에 의하여 정보통신서비스 제공자에게 요구되고 있는 기술적 및 관리적 보안 내용, 당해 정보통신서비스 제공자가 실시하고 있는 보안조치의 내용, 해킹 방지기술의 발전 정도, 해커가 사용한 해킹기술의 수준 등을 모두 고려하여 판단하여야 한다.[11)]

정보통신서비스 제공자가 배상해야 할 손해는 재산상의 손해와 정신적인 손해를 포함한다. 재산상의 손해는 개인정보 침해로 이용자의 재산에 초래된 손해로서 개인정보에 관한 법률위반행위와 재산상의 손해 사이에 상당인과관계가 있어야 한다. 이용자의 정신적인 손해는 개인정보의 유출 등으로 자신의 개인정보가 불특정 다수인에 의하여 열람됨으로써 입게 되는 정신적인 고통으로서, 그 손해배상액은 개인정보 유출 등으로 인한 정신적 고통을 위자하는데 충분하다고 평가되는 금전적 수액이라 할 수 있다.[12)]

원고들이 이 사건 사고로 인하여 현실적, 경제적으로 입은 손해는 이 사건 변론 종결일까지 확인되지 아니한 점 등을 참작하여, 피고 회사가 원고들에게 배상해야할 위자료로 원고들 각자에게 500,000원씩으로 정하기로 한다.

11) 서울중앙지법 2010.1.14. 2008가합31411.

12) [서울고법 2008.11.25. 선고 2008나25888,25895,25901 판결] 피고의 입사지원사이트를 통한 입사지원자가 해당 지원기간 동안만 하여도 2만 2천여 명에 이르며 이들이 신원조회나 사전검증 없이 입사지원서를 제출하고 있어 입사지원자 중 비정상적인 행위를 하거나 입사지원을 가장하여 해킹을 시도할 사람이 있을 가능성을 배제할 수 없으므로, 이에 상응하는 보안조치를 취하고 입사지원기간이 종료된 후에는 외부로부터 관련 웹서버나 DB서버에 접근하는 것을 차단하는 등 조치를 취하여야 함에도 불구하고, 입사지원사이트의 URL이 Ctrl키와 N키를 함께 누르는 간단한 조작(새창열기 기능의 실행)으로 노출되고, 입사지원자의 지원서 내용을 열람할 수 있는 URL 중 특정 변수의 인자값을 변경하여 입력하면 위 사이트에 침입하여 타인의 입사지원서를 열람할 수 있는 보안취약점을 간과하였고 입사지원사이트의 웹서버에 웹방화벽을 적용하지 않고 있었던 점,

개인정보의 분실 등에 따른 해당 정보통신서비스 제공자 등의 고의 또는 과실에 대한 입증책임은 정보통신서비스 제공자 등에게 있으며, 정보통신서비스 제공자 등이 자신에게 고의 또는 과실이 없음을 입증하지 아니하면 책임을 면할 수 없다(정보통신망이용촉진및정보보호등에관한법률 32조).

정보통신서비스 제공자 등이 법률에 따른 의무를 준수하고 상당한 주의와 감독을 게을리하지 아니한 때에는 개인정보의 분실·도난·유출·변조 또는 훼손으로 인한 손해배상책임을 감경받을 수 있다(개인정보보호법 39조 2항).

제5절 개인정보 침해로 인한 피해의 구제

제1. 개인정보분쟁조정위원회의 조정

1. 의의

조정은 분쟁이 발생한 경우에 당사자 일방이 조정기관에 분쟁 해결을 요청하면, 조정기관이 이에 대한 조정안을 마련하여 당사자에게 수락을 권고하고, 그 조정안

소외 1은 2006. 9. 21.부터 2006. 9. 26. 이 사건 게시물을 올리기 전까지 인터넷 웹브라우저 프로그램의 주소 입력창에 피고의 입사지원사이트의 주소를 입력하고 Process ID에 임의의 값을 입력하는 방법으로 44회에 걸쳐 피고의 입사지원사이트를 방문하여 다른 사람의 입사지원정보를 열람하였으나, 피고의 전산시스템은 이와 같은 침입에 대한 탐지장치가 구비되어 있지 않았던 점, 소외 1이 만든 간단한 자바스크립트 링크파일을 실행하기만 하면 로그인 등 아무런 인증절차 없이 피고의 DB서버에 저장된 입사지원자 50명의 사진(화상정보)이 한꺼번에 보여지고 사진을 클릭하면 당해 개인의 학력, 자기소개서 등의 정보가 노출되었던 점, 소외 1은 같은 방법으로 다른 대기업의 입사지원사이트에도 침입을 시도하였으나, 피고 등 4개 회사를 제외하고는 보안장치에 막혀 그 뜻을 이루지 못한 점(갑 제16호증의 70) 등에 비추어 보면, 피고는 당시의 기술수준에 비추어 보더라도 피고가 그 신입사원의 채용을 위한 목적으로 보관중인 개인정보의 분실·도난·누출 등 방지에 필요한 보안조치를 강구하여야 할 주의의무를 위반하였다고 할 것이고, 이로 말미암아 소외 1이 위 URL정보를 분석하여 위 링크파일을 만들고 이를 통하여 일반인들도 쉽게 이 사건 채용사이트에 접속하여 위 원고들의 입사지원정보를 열람하게 되는 결과가 발생하였으니, 피고의 위와 같은 과실과 이 사건 사고 사이에는 상당인과관계가 있다고 할 것이다. 나아가 보건대, 위 원고들이 이 사건 사고로 인하여 자신들이 입사지원의 목적으로 제공한 개인정보가 불특정 다수인들에 의하여 열람당함으로써 정신적 고통을 받았을 것임은 경험칙상 쉽게 인정할 수 있으므로, 피고는 불법행위책임으로서 위 원고들의 정신적 고통을 금전으로나마 위자할 의무가 있다고 할 것이다.

에 대하여 당사자가 수락하면 재판상 화해와 동일한 효력이 인정되는 분쟁해결제도이다(민사조정법 29조).

정보통신서비스 제공자 등의 개인정보 누설 등으로 정보의 주체가 손해를 입은 경우에 법원에 소를 제기하여 손해배상을 청구할 수 있다. 그러나 개별 정보 주체가 소송을 제기하는 경우에는 소송절차가 복잡하므로 시간과 노력 및 비용 부담이 클 뿐만 아니라 그 책임을 추궁하기가 쉽지 않다. 따라서 개인정보의 주체가 복잡한 소송절차에 의하지 않고 간이하게 신속하고 공정하게 그 피해의 구제를 받을 수 있도록 하는 분쟁해결방안이 요구되며, 이러한 필요에서 조정제도가 인정되고 있다.

2. 조정기관

개인정보에 관한 분쟁의 조정은 개인정보분쟁조정위원회에서 한다. 이 개인정보분쟁조정위원회는 위원장 1명을 포함한 20명 이내의 위원으로 구성되며, 그 중 1명은 상임위원으로 한다(개인정보보호법 40조 2항). 개인정보분쟁조정위원회 위원은 일정한 요건에 해당하는 사람 중에서 행정안전부장관이 임명하거나 위촉한다(개인정보보호법 40조 3항).

개인정보분쟁조정위원회는 분쟁 조정 업무를 효율적으로 수행하기 위하여 필요하면 대통령령으로 정하는 바에 따라 조정사건의 분야별로 5명 이내의 위원으로 구성되는 조정부를 둘 수 있다. 이 경우 조정부가 개인정보분쟁조정위원회에서 위임받아 의결한 사항은 개인정보분쟁조정위원회에서 의결한 것으로 본다(개인정보보호법 40조 6항). 개인정보분쟁조정위원회 또는 조정부는 재적위원 과반수의 출석으로 개의하며 출석위원 과반수의 찬성으로 의결한다(개인정보보호법 40조 7항). 개인정보분쟁조정위원회의 운영 및 분쟁조정 절차에 관하여 민사조정법을 준용한다.

3. 조정신청

개인정보와 관련한 분쟁의 조정을 원하는 자는 개인정보분쟁조정위원회에 분쟁조정을 신청할 수 있다(개인정보보호법 43조 1항). 당사자 일방으로부터 분쟁조정 신청이 있는 때에는 개인정보분쟁조정위원회는 그 신청 내용을 상대방에게 알리고(개인정보보호법 43조 2항), 조정절차를 개시하여야 한다. 그러나 분쟁의 성질상 개인정보분쟁조정위원회에서 조정하는 것이 적합하지 아니하다고 인정하거나 부정한 목적으로 조정이 신청되었다고 인정하는 경우에는 개인정보분쟁조정위원회는 그 조정을 거부할 수 있으며, 이 경우 조정거부 사유를 신청인에게 알려야 한다(개인정보보호법 48조 1항).

4. 조정절차

개인정보분쟁조정위원회는 분쟁조정 신청을 받았을 때에는 당사자에게 그 내용을 제시하고 조정 전 합의를 권고할 수 있다. 합의가 성립되면 조정절차는 종결되나, 합의가 성립되지 아니하는 경우에는 조정절차를 밟아야 한다.

개인정보분쟁조정위원회는 해당 분쟁의 조정을 위하여 필요한 자료를 분쟁당사자에게 요청할 수 있으며, 분쟁당사자는 정당한 사유가 없으면 요청에 따라야 한다(개인정보보호법 45조 1항). 개인정보분쟁조정위원회는 필요하다고 인정하면 분쟁 당사자나 참고인을 위원회에 출석하도록 하여 그 의견을 들을 수 있다(개인정보보호법 45조 2항).

개인정보분쟁조정위원회는 분쟁조정 신청을 받은 날부터 60일 이내에 이를 심사하여 조정안을 작성하여야 한다. 부득이한 사정이 있는 경우에는 분쟁조정위원회의 의결로 처리기간을 연장할 수 있다(개인정보보호법 44조 1항). 개인정보분쟁조정위원회가 그 처리기간을 연장한 경우에는 기간 연장의 사유와 그 밖의 기간 연장에 관한 사항을 신청인에게 알려야 한다(개인정보보호법 44조 2항).

개인정보분쟁조정위원회는 신청된 조정사건에 대한 처리절차를 진행하던 중에 한쪽 당사자가 소를 제기하면 그 조정의 처리를 중지하고 이를 당사자에게 알려야 한다(개인정보보호법 48조 2항).

5. 조정의 성립과 효력

개인정보분쟁조정위원회는 조정절차에서 조정이 성립되면 조정안을 작성할 수 있다. 조정안에는 조사 대상 침해행위의 중지, 원상회복과 손해배상 기타 필요한 구제조치, 같거나 비슷한 침해의 재발을 방지하기 위하여 필요한 조치 중 어느 하나의 사항이 포함되어야 한다(개인정보보호법 47조 1항).

개인정보분쟁조정위원회는 조정안을 작성하면 지체 없이 각 당사자에게 제시하여야 한다(개인정보보호법 47조 2항). 조정안을 제시받은 당사자가 제시받은 날부터 15일 이내에 수락 여부를 알리지 아니하면 조정을 거부한 것으로 본다(개인정보보호법 47조 3항). 당사자가 조정내용을 수락하면 개인정보분쟁조정위원회는 조정서를 작성하고, 위원장과 각 당사자가 기명날인하여야 한다(개인정보보호법 47조 4항).

당사자가 조정내용을 수락하여 개인정보분쟁조정위원회가 조정서를 작성하여 위원장과 각 당사자가 기명날인하면 그 조정의 내용은 재판상 화해와 동일한 효력을 갖는다(개인정보보호법 47조 5항). 재판상 화해가 조서에 적힌 경우 그 조서는 확정판결과 같은 효력을 가지므로(민사송법 220조), 조정은 결국 확정판결과 동일한 효력을 갖게 되는 것이다.

6. 조정의 불성립

개인정보분쟁조정위원회에 조정신청이 된 사건이 성질상 조정을 하기에 적당하지 아니하거나 당사자가 부당한 목적으로 조정신청을 한 것임이 인정되어 조정을 하지 아니하기로 하는 결정이 있는 경우, 당사자 사이에 합의가 성립되지 아니하거나 성립된 합의의 내용이 적당하지 아니하여 조정의 불성립으로 종결된 경우, 개인정보분쟁조정위원회가 직권으로 당사자의 이익이나 그 밖의 모든 사정을 고려하여 한 결정에 대하여 당사자가 그 조서의 정본이 송달된 날부터 2주일 이내에 이의를 신청한 경우, 이들 경우에는 조정신청을 한 때에 소가 제기된 것으로 본다(민사조정법 36조).

제2. 개인정보집단분쟁조정

1. 개인정보집단분쟁조정의 의의

개인정보집단분쟁조정은 개인정보 침해로 인한 정보주체의 피해 또는 권리침해가 다수의 정보주체에게 같거나 비슷한 유형으로 발생하는 경우로서 피해 또는 권리침해를 입은 정보주체의 수가 50명 이상[13]이고, 사건의 중요한 쟁점이 사실상 또는 법률상 공통되는 사건에 대하여 국가나 지방자치단체, 개인정보 보호단체 및 기관, 정보주체, 정보통신서비스 제공자 등의 의뢰 또는 신청에 의하여 개인정보분쟁조정

13) 이 50명은 개인정보처리자와 분쟁해결이나 피해보상에 관한 합의가 이루어진 정보주체, 같은 사안으로 다른 법령에 따라 설치된 분쟁조정기구에서 분쟁조정 절차가 진행 중인 정보주체, 해당 개인정보 침해로 인한 피해에 대하여 법원에 소를 제기한 정보주체를 제외한 수를 말한다.

위원회가 일괄적으로 하는 분쟁조정을 말한다(개인정보보호법 49조 1항, 동법시행령 52조).

2. 개인정보집단분쟁조정의 신청

개인정보집단분쟁조정은 국가 및 지방자치단체, 개인정보 보호단체 및 기관, 정보주체, 정보통신서비스 제공자 등이 개인정보분쟁조정위원회에 집단분쟁조정을 의뢰 또는 신청함으로써 한다(개인정보보호법 49조 1항).

3. 개인정보집단분쟁조정절차의 개시

개인정보분쟁조정위원회가 집단분쟁조정을 의뢰받거나 신청받은 경우에는 그 의결로써 집단분쟁조정절차를 개시할 수 있다. 이 경우 개인정보분쟁조정위원회는 14일 이상의 기간 동안 그 절차의 개시를 공고하여야 한다(개인정보보호법 49조 2항). 집단분쟁조정 절차의 개시 공고는 개인정보분쟁조정위원회의 인터넷 홈페이지 및 전국을 보급지역으로 하는 일반 일간신문에 게재하는 방법으로 한다(개인정보보호법시행령 53조 2항).

4. 개인정보집단분쟁조정의 당사자 참가

개인정보분쟁조정위원회는 집단분쟁조정의 신청이 있는 경우에 집단분쟁조정의 당사자가 아닌 정보주체 또는 정보통신서비스 제공자로부터 집단분쟁조정의 당사자에 추가로 포함될 수 있도록 하는 신청을 받을 수 있다(개인정보보호법 49조 3항). 집단분쟁조정의 당사자가 아닌 정보주체 또는 정보통신서비스 제공자가 추가로 집단분쟁조정의 당사자로 참가하려면 절차개시 공고기간 내에 문서로 참가신청을 하여야 한다(개인정보보호법시행령 54조 1항). 개인정보분쟁조정위원회가 집단분쟁조정의 당사자 참가신청을 받으면 절차개시 공고기간이 끝난 후 10일 이내에 참가신청인에게 참가 인정 여부를 문서로 알려야 한다(개인정보보호법시행령 54조 2항).

5. 대표당사자의 선임

개인정보분쟁조정위원회는 그 의결로써 집단분쟁조정의 당사자 중에서 공동의 이익을 대표하기에 가장 적합한 1인 또는 수인을 대표당사자로 선임할 수 있다(개인정보보호법 49조 4항). 대표당사자는 조정신청의 취하나 조정안에 대한 수락, 대리인의 선임 등을 제외하고는 조정에 참여한 전체 정보주체의 공동이익을 위하여 집단분쟁조정절차에 관한 일체의 행위를 할 수 있다.

6. 개인정보집단분쟁조정절차

개인정보분쟁조정위원회는 집단분쟁조정의 신청이 있는 때에 당사자에게 그 내용을 제시하고 조정 전 합의를 권고할 수 있다(개인정보보호법 46조). 또한 개인정보분쟁조정위원회는 분쟁 당사자나 참고인을 위원회에 출석하도록 하여 그 의견을 들을 수 있으며(개인정보보호법 45조 2항), 해당 분쟁의 조정을 위하여 필요한 자료를 분쟁당사자에게 요청할 수 있다(개인정보보호법 45조 1항).

집단분쟁조정의 기간은 집단분쟁절차개시 공고가 종료된 날의 다음 날부터 60일 이내로 한다. 다만, 부득이한 사정이 있는 경우에는 개인정보분쟁조정위원회의 의결로 처리기간을 연장할 수 있다(개인정보보호법 49조 7항). 집단분쟁조정의 당사자인 다수의 정보 주체 중 일부의 정보주체가 법원에 소를 제기한 경우에는 개인정보분쟁조정위원회는 그 절차를 중지하지 아니하고, 소를 제기한 일부의 정보주체를 그 절차에서 제외한다(개인정보보호법 49조 6항).

정보통신서비스 제공자가 개인정보분쟁조정위원회의 집단분쟁조정의 내용을 수락한 경우에는 개인정보분쟁조정위원회는 집단분쟁조정의 당사자가 아닌 자로서 피해를 입은 정보주체에 대한 보상계획서를 작성하여 제출하도록 권고할 수 있다(개인정보보호법 49조 5항).

7. 조정의 성립

개인정보집단분쟁조정절차에서 조정이 성립되면 개인정보분쟁조정위원회는 개인정보 침해행위의 중지, 원상회복과 손해배상 기타 필요한 구제조치, 같거나 비슷한 침해의 재발을 방지하기 위하여 필요한 조치 중 어느 하나가 포함된 조정안을 작성하여 각 당사자에게 제시하여야 한다(개인정보보호법 47조 1,2항). 조정안을 제시받은 당사자가 제시받은 날부터 15일 이내에 수락 여부를 알리지 아니하면 조정을 거부한 것으로 본다(개인정보보호법 47조 3항). 당사자가 조정내용을 수락하면 개인정보분쟁조정위원회는 조정서를 작성하고, 위원장과 각 당사자가 기명날인하여야 한다(개인정보보호법 47조 4항). 이 조정서의 내용은 재판상 화해와 동일한 효력을 갖는다(개인정보보호법 47조 5항).

제3. 개인정보단체소송

1. 의의

개인정보단체소송은 정보통신서비스 제공자가 개인정보에 관한 분쟁에 있어서 집단분쟁조정을 거부하거나 집단분쟁조정의 결과를 수락하지 아니한 경우에 일정한 단체가 해당 정보통신서비스 제공자를 대상으로 법원에 권리침해 행위의 금지·중지를 구하는 소송을 말한다.

개인정보 침해로 인한 피해는 수많은 다수인에게 발생하고 있음에도 불구하고, 조정절차에서 정보통신서비스 제공자가 조정을 거부하거나 집단분쟁의 조정결과를 수락하지 않는 경우에는 개개의 정보 주체가 민사소송을 제기할 수도 있으나, 현실적으로 쉬운 일이 아니다. 또 피해자 개인이 직접 제소를 하는 경우에는 그 판결의 효과도 제소한 피해자에게만 있으므로, 정보통신서비스 제공자의 제반 위법행위를 막는 것이 곤란하다. 따라서 법은 피해자 전체의 이익 보호라는 공익적 차원에서 일정한 요건을 갖춘 단체에 소권을 부여함으로써 정보통신서비스 제공자가 다수의 정보 주체의 개인정보를 침해하는 행위를 금지하거나 중지할 수 있게 한 것이다.

2. 개인정보단체소송을 제기할 수 있는 단체의 요건

개인정보단체소송을 제기할 수 있는 단체는 일정한 요건을 갖춘 소비자단체 또는 비영리민간단체에 국한된다(개인정보보호법 51조 1항).

개인정보단체소송을 제기할 수 있는 소비자단체는 i) 소비자기본법에 따라 공정거래위원회에 등록한 소비자단체로서, ii) 정관에 따라 상시적으로 정보주체의 권익증진을 주된 목적으로 하여야 하며, iii) 단체의 정회원 수가 1천명 이상이어야 하고, iv) 단체 등록 후 3년이 경과한 단체여야 한다.

개인정보단체소송을 제기할 수 있는 비영리민간단체는 i) 중앙행정기관에 등록되어 있어야 하며, ii) 단체의 상시 구성원수가 5천명 이상이고, iii) 법률상 또는 사실상 동일한 침해를 입은 100명 이상의 정보주체로부터 단체소송의 제기를 요청받아야 하며, iv) 정관에 개인정보 보호를 단체의 목적으로 명시한 후 최근 3년 이상 이를 위한 활동실적이 있어야 한다.

3. 전속관할

개인정보단체소송의 소는 피고의 주된 사무소 또는 영업소가 있는 곳, 주된 사무소나 영업소가 없는 경우에는 주된 업무담당자의 주소가 있는 곳의 지방법원 본원 합의부의 관할에 전속한다(개인정보보호법 52조 1항). 외국사업자가 피고인 경우에는 대한민국에 있는 이들의 주된 사무소·영업소 또는 업무담당자의 주소에 따라 정한다(개인정보보호법 52조 2항).

4. 소송대리인의 선임

개인정보단체소송의 원고는 변호사를 소송대리인으로 선임하여야 한다(개인정보보호법 53조).

5. 청구의 내용

개인정보단체소송에서 청구할 수 있는 내용은 권리침해 행위의 금지 또는 중지이다. 따라서 이 밖에 개인정보 침해로 인한 손해배상이나, 제3자가 불법으로 이전받아 보관하고 있는 개인정보의 폐기 등은 이 단체소송에서 청구할 수 없다. 이에 관하여 청구하기 위해서는 피해자가 별도로 민사소송을 제기해야 하는 것이다. 그리하여 가령 정보통신서비스 제공자가 피해자들의 손해배상청구에 관하여 집단분쟁조정을 거부하거나 집단분쟁조정의 결과를 수락하지 아니한 경우에는 그 손해배상을 청구하기 위해서는 피해자들이 단체소송과는 별개로 정보통신서비스 제공자에 대하여 직접 손해배상청구의 소를 제기하여야 한다.

6. 소송허가

개인정보단체소송을 제기하는 단체는 소장과 함께 원고 및 그 소송대리인, 피고,

정보주체의 침해된 권리의 내용을 기재한 소송허가신청서를 법원에 제출하여야 한다(개인정보보호법 54조 1항). 소송허가신청서에는 제소 단체가 개인정보단체소송을 제기할 수 있는 단체에 해당하는 요건을 갖추고 있음을 소명하는 자료와 정보통신서비스 제공자가 조정을 거부하였거나 조정결과를 수락하지 아니하였음을 증명하는 서류를 첨부하여야 한다(개인정보보호법 54조 2항).

이러한 요건을 갖춘 소송허가신청이 있는 경우에 법원은 정보통신서비스 제공자가 개인정보분쟁조정위원회의 조정을 거부하거나 조정결과를 수락하지 아니하였으며, 소송허가신청서의 기재사항에 흠결이 없는 경우에 한하여 결정으로 단체소송을 허가한다(개인정보보호법 55조 1항). 그러나 이러한 사항은 형식적 소송요건으로 단체소송의 제기 시 법원에서 당연히 판단하게 되는데, 이에 대해 별도로 소송허가를 받도록 한 것은 불필요한 규제이며, 오히려 신속한 피해구제를 지연시키는 결과를 초래한다.

개인정보단체소송을 허가하거나 불허가하는 결정에 대하여는 즉시항고할 수 있다(개인정보보호법 55조 2항).

7. 확정판결의 효력

개인정보단체소송에서 심리 결과 원고의 청구를 기각하는 판결이 확정된 경우 이와 동일한 사안에 관하여는 다른 단체는 단체소송을 제기할 수 없다. 그러나 원고의 청구를 기각하는 판결이 확정된 후 그 사안과 관련하여 국가나 지방자치단체 또는 국가·지방자치단체가 설립한 기관에 의하여 새로운 증거가 나타난 경우나, 기각판결이 원고의 고의로 인한 것임이 밝혀진 경우에는 동일한 사안에 관하여 제소요건을 갖춘 다른 단체는 단체소송을 제기할 수 있다(개인정보보호법 56조).

8. 민사소송법의 적용

개인정보단체소송에 관하여 특별한 규정이 없는 경우에는 민사소송법을 적용한다(개인정보보호법 57조 1항). 개인정보단체소송의 절차에 관하여 필요한 사항은 대법원규칙으로 정한다.

Chapter 10

전자거래의 분쟁해결제도

제1절 서설

전자거래에 있어서 불량품의 배송, 반품 또는 환불의 불이행, 대금 수령 후 상품의 인도 지체, 주문하지 않은 상품의 대금 청구, 배달지연 또는 배달 사고, 제품의 하자, 컴퓨터 바이러스를 통한 데이터 파손, 지적재산권 침해 등으로 인한 각종 분쟁이 발생할 수 있다.

전자거래의 당사자는 이러한 분쟁이 발생한 경우에 민사소송에 의하여 해결할 수도 있으나, 민사소송은 절차가 복잡하고, 많은 비용과 시간이 소요된다. 그리하여 민사소송의 대안으로서 분쟁을 간이하고 신속하게 해결할 수 있는 제도로서 화해, 중재, 알선, 조정 등이 있다.

전자거래에 관한 분쟁에 있어서도 당사자는 그 선택에 의하여 이러한 각종 구제절차에 의할 수 있으나, 특히 전자거래의 분쟁에 대하여는 전자거래분쟁조정위원회의 조정제도가 있다. 뿐만 아니라 전자거래에서 소비자가 피해를 입은 경우에는 소비자는 한국소비자원에 피해구제신청을 하거나 또는 소비자분쟁조정위원회의 조정절차를 이용할 수 있다. 이 후자에 있어서는 일정한 경우에는 집단분쟁조정과 소비자단체소송도 가능하다.

이 밖에 분쟁의 해결방법에 관하여 약관의 규정이 있거나 또는 당사자 사이에 약정을 하는 경우도 있다. 이러한 분쟁해결조항이 있는 때에는 그 조항이 사회상규나 강행규정에 어긋나지 않는 한 분쟁의 해결절차는 그 조항에서 정하는 바에 의한다.

이하에서 전자거래에서 발생하는 분쟁의 해결을 위한 각종 제도에 관하여 살펴본다.

제2절 분쟁해결제도의 유형

제1. 민사소송

민사소송은 당사자 간의 사법상 분쟁에 관하여 당사자 일방의 제소에 의하여 법원이 변론절차를 거쳐 종국판결을 함으로써 분쟁을 해결하는 최종적인 분쟁해결절차이다. 민사소송에서 소의 제기는 일정한 형식을 갖춘 소장에 의하며, 소송대리인의 자격은 원칙적으로 변호사에 한한다. 수소법원은 변론기일에서 당사자의 주장과 입증에 의하여 사실을 인정하고, 자유로운 심증에 따라 판결을 하고, 하급법원의 판결에 대해서는 상급법원에 상소를 할 수 있다.

다만, 민사소송에 있어서 제소한 때의 소송목적의 값이 2천만원을 초과하지 아니하는 금전 기타 대체물이나 유가증권의 일정한 수량의 지급을 목적으로 하는 제1심의 민사사건은 소액사건으로서 소액사건심판법에 의하여 간이하고 신속한 절차에 따라 재판이 진행된다. 즉, 소액사건은 구술로써 소를 제기할 수 있으며, 당사자 쌍방은 임의로 법원에 출석하여 소송에 관하여 변론할 수 있으며, 소송대리인도 그 자격이 변호사에 제한되지 않는다. 또 법원은 변론종결 후에 판결을 하는 대신 소장부본이나 제소조서등본을 첨부하여 피고에게 청구취지대로 이행할 것을 권고하는 이행권고결정을 할 수 있는 등의 특칙이 있다.

제2. 소송 이외의 분쟁해결제도

1. 중재

중재는 당사자 간의 합의로 사법상의 분쟁을 법원의 재판에 의하지 아니하고 중재인의 판정에 의하여 해결하는 분쟁해결절차이다. 중재절차에 관하여는 중재법과 상사중재규칙에서 정하고 있으며, 상거래와 민사거래도 이 중재에 의하여 해결하는 것이 가능하다.

중재절차가 개시되기 위해서는 먼저 당사자 간의 중재에 관한 합의가 있어야 한다. 이 중재합의는 서면으로 하여야 하는데, 독립된 합의 또는 계약에 중재조항을 포함하는 형식으로 할 수 있다. 이 밖에 당사자들이 서명한 문서에 중재합의가 포함된 경우, 편지·전보·전신·팩스 기타 통신수단에 의하여 교환된 문서에 중재합의가 포함된 경우, 어느 한쪽 당사자가 당사자 간에 교환된 문서의 내용에 중재합의가 있는 것을 주장하고 상대방 당사자가 이에 대하여 다투지 아니하는 경우는 서면에 의한 중재합의로 본다.

중재인의 수는 당사자 간의 합의로 정하되, 그 합의가 없으면 3명으로 한다. 중재인의 선정은 당사자 간의 합의로 정하나, 중재인의 선정에 관한 합의가 있더라도 어느 한쪽 당사자가 합의된 절차에 따라 중재인을 선정하지 아니하였거나, 양쪽 당사자 또는 중재인들이 합의된 절차에 따라 중재인을 선정하지 못하였을 때, 중재인의 선정을 위임받은 기관 또는 그 밖의 제3자가 중재인을 선정할 수 없을 때에는 당사자의 신청을 받아 법원이 중재인을 선정한다. 중재인은 당사자 간에 다른 합의가 없으면 국적에 관계없이 선정될 수 있다.

중재판정부는 당사자들이 지정한 법에 따라 판정을 내려야 한다. 특정 국가의 법 또는 법 체계가 지정된 경우에 달리 명시된 것이 없으면 그 국가의 국제사법이 아닌 분쟁의 실체에 적용될 법을 지정한 것으로 본다. 이 지정이 없는 경우 중재판정부는 분쟁의 대상과 가장 밀접한 관련이 있는 국가의 법을 적용하여야 한다. 다만 중재판정부는 당사자들이 명시적으로 권한을 부여하는 경우에만 형평과 선(善)에 따라 판정을 내릴 수 있다. 중재판정부는 계약에서 정한 바에 따라 판단하고 해당 거래에 적용될 수 있는 상관습을 고려하여야 한다.

중재판정은 중재당사자 간에 있어서 법원의 확정판결과 동일한 효력을 갖는다. 다만, 당사자는 중재절차의 법위반, 중재인 선정의 잘못 등의 경우 '중재판정취소의 소'를 제기할 수 있다.

2. 알선

알선은 국내외 상거래에서 발생하는 분쟁 해결의 경험과 지식이 풍부한 자(대한상사중재원의 직원 등)가 개입하여 양 당사자의 의견을 듣고 해결을 위한 조언과 타협 권유를 통하여 합의를 유도하는 제도이다. 이 알선은 중재 합의가 없는 경우에 이용된다.

이 알선제도는 알선단계에서 당사자 간의 비밀이 보장되고, 거래관계를 지속시킬 수 있는 장점이 있다. 그러나 알선은 양 당사자 간의 자발적인 합의를 통한 해결이므로 법적인 구속력은 없다. 따라서 당사자 간의 합의가 불가능한 경우에는 중재합의를 통해 중재로 해결하거나, 중재 합의가 이루어지지 않는 경우에는 소송으로 해결할 수 밖에 없다.

3. 조정

조정은 분쟁 당사자 일방이 조정기관에 분쟁해결을 요청하고 조정기관이 작성한 조정안에 대해 당사자가 수락하면 확정판결 또는 당사자 간의 합의와 동일한 효력이 인정되는 제도이다. 조정은 분쟁 당사자 일방이 상대방의 의사에 관계없이 신청할 수 있고, 조정의 신청을 받은 조정기관이 직접 분쟁의 해결방안을 제시하여 분쟁의 해결을 도모한다는 점에 그 특징이 있다.

현행법상 조정제도는 분쟁의 대상에 따라 모든 민사상의 분쟁을 대상으로 하는 법원의 일반 민사조정제도와 특수한 분야의 분쟁을 대상으로 하는 특별조정제도가 있다. 특별조정은 모든 거래관계에서 발생하는 소비자 피해에 관한 분쟁을 대상으로 하는 소비자분쟁조정제도, 전자거래에 관한 분쟁을 대상으로 하는 전자거래분쟁조정제도, 개인정보 침해에 관한 분쟁을 대상으로 하는 개인정보분쟁조정제도 등이 있다.

제3절 전자거래분쟁조정위원회에 의한 조정

제1. 의의

전자거래분쟁조정위원회의 조정은 전자거래에 관하여 분쟁이 발생한 경우에 분쟁 당사자 일방이 전자거래분쟁조정위원회에 조정신청을 하여 그 조정 권고에 대하여 당사자 쌍방이 동의하거나 분쟁당사자가 자체적인 조정합의서를 제출하여 조정조서를 작성, 분쟁 당사자가 기명·날인한 경우에 당사자 간의 합의와 동일한 효력이 인정되는 제도를 말한다(전자거래기본법 35조 3항).

전자거래분쟁조정위원회의 조정제도는 조정방식에 따라 대면조정, 서면조정, 사이버조정, 전화조정이 있다. 대면조정은 분쟁 당사자가 전자거래분쟁조정위원회에서 정한 장소에 출석·대면하여 조정절차가 진행되며, 서면조정은 분쟁 당사자가 조정절차에 참여하기 어려운 경우에 서면에 의하여 진행되는 조정절차이다. 사이버 조정은 분쟁 당사자가 전자거래분쟁조정위원회의 홈페이지에 설치되어 있는 사이버 분쟁조정센터를 통해 인터넷상으로 절차를 진행하는 조정절차이다. 전화조정은 분쟁당사자가 이들 조정 절차를 이용할 수 없는 경우에 전화 통화 방식으로 조정절차를 진행하는 것이다.[1)]

제2. 전자거래분쟁조정위원회

전자거래분쟁조정위원회는 전자거래에 관한 분쟁을 조정하기 위한 기구이다(전자거래기본법 32조 1항). 이 위원회는 위원장 1인을 포함한 15인 이상 50인 이하의 위원으로 구성한다(전자거래기본법 32조 2항). 위원은 일정한 자격요건에 해당하는 자 중에서 지식경제부장관이 임명 또는 위촉하며, 위원장은 위원 중에서 호선한다(전자거래기본법 32조 3항). 위원장은 조정위원회를 대표하고, 그 업무를 총괄한다(동법시행령 16조 1항). 위원은 비상임이며, 임기는 2년으로 연임할 수 있다(전자거래기본법 32조 4항). 위원의 자격 및 신분보장, 위원의 제척·기피·회피 등에 관하여 필요한 사항은 대통령령으로 정한다(전자거래기본법 32조 5항).

제3. 조정 절차

1. 조정 신청

전자거래와 관련한 피해의 구제와 분쟁의 조정을 받고자 하는 자는 전자거래분쟁조정위원회에 분쟁의 조정을 신청할 수 있다(전자거래기본법 33조 1항).

2. 자료 요청 등

분쟁 당사자의 조정 신청을 받은 전자거래분쟁조정위원회는 직접 조정절차를 진

---

1) http://www.ecmc.or.kr/med.it?p=2

행하여야 하나, 분쟁의 조정을 위하여 필요한 경우 3인 이내의 위원으로 구성된 조정부에 회부하여 조정하게 할 수 있다. 전자거래분쟁조정위원회는 위원장을 포함한 재적위원 과반수의 출석으로 개의하고 출석위원 과반수의 찬성으로 의결한다(동법시행령 19조 2항).

전자거래분쟁조정위원회는 조정신청을 받은 때에는 지체없이 분쟁 당사자에게 그 내용을 통지하고 조정 전에 합의를 권고할 수 있다(동법시행령 20조 2항). 이 합의가 이루어지지 아니한 경우 위원장은 담당 조정부를 지정하고 조정신청서를 회부한다(동법시행령 20조 3항).

전자거래분쟁조정위원회나 조정부는 조정 신청을 받은 날부터 45일 이내에 조정안을 작성하여 분쟁 당사자에게 이를 권고하여야 한다(전자거래기본법 33조 2항 본문). 다만, 부득이한 사정으로 그 기한을 연장하고자 하는 때에는 그 사유와 기한을 명시하고 분쟁당사자에게 통보하여야 한다(전자거래기본법 33조 2항 단서).

전자거래분쟁조정위원회나 조정부는 분쟁조정을 위하여 분쟁 당사자 또는 참고인에게 필요한 자료의 제공을 요청하거나 또는 당해 위원회에 출석하게 하여 그 의견을 들을 수 있다(전자거래기본법 34조 1,2항). 이 경우 당해 분쟁 당사자는 정당한 사유가 없는 한 이에 응하여야 한다(전자거래기본법 34조 1항). 전자거래분쟁조정위원회와 조정부의 운영 및 분쟁조정절차에 관하여 필요한 사항은 대통령령으로 정한다(전자거래기본법 38조).

3. 조정의 성립

전자거래분쟁조정위원회의 조정 권고에 대하여 분쟁 당사자가 동의하거나 분쟁당사자가 위원회에 자체적인 조정합의서를 제출한 경우에는 조정이 성립한다(전자거래기본법 35조 1항). 이 경우에 전자거래분쟁조정위원회는 조정조서를 작성하고 분쟁 당사자가 기명·날인하여야 한다(전자거래기본법 35조 2항). 이 조정조서는 당사자 간의 합의와 동일한 효력이 있다(전자거래기본법 35조 3항).

4. 조정의 불성립

전자거래분쟁조정위원회는 분쟁조정의 신청이 취하되거나 분쟁 당사자 일방이 분쟁의 조정에 불응하는 경우, 당사자가 위원회의 조정안을 거부한 경우, 당해 분쟁조정 사건에 대하여 법원에 소송이 제기된 경우, 사건의 성질상 위원회에서 조정함이 적당하지 아니하다고 인정되는 경우 등에는 조정이 성립하지 아니하였음을 분쟁 당사자에게 통지하여야 한다(전자거래기본법 36조).

제4. 사이버분쟁조정절차

사이버분쟁조정절차는 전자거래분쟁조정위원회 홈페이지에 설치되어 있는 사이버분쟁조정 사이트의 온라인조정채팅시스템 또는 음성화상조정시스템을 통해 인터넷상에서 분쟁을 조정하는 절차이다. 전자거래분쟁조정위원회 또는 조정부는 조정을 위한 회의를 조정위원과 분쟁 당사자 또는 참고인이 동영상 및 음성을 동시에 송신·수신하는 장치가 갖추어진 서로 다른 장소에 출석하여 진행하는 원격영상회의의 방식에 의할 수 있다(동법시행령 19조 3항). 이 경우 당해 위원과 분쟁 당사자가 동일한 회의장에 출석한 것으로 본다(동법시행령 19조 3항).

사이버분쟁조정절차는 전자거래분쟁조정위원회의 사이버조정센터(www.ecmc.or.kr)에 접속하여 진행한다. 사이버분쟁조정절차가 진행되기 위해서는 이 절차의 이용에 관하여 분쟁당사자 간의 합의가 있어야 한다. 당사자 쌍방이 사이버분쟁조정에 응하기로 합의한 경우에 이 위원회 사무국 직원이 이 센터의 비공개 대화방의 비밀번호를 분쟁 당사자에게 통지하며, 당사자 쌍방은 정해진 일시에 비밀번호를 이용하여 이 조정센터의 비공개 대화방에 접속하며, 조정위원이 조정안을 제시하여 실시간으로 조정을 진행한다. 당사자가 조정안을 승낙하면 조정위원은 조정조서를 작성하며, 이로써 조정이 성립된다. 조정의 성립과 불성립 및 그 효력에 관하여는 앞서 본 대면조정의 경우와 같다.

제4절 한국소비자원의 피해구제와 소비자분쟁조정위원회의 조정

제1. 의의

전자거래에 의하여 구입한 상품 또는 용역으로 인하여 피해를 입은 소비자는 전자거래분쟁조정위원회의 조정 대신 소비자기본법에 의하여 한국소비자원에 피해구제의 신청을 하거나 소비자분쟁조정위원회에 조정제도를 이용할 수 있다. 소비자기본법은 소비자가 사업자로부터 구입한 물품 또는 용역의 사용으로 인한 피해를 입은 경우에 한국소비자원에 피해구제를 신청할 수 있도록 함과 동시에 소비자와 사업자 사이에 발생한 분쟁의 조정을 위하여 한국소비자원에 소비자분쟁조정위원회를 설치하여 그 분쟁을 조정하도록 하고, 특히 피해자가 많은 경우 집단분쟁조정을 가능하게 하고 있으며, 또한 단체소송제도를 도입하여 규정하고 있다.

제2. 한국소비자원의 피해구제

1. 피해구제의 신청

소비자는 물품 또는 용역의 사용으로 인한 피해의 구제를 한국소비자원에 신청할 수 있다(소비자기본법 55조 1항). 소비자는 국가·지방자치단체 또는 소비자단체에 피해구제의 신청을 할 수 있는데, 이 경우 국가·지방자치단체 또는 소비자단체도 한국소비자원에 그 처리를 의뢰할 수 있다(소비자기본법 55조 2항).

소비자로부터 피해구제의 신청을 받은 사업자도 소비자로부터 피해구제의 신청을 받은 날부터 30일이 경과하여도 합의에 이르지 못하는 경우와 한국소비자원에 피해구제의 처리를 의뢰하기로 소비자와 합의한 경우, 그 밖에 한국소비자원의 피해구제의 처리가 필요한 경우로서 대통령령이 정하는 사유에 해당하는 경우에는 한국소비자원에 그 처리를 의뢰할 수 있다(소비자기본법 55조 3항).

2. 한국소비자원의 처리

한국소비자원이 피해구제의 신청을 받은 경우 그 내용이 한국소비자원에서 처리하는 것이 부적합하다고 판단되는 때에는 신청인에게 그 사유를 통보하고 그 사건의 처리를 중지할 수 있다(소비자기본법 55조 4항).

한국소비자원은 피해구제신청사건의 처리에 필요한 자료 및 정보의 제공을 사업자 또는 사업자단체에 요청할 수 있다. 이 경우 그 사업자 또는 사업자단체는 정당한 사유가 없는 한 이에 응하여야 한다(소비자기본법 78조 1항). 한국소비자원이 자료 및 정보의 제공을 요청하는 경우에 그 자료 및 정보의 사용목적·사용절차 등을 미리 사업자 또는 사업자단체에 알려야 한다(소비자기본법 78조 2항).

한국소비자원이 피해구제신청사건을 처리함에 있어서 당사자 또는 관계인이 법령을 위반한 것으로 판단되는 때에는, 피해구제신청사건의 당사자가 피해보상에 관한 합의를 하고 법령위반행위를 시정한 경우 또는 관계 기관에서 위법사실을 이미 인지하여 조사하고 있는 경우를 제외하고는 관계기관에 이를 통보하고 적절한 조치를 의뢰하여야 한다(소비자기본법 56조).

3. 합의권고와 분쟁조정의 신청

한국소비자원이 피해구제신청사건을 처리하는 경우에 한국소비자원의 원장은 당사자에 대하여 피해보상에 관한 합의를 권고할 수 있다(소비자기본법 57조). 그러나 한국소비자원이 피해구제의 신청을 받은 날부터 30일 이내에 피해보상에 관한 합의가 이루어지지 아니하는 때에는 한국소비자원의 원장은 지체 없이 소비자분쟁조정위원회에 분쟁조정을 신청하여야 한다(소비자기본법 58조 본문). 피해의 원인규명 등에 상당한 시일이 요구되는 피해구제신청사건으로서 대통령령이 정하는 사건에 대하여는 60일 이내의 범위에서 처리기간을 연장할 수 있다(소비자기본법 58조 단서).

4. 피해구제절차의 중지

한국소비자원의 피해구제 처리절차 중에 법원에 소를 제기한 당사자는 그 사실을 한국소비자원에 통보하여야 한다(소비자기본법 59조 1항). 한국소비자원이 당사자의 소 제기 사실을 알게 된 때에는 지체 없이 피해구제절차를 중지하고, 당사자에게 이를 통지하여야 한다(소비자기본법 59조 2항).

제3. 소비자분쟁조정위원회의 조정

1. 소비자분쟁조정위원회

1) 의의

소비자와 사업자 사이에 발생한 분쟁의 조정은 한국소비자원의 소비자분쟁조정위원회가 한다(소비자기본법 60조 1항). 소비자분쟁조정위원회는 그 업무를 효율적으로 수행하기 위하여 조정위원회에 분야별 전문위원회를 둘 수 있다(소비자기본법 61조 6항). 전문위원회의 구성 및 운영에 관하여 필요한 사항은 대통령령으로 정한다(소비자기본법 61조 7항).

2) 구성

소비자분쟁조정위원회는 위원장 1인과 상임위원 2인을 포함한 50인 이내의 위원으로 구성한다(소비자기본법 61조 1항). 위원장은 상임위원 중에서 공정거래위원회 위원장이 임명한다(소비자기본법 61조 3항). 위원은 한국소비자원 원장의 제청에 의하여 공정거래위원회 위원장이 임명 또는 위촉한다(소비자기본법 61조 2항). 위원의 임기는 3년으로 하며, 연임할 수 있다(소비자기본법 61조 5항).

3) 권한

소비자분쟁조정위원회는 소비자분쟁에 대한 조정 결정, 조정위원회의 의사(議事)에 관한 규칙의 제정 및 개정·폐지, 그 밖에 조정위원회의 위원장이 토의에 부치는 사항을 심의·의결한다(소비자기본법 60조 2항). 소비자분쟁조정위원회의 운영 및 조정절차 등에 관하여 필요한 사항은 대통령령으로 정한다(소비자기본법 60조 3항).

4) 조정위원회의 회의

소비자분쟁조정위원회의 회의는 분쟁조정회의와 조정부로 구분한다. 분쟁조정회의는 위원장, 상임위원과 위원장이 회의마다 지명하는 5명 이상 9명 이하의 위원으로 구성하는 회의이며, 조정부는 위원장 또는 상임위원과 위원장이 회의마다 지명하는 2명 이상 4명 이하의 위원으로 구성하는 회의이다(소비자기본법 63조 1항).

분쟁조정회의는 200만 원 이상의 소비자 분쟁에 대한 조정과 소비자분쟁조정위원회에 의뢰 또는 신청된 집단분쟁조정, 조정부가 분쟁조정회의에서 처리하도록 결정한 사항을 심의·의결한다(소비자기본법 63조의2 1항). 조정부는 이 분쟁조정회의의 심의·의결 사항을 제외한 분쟁조정사항에 관하여 심의·의결한다(소비자기본법 63조의2 2항).

소비자분쟁조정위원회의 회의는 위원 과반수 출석과 출석위원 과반수의 찬성으로 의결한다. 이 경우 소비자분쟁조정위원회의 회의에는 소비자 및 사업자를 대표하는 위원이 각 1명 이상 균등하게 포함되어야 한다(소비자기본법 63조 3항).

2. 일반분쟁조정절차

1) 분쟁조정의 신청

소비자와 사업자 사이에 발생한 분쟁에 관하여 당사자나 그 기구 또는 단체의 장은 소비자분쟁해결기구에서 소비자분쟁이 해결되지 아니하거나 소비자의 불만 및 피해를 처리하기 위한 소비자단체의 합의권고에 따른 합의가 이루어지지 아니한 경우에 소비자분쟁조정위원회에 분쟁조정을 신청할 수 있다(소비자기본법 65조 1항).

2) 조정절차의 개시

소비자분쟁조정위원회가 분쟁조정을 신청 받은 경우에는 지체 없이 분쟁조정절차를 개시하여야 한다(소비자기본법 65조 2항). 소비자분쟁조정위원회는 분쟁조정절차에 앞서 이해관계인·소비자단체 또는 관계기관의 의견을 들을 수 있으며, 분쟁조정을 위하여 필요한 경우에는 전문위원회에 자문할 수 있다(소비자기본법 65조 3,4항).

그러나 소비자분쟁조정위원회가 분쟁조정을 신청 받은 후 법원에 소를 제기한 당사자는 그 사실을 소비자분쟁조정위원회에 통보하여야 하며, 소비자분쟁조정위원회가 당사자의 소제기 사실을 알게 된 때에는 지체 없이 피해구제절차를 중지하고, 당사자에게 이를 통지하여야 한다(소비자기본법 65조 5항, 59조 1,2항).

3) 분쟁조정 기간

소비자분쟁조정위원회는 분쟁조정을 신청 받은 때에는 그 신청을 받은 날부터 30일 이내에 그 분쟁조정을 마쳐야 한다. 그러나 부득이한 사정으로 30일 이내에 그 분쟁조정을 마칠 수 없는 경우에는 그 기간을 연장할 수 있다. 이 경우 그 사유와 기한을 명시하여 당사자 및 그 대리인에게 통지하여야 한다(소비자기본법 66조 1,2항).

4) 조정의 성립

소비자분쟁조정위원회가 분쟁조정을 마친 때에는 위원장은 지체 없이 당사자에게 그 분쟁조정의 내용을 통지하여야 한다(소비자기본법 67조 1항). 이 통지를 받은 당사자는 그 통지를 받은 날부터 15일 이내에 분쟁조정의 내용에 대한 수락 여부를 소비자분쟁조정위원회에 통보하여야 한다. 이 경우 15일 이내에 의사표시가 없는 때에는 수락한 것으로 본다(소비자기본법 67조 2항).

당사자가 분쟁조정의 내용을 수락하거나 수락한 것으로 보는 경우 소비자분쟁조정위원회는 조정조서를 작성하고, 위원장 및 각 당사자가 기명날인하여야 한다(소비자기본법 67조 3항). 다만, 분쟁조정의 내용에 대한 수락 여부에 관한 당사자의 의사표시가 없어 수락한 것으로 보는 경우에는 각 당사자의 기명날인을 생략할 수 있다(소비자기본법 67조 3항 단서).

당사자가 분쟁조정의 내용을 수락하거나 수락한 것으로 보는 때에는 그 분쟁조정의 내용은 재판상 화해와 동일한 효력을 갖는다(소비자기본법 67조 4항).

3. 소비자집단분쟁조정절차

1) 의의

소비자집단분쟁조정은 소비자의 피해가 다수의 소비자에게 같거나 비슷한 유형으로 발생하고, 그 피해를 입은 소비자의 수가 50명[2]이상이며, 사건의 중요한 쟁점이 사실상 또는 법률상 공통되는 경우에 소비자분쟁조정위원회가 국가·지방자치단체·한국소비자원 또는 소비자단체·사업자의 의뢰 또는 신청을 받아 일괄적으로 하는 분쟁조정을 말한다(소비자기본법 68조 1항, 동법시행령 56조).

2) 이 50명에는 사업자와 분쟁해결이나 피해보상에 관한 합의가 이루어진 소비자와 분쟁조정기구에서 분쟁조정이 진행 중인 소비자 및 해당 물품 등으로 인한 피해에 관하여 법원에 소를 제기한 소비자는 제외하여야 한다.

2) 소비자집단분쟁조정의 신청

소비자집단분쟁조정은 국가나 지방자치단체, 한국소비자원, 소비자단체 또는 사업자가 소비자분쟁조정위원회에 집단분쟁조정을 의뢰 또는 신청함으로써 한다(소비자기본법 68조 1항, 동법시행령 56조).

3) 소비자집단분쟁조정절차의 개시

소비자분쟁조정위원회가 소비자집단분쟁조정을 의뢰받거나 신청받은 때에는 그 의결로써 집단분쟁조정의 절차를 개시할 수 있다. 소비자분쟁조정위원회가 집단분쟁조정의 절차를 개시하는 때에는 대통령령이 정하는 기간 동안 그 절차의 개시를 공고하여야 한다(소비자기본법 68조 2항). 이 경우 소비자분쟁조정위원회는 집단분쟁조정의 당사자가 아닌 소비자 또는 사업자로부터 그 분쟁조정의 당사자에 추가로 포함될 수 있도록 하는 신청을 받을 수 있다(소비자기본법 68조 3항).

4) 대표당사자

소비자집단분쟁조정에 이해관계가 있는 당사자들은 그 중 3명 이하를 대표당사자로 선임할 수 있다(소비자기본법 68조의2 1항). 당사자들이 대표당사자를 선임하지 아니한 경우에 조정위원회는 필요하다고 인정하는 때에는 당사자들에게 대표당사자를 선임할 것을 권고할 수 있다(소비자기본법 68조의2 2항).

대표당사자를 선임한 당사자들은 대표당사자를 통하여서만 그 사건의 조정에 관한 행위를 할 수 있다(소비자기본법 68조의2 4항). 대표당사자는 자기를 선임한 당사자들을 위하여 그 사건의 조정에 관한 모든 행위를 할 수 있다. 다만, 집단분쟁조정 신청의 철회 및 조정안의 수락·거부는 자기를 선임한 당사자들의 서면에 의한 동의를 받아야 한다(소비자기본법 68조의2 3항).

대표당사자를 선임한 당사자들은 필요하다고 인정하는 경우에는 대표당사자를 해임하거나 변경할 수 있다. 이 경우 당사자들은 그 사실을 지체 없이 소비자분쟁조정위원회에 통지하여야 한다(소비자기본법 68조의2 5항).

5) 소비자집단분쟁조정의 절차

소비자분쟁조정위원회는 절차 개시의 공고가 종료된 날의 다음 날부터 30일 이내에 집단분쟁조정절차를 마쳐야 한다. 다만, 부득이한 사유로 해당 기간 내에 분쟁조정을 마칠 수 없는 경우에는 2회에 한하여 각각 30일의 범위에서 그 기간을 연장할 수 있으며, 이 경우 그 사유와 기한을 구체적으로 밝혀 당사자 및 그 대리인에게 통지하여야 한다(소비자기본법 68조 7항).

소비자집단분쟁조정의 당사자인 다수의 소비자 중 일부의 소비자가 법원에 소를 제기한 경우에는 소비자분쟁조정위원회는 그 절차를 중지하지 아니하고, 소를 제기한 일부의 소비자를 그 절차에서 제외하여야 한다(소비자기본법 68조 6항).

6) 조정의 성립

소비자분쟁조정위원회가 집단분쟁조정절차를 마친 때에는 위원장은 지체 없이 당사자에게 그 분쟁조정의 내용을 통지하여야 한다(소비자기본법 67조 1항). 이 통지를 받은 당사자는 그 통지를 받은 날부터 15일 이내에 분쟁조정의 내용에 대한 수락 여부를 소비자분쟁조정위원회에 통보하여야 하며, 이 기간 내에 의사표시가 없는 때에는 수락한 것으로 본다(소비자기본법 67조 2항).

사업자가 소비자분쟁조정위원회의 집단분쟁조정의 내용을 수락한 경우에는 소비자분쟁조정위원회는 집단분쟁조정의 당사자가 아닌 자로서 피해를 입은 소비자에 대한 보상계획서를 작성하여 소비자분쟁조정위원회에 제출하도록 권고할 수 있다(소비자기본법 68조 5항).

당사자가 분쟁조정의 내용을 수락하거나 수락한 것으로 보는 경우 소비자분쟁조정위원회는 조정조서를 작성하고, 위원장 및 각 당사자가 기명·날인하여야 한다(소비자기본법 67조 3항). 당사자는 그 통지를 받은 날부터 15일 이내에 집단분쟁조정의 내용에 대한 수락 여부에 관한 의사표시가 없어 수락한 것으로 보는 경우에는 각 당사자의 기명·날인을 생략할 수 있다(소비자기본법 67조 3항 단서).

제5절 소비자단체소송

제1. 의의

소비자단체소송은 사업자가 소비자기본법에 의한 소비자 권익증진 관련기준을 위반하여 소비자의 생명·신체 또는 재산에 대한 권익을 직접적으로 침해하고 그 침해가 계속되는 경우 일정한 단체가 당해 사업자를 대상으로 소비자권익침해행위의 금지·중지를 청구하는 소송을 말한다(소비자기본법 70조). 전자거래에 있어서도 사업자가 소비자 권익증진 관련 기준을 준수하지 아니한 경우에 이러한 소비자단체소송이 가능함은 물론이다.

소비자단체소송의 목적은 소비자 권익 침해행위의 금지·중지이며, 사업자에 대한 손해배상청구는 단체소송에 의할 수 없다. 사업자의 위법행위로 인하여 불특정 다수의 소비자들에게 피해가 발생하거나 발생할 우려가 있는 경우에 개별 소비자가 소송을 제기하는 것은 현실적으로 기대하기 어렵다. 이러한 경우에 소비자의 피해를 방지하거나 확산되지 않도록 하기 위하여 소비자의 권익을 보호하는 것을 목적으로 하는 소비자단체 등으로 하여금 직접 사업자를 대상으로 소를 제기하여 소비자의 권익을 침해하는 사업자의 위법행위를 금지하거나 중지시킬 수 있도록 한 것이다.

소비자단체소송에 관하여 소비자기본법에 특별한 규정이 없는 경우에는 민사소송법을 적용한다(소비자기본법 76조 1항).

제2. 소비자단체소송의 요건

소비자단체소송을 제기하기 위해서는 사업자가 소비자기본법에 의한 소비자 권익증진 관련기준을 위반하여 소비자의 생명·신체 또는 재산에 대한 권익을 직접적으로 침해하고 그 침해가 계속되어야 한다. 소비자 권익증진 관련기준은 소비자기본법에 의하여 국가가 정하는 위해방지기준과 표시기준, 광고기준 등을 말한다(소비자기본법 20조). 사업자가 이러한 기준을 위반하고, 이로 인하여 소비자의 생명·신체 또는 재산에 대한 권익을 직접적으로 침해하고 그 침해가 계속되는 경우에 한하여 일정한 단체가 소비자단체소송을 제기할 수 있다.

여기서 위해방지기준은 소비자에게 제공하는 물품 등으로 인한 소비자의 생명·신체 또는 재산에 대한 위해를 방지하기 위하여 물품 등의 성분·함량·구조 등 중요한 사항, 물품 등을 사용할 때의 지시사항이나 경고 등 표시할 내용과 방법, 기타 위해방지를 위하여 필요하다고 인정되는 사항에 관하여 국가가 정한 기준이다(소비자기본법 8조). 표시기준은 소비자가 표시나 포장 등으로 인하여 물품 등을 잘못 선택하거나 사용하지 아니하도록 상품명·용도·성분·재질·성능·규격·가격·용량·허가번호 및 용역의 내용, 물품 등을 제조·수입 또는 판매하거나 제공한 사업자의 명칭 및 물품의 원산지, 사용방법, 제조연월일, 물품의 유효기간 등을 표시하도록 국가가 정한 기준이다(소비자기본법 10조).

광고기준은 물품 등의 잘못된 소비 또는 과다한 소비로 인하여 발생할 수 있는 소비자의 생명·신체 또는 재산에 대한 위해를 방지하기 위하여 국가가 광고의 내용 및 방법에 관하여 정한 기준을 말한다(소비자기본법 11조). 또 국가는 소비자의 합리적인 선택을 방해하고 소비자에게 손해를 끼칠 우려가 있는 사업자의 부당한 행위를 지정·고시할 수 있는데(소비자기본법 12조), 사업자가 이러한 지정·고시를 위반한 경우에도 소비자단체소송의 대상이 된다.

제3. 소비자단체소송을 제기할 수 있는 단체

소비자단체소송을 제기할 수 있는 단체는 공정거래위원회에 등록된 소비자단체와 일정한 경제단체, 중앙행정기관에 등록된 비영리민간단체로서 일정한 요건을 갖추어야 한다. 즉 i) 공정거래위원회에 등록한 소비자단체는 정관에 따라 상시적으로 소비자의 권익증진을 주된 목적으로 하고, 정회원수가 1천명 이상이며, 등록 후 3년이 경과하여야 소비자단체소송을 제기할 수 있다. ii) 경제단체는 대한상공회의소, 중소기업협동조합중앙회 및 전국 단위의 경제단체로서 대통령령이 정하는 단체에 한하여 소비자단체소송을 제기할 수 있다. iii) 중앙행정기관에 등록된 비영리민간단체는 단체의 상시 구성원수가 5천명 이상이며, 정관에 소비자의 권익증진을 단체의 목적으로 명시한 후 최근 3년 이상 이를 위한 활동실적이 있고, 법률상 또는 사실상 동일한 침해를 입은 50인 이상의 소비자로부터 단체소송의 제기를 요청받은 경우에 소비자단체소송을 제기할 수 있다(소비자기본법 70조).

제4. 전속관할

소비자단체소송의 소는 피고의 주된 사무소 또는 영업소가 있는 곳, 주된 사무소나 영업소가 없는 경우에는 주된 업무담당자의 주소가 있는 곳의 지방법원 본원 합의부의 관할에 전속한다(소비자기본법 71조 1항). 사업자가 외국인인 경우에는 대한민국에 있는 이들의 주된 사무소·영업소 또는 업무담당자의 주소에 따라 정한다(소비자기본법 71조 2항).

제5. 소송허가

소비자단체소송을 제기하는 단체는 소장과 함께 소송허가신청서를 법원에 제출하여야 한다(소비자기본법 73조 1항). 소송허가신청서에는 원고 및 그 소송대리인, 피고, 금지·중지를 구하는 사업자의 소비자권익 침해행위의 범위를 적어야 한다. 또한 소송허가신청서에는 소 제기 단체가 그 제소 단체 요건을 갖추고 있음을 소명하는 자료와 소 제기 단체가 비영리민간단체인 경우 50인 이상의 소비자가 단체소송의 제기를 요청한 서면 및 이에 대한 사업자의 의견서(다만, 기간 내에 사업자의 응답이 없을 경우에는 사업자의 의견서의 첨부는 생략할 수 있다)를 첨부하여야 한다(소비자기본법 73조 2항).

소송허가신청이 있는 경우에 법원은 i) 물품이나 용역의 사용으로 인하여 소비자의 생명·신체 또는 재산에 피해가 발생하거나 발생할 우려가 있는 등 다수 소비자의 권익보호 및 피해예방을 위한 공익상의 필요가 있고, ii) 소송허가신청서의 기재사항에 흠결이 없으며, iii) 소제기 단체가 사업자에게 소비자권익 침해행위를 금지·중지할 것을 서면으로 요청한 후 14일이 경과한 경우에 한하여 결정으로 단체소송을 허가한다(소비자기본법 74조 1항). 소비자단체소송의 허가결정이 있는 경우에는 민사집행법 제4편의 규정에 따른 보전처분을 할 수 있다(소비자기본법 76조 2항).

소비자단체소송을 허가하거나 불허가하는 결정에 대하여는 당사자는 즉시항고할 수 있다(소비자기본법 74조 2항).

제6. 확정판결의 효력

소비자단체소송에서 원고의 청구를 인용하는 판결이 확정되면 그 판결의 기판력은 소송당사자에게 발생한다. 원고의 청구를 기각하는 판결이 확정된 경우에는 이와 동일한 사안에 관하여 다른 단체는 소비자단체소송을 제기할 수 없으나, 판결이 확정된 후 그 사안과 관련하여 국가 또는 지방자치단체가 설립한 기관에 의하여 새로운 연구결과나 증거가 나타난 경우나 기각판결이 원고의 고의로 인한 것임이 밝혀진 경우에는 다른 단체도 소비자단체소송을 제기할 수 있다(소비자기본법 75조).

제6절 국제재판관할

제1. 의의

전자거래의 당사자가 상대방에 대하여 소를 제기할 경우 국내 관할법원에 제기하여야 한다. 관할법원은 원칙적으로 민사소송법의 관할규정에 의하여 피고의 주소나 영업소 소재지 등을 기준으로 하는 보통재판적(민사소송법 2조)과 의무이행지 · 재산소재지 · 불법행위지 등의 특별재판적(민사소송법 7조~24조), 하나의 소로 여러 개의 청구를 하는 경우에 그 중 하나의 청구에 대한 관할권이 있는 법원에 소를 제기할 수 있는 관련재판적(민사소송법 25조)에 따라 정한다.

따라서 국내법원에 소를 제기하기 위해서는 이러한 재판적을 기준으로 우리나라 법원이 재판권을 행사할 수 있는 사건이어야 한다. 우리나라 법원에 이러한 재판적이 없는 경우에는 우리나라 법원이 재판을 할 수 없는 것이다. 특히 외국적 요소가 있는 분쟁에 있어서도 우리나라 법원이 재판권을 가지지 않는 경우에는 우리나라 법원에서 재판할 수 없다. 이러한 분쟁에 대하여 우리나라 법원에서 재판을 하기 위해서는 우리나라 법원에 국제재판관할이 인정되어야 한다.

국제재판관할은 당사자의 일방 또는 쌍방이 외국인이거나 외국에 주소를 두고 있는 경우, 또는 법률관계가 외국과 관련되는 경우 등 외국적 요소가 있는 민 · 상사 분쟁에 대하여 어느 국가의 법원이 재판권을 행사할 수 있는 기준을 말한다. 즉 국제재판관할은 우리나라의 법원이 외국적 요소가 있는 분쟁에 대하여 재판을 할 때에 어느 나라의 법을 적용하여야 하는가에 관한 준거법(準據法)과는 달리, 그 본안에 관한 재판을 우리나라의 법원에서 할 수 있는가 하는 것이다.

제2. 학설

국제재판관할에 관하여 학설은 역추지설과 관할배분설, 수정역추지설로 나뉘어 있다.

역추지설은 외국적 요소가 있는 사건에 대한 국제재판관할은 국내 민사소송법상의 토지관할 규정에 비추어 추지해야 한다는 견해이다.[3] 즉 우리나라 민사소송법의 토지관할에 따라 우리나라 법원에 보통재판적 또는 특별재판적이 있으면 우리나라 법원이 국제재판관할권을 갖는 것이고, 우리나라에 그 재판적이 없으면 국제재판관할권도 없다는 것이다.

관할배분설은 우리나라 법원의 국제재판관할은 민사소송법의 소송의 적정·공평·신속 등의 이념을 종합적으로 고려하여 조리에 따라 결정해야 한다는 견해이다. 수정역추지설은 우리나라 법원의 국제재판관할은 원칙적으로 현행 민사소송법의 토지관할을 기준으로 정하되, 제반사정을 고려하여 우리나라에서 재판을 하는 것이 소송의 적정·공평·신속 등 민사소송법의 이념에 반하는 심히 부당한 결과를 초래하는 특별한 사정이 있는 경우에는 우리나라에 재판관할권이 인정되지 않는다는 견해이다.[4] 역추지설과 관할배분설을 절충한 입장이다. 관할배분설이 우리나라의 다수설이다.[5]

제3. 국제사법의 규정

외국적 요소가 있는 법률관계에 대하여 우리나라 법원은 당사자 또는 분쟁이 된 사안이 대한민국과 실질적 관련이 있는 경우에 국제재판관할권을 가진다. 국제사법

3) 이영섭, 「제7개정판 민사소송법(상)」(박영사, 1972), 61면
4) 김용진, 「제5판 실체법을 통해 본 민사소송법」(신영사, 2008), 43면.
5) 강현중, 「제6판 민사소송법」(박영사, 2004), 813면; 김홍규/강태원, 「민사소송법」(삼영사, 2008), 38-39면.

은 법원이 실질적 관련의 유무를 판단함에 있어 국제재판관할 배분의 이념에 부합하는 합리적인 원칙에 따르도록 하고 있다(국제사법 2조 1항). 또 법원이 국제재판관할권의 유무를 판단함에 있어서 국내법의 관할 규정을 참작하되, 국제재판관할의 특수성을 충분히 고려하도록 규정하고 있다(국제사법 2조 2항).

즉 국제사법 제2조의 규정에서는 우리나라 법원의 국제재판관할의 기준은, 첫째 우리나라와의 실질적 관련성, 둘째 국제재판관할 배분의 이념인 적정 · 공평 · 신속 · 경제, 셋째 국내법의 관할규정과 특수성의 고려이다. 이 중 실질적 관련성은 국제재판관할을 정하는 가장 상위의 개념이나, 추상적인 불확정개념이며, 그 구체적인 기준으로서 국제재판관할 배분의 이념과 국내법의 관할 규정 및 국제재판관할의 특수성을 제시하고 있는 것이다. 그리하여 국제사법 제2조는 외국적 요소가 있는 법률관계에 관한 분쟁에 대하여 우리나라 법원에 국제재판관할이 인정되는지 여부는 국내법의 관할 규정과 국제재판관할의 특수성을 모두 고려하여 국제재판관할 배분의 이념에 부합하는 합리적인 원칙에 따라 정하라는 취지이다. 따라서 현행 국제사법의 국제재판관할 규정은 관할배분설에 입각하고 있다고 할 수 있다.

제4. 전자거래에 관한 국제재판관할의 기준

전자거래에 관한 법률관계에 있어서 그 관할법원은 그 거래가 국내에서만 이루어지는 경우에는 민사소송법의 관할에 관한 일반규정에 따라 정해진다. 그런데 전자거래가 인터넷을 통해 가상공간에서 이루어지는 경우에 어느 나라의 법원이 관할법원인지 문제된다. 이에 관하여 현행법상 명문의 규정은 없으므로, 현행 민사소송법상의 관할규정을 유추적용하여, 피고가 자연인인 경우에는 그 주소나 상거소 등을 기준으로, 법인인 경우는 그 영업소 소재지 등을 기준으로 일반재판관할이 인정되나, 이러한 보통재판적이 없더라도 피고가 법정지와 특별한 관련이 있는 경우에는 특별재판관할이 인정된다고 볼 수 있다.

이에 관하여 미국의 대다수 주에서는 소관련성의 원칙(the Minimum Contacts)[6]이 확립되어 있다. 이 원칙은 피고가 당해 주에 거주하지 아니하더라도 영업 등 최소한의 관련성이 있으면 당해 주 법원이 관할을 가지며, 이 때 관할권은 당사자의

6) International Shoe Co. v. Washington 326 U.S. 310, 66 S.Ct. 154,90 L.Ed. 95(1945).

편의와 피고에게 공평하고 실질적 정의에 부합하도록 행사하여야 한다는 것이다. 이 판결 이후 많은 주에서는 관할확장법(Long Arm Statutes)[7]을 제정하여 주 법원이 적법절차에 따라 당해 주에 거주하지 않는 피고에 대하여도 관할권을 행사할 수 있도록 하고 있다.

또 사이버 공간에서 운영되고 있는 웹사이트에 대하여 재판관할이 인정되는가에 관하여 미국의 법원은 1997년 Zippo사건에 대한 판결[8] 이후 웹사이트의 기능과 활동을 기준으로 웹사이트가 ⅰ) 단순히 일정한 정보만을 올려놓았을 뿐 영업활동이 없는 수동적인 경우, ii) 웹사이트를 통하여 상호 대화를 하고 영리행위를 하는 경우, iii) 웹사이트를 통하여 영업활동을 적극적으로 수행하는 경우로 구분한다. 그리하여 이들 각 경우에 웹사이트 운영자에 대한 재판관할이 인정되는가에 관하여 ⅰ)의 경우에는 재판관할을 부정하며, ii)의 경우는 계약관계 및 영리성의 정도에 따라 재판관할을 인정하거나 부인하며, iii)의 경우는 재판관할을 인정하여 왔다.

그러나 웹사이트의 성격이 수동적인가 아니면 적극적인가를 판단하는 기준이 정보통신기술의 발전으로 명확하지 않다는 비판이 제기되어 있다. 나아가 웹사이트의 실제 영향을 고려하여 피고가 의도적으로 법정지를 겨냥하여, 원고에게 피해를 입히게 되었으며, 그러한 효과를 피고가 인식할 수 있었던 경우에 재판관할이 인정된다는 이론이 있다.[9] 또 독일에서는 외국적 사건의 국제재판관할을 정함에 있어서는 당사자의 이익, 법원의 이익, 국가이익 등 관련 이익을 고려함과 동시에, ⅰ) 당사자와의 밀접성, ii) 사안과의 밀접성(절차의 집중), iii) 준거법과의 밀접성, iv) 판결의 유효성(집행가능성) 등을 구체적 기준으로 삼아야 한다는 견해가 있다.[10]

우리나라 대법원은 "국제재판관할을 결정함에 있어서는 당사자 간의 공평, 재판의 적정, 신속 및 경제를 기한다는 기본이념에 따라야 할 것이고, 구체적으로는 소

---

7) 이 법은 피고가 법정지에 소재하고 있지 않더라도 법정지와 일정한 기준을 충족하는 연관이 있는 경우에는 법정지에 거주하지 않는 피고에 대하여 법정지 법원의 관할을 인정하고 있다.

8) Zippo Manufacturing Company v. Zippo Dot Com. Inc., 952 F. Supp. 1119(W. D. Pa. 1997).

9) Panavision Int'l, L. P. v. Toeppen, et al., 141 F. 3d 1316 (9th Cir. 1998); Neato v. Great Gizmos, 2000 WL 305945(D. Conn., 2000).

10) Jan Kropholler, Handbuch des Internationalen Zivilverfahrensrecht Band Ⅰ, Kapitel Ⅲ Internationale Zust ndigkeit (1982), Rz.133, Rz. 19f; 석광현, "국제재판관할의 기초이론-도메일이름에 관한 대법원 2005. 1. 27. 선고, 2002다59788 판결의 의의", 「법학논총」 제22집 제2호(한양대학교 법학연구소, 2005), 277면.

송당사자들의 공평, 편의 그리고 예측가능성과 같은 개인적인 이익뿐만 아니라 재판의 적정, 신속, 효율 및 판결의 실효성 등과 같은 법원 내지 국가의 이익도 함께 고려하여야 할 것이며, 이러한 다양한 이익 중 어떠한 이익을 보호할 필요가 있을지 여부는 개별 사건에서 법정지와 당사자와의 실질적 관련성 및 법정지와 분쟁이 된 사안과의 실질적 관련성을 객관적인 기준으로 삼아 합리적으로 판단하여야 할 것"이라고 판시하였다.[11)]

---

11) 대법원 2005. 1. 27. 선고, 2002다59788 판결. 이 판결의 대상인 사실관계는 다음과 같다. 원고는 웹디자이너로서 1999. 11. 23. 인터넷 도메인 이름 "hpweb.com"을 미국의 도메인 이름 등록기관인 네트워크솔루션사(Network Solution Inc., "NSI")에 등록하였다. 원고는 "digitalcouple.com"이라는 도메인 이름의 웹사이트를 운영하였는데, 위 웹사이트는 회원들에게 이메일 주소를 제공하는 서비스를 주된 내용으로 하는 것으로서 회원들은 원고가 미리 등록하여 보유하고 있는 약 450개의 도메인 이름 중에서 원하는 도메인 이름을 선택하여 자신의 이메일 주소로 정할 수 있도록 되어 있었고, 이 사건 도메인 이름도 그러한 도메인 이름 중의 하나이다. 한편, .com, .org, .net 등 일반최상위 도메인(gTLD) 이름에 대한 등록기관을 지정하는 등 인터넷주소를 관리하는 국제기구인 인터넷주소관리기구(ICANN : Internet Corporation for Assigned Names and Numbers)는 도메인 이름 등록기관이 아닌 제3자와 등록자 사이에 발생하는 도메인 이름의 등록과 사용에 관한 분쟁의 해결을 위하여, 통일도메인이름분쟁해결정책(Uniform Domain Name Dispute Resolution Policy) 및 그 절차규정(Rules for Uniform Domain Name Dispute Resolution Policy)에서 강제적 행정절차(mandatory administrative proceeding)를 마련하고 있는데, 일반최상위 도메인 이름을 등록하려는 자는 등록기관에 대하여 위 해결정책에 의한 분쟁의 해결에 동의하여야 하며 위 규정들은 아이칸의 인터넷 웹사이트에 공개되어 있다. 피고는 위 해결정책 및 절차규정에 따라 2000. 8. 3. 이 사건 도메인 이름의 보유자인 원고를 상대로 하여 아이칸이 승인한 분쟁해결기관 중의 하나인 미국의 국가중재위원회(NAF : National Arbitration Forum)에 이 사건 도메인 이름을 피고에게 이전하도록 명하여 줄 것을 요구하는 취지의 신청을 하였는데, 위 신청 당시 피고는 절차규정에 따라 피고가 복종할 관할법원으로서 이 사건 도메인 이름의 등록기관인 네트워크솔루션의 주된 사무소 소재지인 미국 버지니아주 헌던시(Virginia, Herndon)를 관할하는 법원을 선택하였다. 이 국가중재위원회는 2000. 9. 8. 원고에 대하여 이 사건 도메인 이름을 피고에게 이전하라는 내용의 판정을 하였다. 원고는 이 판정에 불복하여 해결정책에 따라 이 사건 판정 후 10 영업일 이내인 2000. 9. 18. 제1심법원(서울지방법원)에 소를 제기하였으나, 피고가 위 해결정책에 따른 신청을 할 당시 절차규정에 따라 피고가 복종할 관할법원으로서 네트워크솔루션의 주된 사무소의 소재지 법원인 미국 버지니아주 헌던시를 관할하는 법원을 선택하였기 때문에 이 사건 제1심법원은 원고가 이 사건 판정의 집행을 유보시키기 위해 소를 제기할 수 있는 관할법원이 아니었고, 따라서 이 사건 도메인 이름의 등록기관인 네트워크솔루션은 이 사건 소가 제기되었음에도 불구하고 2000. 9. 29. 이 사건 판정에 따라 이 사건 도메인 이름을 피고에게 이전하여 주었다. 이 사건에 대하여 대법원은 다음과 같이 판시하였다.
"국제재판관할을 결정함에 있어서는 당사자 간의 공평, 재판의 적정, 신속 및 경제를 기한다는 기본이념에 따라야 할 것이고, 구체적으로는 소송당사자들의 공평, 편의 그리고 예측가능성과 같은

제5. 국제재판관할의 합의

거래당사자 사이에 일정한 법률관계로 말미암은 소에 관하여 합의에 의하여 제1심 관할법원을 정할 수 있고(민사소송법 29조 1,2항),[12] 관할 위반의 법원에 제소된 후 관할위반이라고 항변하지 아니하고 본안에 대하여 변론하거나 변론준비기일에서 진술하면 그 법원의 관할이 인정된다(민사소송법 30조). 약관에 의하여 관할법원을 정하는 것도 가능하다. 다만, 약관에서 관할법원을 정하는 경우에 고객에게 부당하게 불리한 재판관할의 합의는 약관의규제에관한법률 제14조에 의하여 무효이다.

국제재판관할에 관한 약관의 규정도 원칙적으로 유효하며, 변론관할도 인정된다. 외국적 요소가 있는 분쟁에 대한 합의관할은 부가적 합의관할과 전속적 합의관할로 구분되는데, 부가적 합의관할은 국내법원에도 관할을 인정하므로 별다른 문제가 없다. 그러나 국내법원의 관할을 배척하고 외국법원만을 관할법원으로 하는 전속적 합의관할은 국내법원의 재판권을 부정하는 결과가 되므로 일정한 한도에서 그 효력

개인적인 이익뿐만 아니라 재판의 적정, 신속, 효율 및 판결의 실효성 등과 같은 법원 내지 국가의 이익도 함께 고려하여야 할 것이며, 이러한 다양한 이익 중 어떠한 이익을 보호할 필요가 있을지 여부는 개별 사건에서 법정지와 당사자와의 실질적 관련성 및 법정지와 분쟁이 된 사안과의 실질적 관련성을 객관적인 기준으로 삼아 합리적으로 판단하여야 할 것이다. 국제사법 제2조…의 내용 역시 위와 같은 일반원칙을 표현한 것으로 볼 수 있다. 이 사건 분쟁에 관하여 살펴보면, 이 사건 소송은 강제적 행정절차 및 그 절차규정에 따라 도메인 이름을 이전하라는 행정패널의 판정이 내려진 이후 도메인 이름의 선등록자가 그 등록자 명의를 되찾는 것을 주목적으로 제기한 것인 바, 법기술적으로 어떠한 소송유형이 가능한지에 관하여는 논란의 여지가 있겠으나 이 소송에서 문제되는 실체 판단의 요체는 결국 도메인 이름 선등록자의 등록·이용행위가 오프라인상의 피고의 기존 지적재산권을 부당하게 침해하는 위법한 것인지의 여부라 할 수 있다. 그런데 기록에 의하면, 이 사건에서 도메인 이름의 선등록자인 원고는 행정패널의 판정이 내려져 집행되기 이전까지는 대한민국 내의 자신의 주소지를 사업 중심지로 삼아 회원들에게 이 사건 도메인 이름을 포함한 여러 도메인 이름들을 이메일 주소용으로 사용할 수 있도록 제공하는 서비스업을 영위하면서 도메인 이름을 사용하고 있었고, 그 웹사이트의 주된 이용 언어는 한국어이었으며 그 주된 서비스권역 역시 대한민국이었던 것으로 보이며, 도메인 이름에 대한 이전 판정으로 인하여 영업상의 손해가 발생한 곳 역시 원고의 사업본거지이므로, 과연 그러한 이용행위가 침해행위인지 여부 및 손해의 유무를 판정하기 위한 증거들은 모두 대한민국에 소재한다고 보여지고, 따라서 분쟁이 된 사안과 대한민국 사이에 대한민국 법원이 재판관할권을 행사하는 것을 정당화할 수 있을 정도로 실질적 관련성이 있다 할 것이다."

12) 이 합의관할은 제1심 법원에 한하여 허용되며, 항소심이나 상고심에 관하여는 인정되지 아니한다. 또 변론관할로서 관할 위반의 법원에 소가 제기된 경우에 피고가 제1심 법원에서 관할위반이라고 항변하지 아니하고 본안에 대하여 변론하거나 변론준비기일에서 진술하면 그 법원에 관할권이 인정된다(민사소송법 30조).

이 인정된다.

즉 국제재판관할에 관한 전속적 합의관할은 i) 그 사건이 국내 재판권에 전속하는 사건이 아니어야 하며, ii) 그 외국의 법에 의하여 관할 합의의 효력이 인정되어야 하며, iii) 해당 사건이 그 외국 법원과 관련이 있어야 하며, iv) 관할의 합의가 현저하게 불공정하거나 공서양속에 어긋나지 않는 경우에 한하여 유효하다. 특히 외국적 요소가 있는 소비자계약[13]에 있어서의 전속적 합의관할은 이 밖에 그 관할의 합의가 분쟁이 발생한 후에 이루어진 경우에 한하여 효력이 있다(국제사법 27조 6항).

제6. 외국판결의 효력

우리나라 법원 이외의 법원 기타 사법기관에서 내려진 판결이 우리나라에서 효력을 가지기 위해서는 민사소송법 제217조에서 정하는 일정한 요건을 갖추어야 한다. 즉 i) 외국법원의 판결이 확정판결일 것, ii) 대한민국의 법령 또는 조약에 따른 국제재판관할의 원칙상 그 외국법원의 국제재판관할권이 인정될 것, iii) 패소한 피고가 소장 또는 이에 준하는 서면 및 기일통지서나 명령을 적법한 방식에 따라 방어에 필요한 시간여유를 두고 송달받았거나(공시송달이나 이와 비슷한 송달에 의한 경우는 제외한다) 송달받지 아니하였더라도 소송에 응하였을 것, iv) 그 판결의 효력을 인정하는 것이 대한민국의 선량한 풍속이나 그 밖의 사회질서에 어긋나지 아니할 것, v) 상호보증이 있을 것이다.

외국법원의 판결이 승인되면 원칙적으로 우리나라 법원이 한 판결과 동일한 효력이 인정된다. 외국법원의 판결은 민사나 상사에 관한 확정판결로서 확인판결인가, 형성판결인가, 이행판결인가를 묻지 아니하며, 확정판결과 동일한 효력이 있는 화해조서도 포함한다.[14] 국제재판관할은 당해 사건에 대한 재판관할권이 그 판결을 한 법원 소재지 국가에 적극적으로 인정되지 않더라도 우리나라나 제3국의 전속관

---

13) 소비자가 직업 또는 영업활동 외의 목적으로 체결하는 계약이 i) 소비자의 상대방이 계약체결에 앞서 그 국가에서 광고에 의한 거래의 권유 등 직업 또는 영업활동을 행하거나 그 국가 외의 지역에서 그 국가로 광고에 의한 거래의 권유 등 직업 또는 영업활동을 행하고, 소비자가 그 국가에서 계약체결에 필요한 행위를 한 경우, ii) 소비자의 상대방이 그 국가에서 소비자의 주문을 받은 경우, iii) 소비자의 상대방이 소비자로 하여금 외국에 가서 주문을 하도록 유도한 경우 중 어느 하나에 해당하는 경우이다(국제사법 27조 1항).

14) 최준선, 「제6판 국제거래법」(삼영사, 2008), 406면.

할에 속하지 않으면 인정된다.[15]

또 여기서 말하는 선량한 풍속이나 그 밖의 사회질서는 민법 제103조의 규정과는 달리 국가의 기본질서나 경제활동의 기초를 규율하는 규범 등도 고려하여 제한적으로 해석해야 한다.[16] 이에 관하여 대법원은 "외국판결을 승인한 결과가 대한민국의 선량한 풍속이나 그 밖의 사회질서에 어긋나는지 여부는 그 승인 여부를 판단하는 시점에서 외국판결의 승인이 대한민국의 국내법 질서가 보호하려는 기본적인 도덕적 신념과 사회질서에 미치는 영향을 외국판결이 다룬 사안과 대한민국과의 관련성의 정도에 비추어 판단하여야 하고, 이때 그 외국판결의 주문뿐 아니라 이유 및 외국판결을 승인할 경우 발생할 결과까지 종합하여 검토하여야 한다."고 판시하고 있다.[17]

상호보증은 당해 외국에서 우리나라 법원의 판결을 실제로 승인할 것이라고 기대될 수 있을 때 인정되며, 구체적으로 우리나라 법원의 판결을 승인한 사례가 있어야 하는 것은 아니다.[18] 상호보증의 정도에 대해서는 당해 외국의 승인조건이 우리나라와 동일하거나 관대하여야 한다는 것이 우리나라 법원의 입장이다.[19]

외국법원의 판결에 기초한 강제집행은 대한민국 법원에서 집행판결로 그 적법함을 선고하여야 할 수 있다(민사집행법 26조 1항). 집행판결을 청구하는 소(訴)는 채무자의 보통재판적이 있는 곳의 지방법원이 관할하며, 보통재판적이 없는 때에는 민사소송법 제11조의 규정에 따라 채무자에 대한 소를 관할하는 법원이 관할한다(민사집행법 26조 2항). 집행판결은 재판의 옳고 그름을 조사하지 아니하고 하여야 한다(민사집행법 27조 1항). 집행판결을 청구하는 소는 외국법원의 판결이 확정된 것이 증명되지 아니한 때나 외국판결이 민사소송법 제217조의 승인조건을 갖추지 아니한 때에는 각하하여야 한다(민사집행법 27조 2항).

---

15) 최준선, 전게서, 409면.
16) 서울민사지방법원 1984.4.12. 선고 83가합 7051판결
17) 대법원 2012.5.24. 선고 2009다22549 판결
18) 최준선, 전게서, 413면.
19) 대법원 1971.10.22 선고 71다1393 판결

INDEX

찾아보기

전자거래법(신판)

1판 1쇄 인쇄 2013년 02월 25일
1판 1쇄 발행 2013년 03월 05일
저　　자　정쾌영
발 행 인　이범만
발 행 처　**21세기사** (제406-00015호)
경기도 파주시 산남동 283-10 (413-130)
Tel. 031-942-7861　　Fax. 031-942-7864
E-mail : 21cbook@naver.com
ISBN 978-89-8468-468-3

정가 15,000원